高丽亚那研究

第五辑

张东明　主编

中国出版集团
世界图书出版公司
广州·上海·西安·北京

图书在版编目(CIP)数据

高丽亚那研究. 第5辑 / 张东明主编. —广州:世界图书出版广东有限公司,2015. 11

ISBN 978-7-5192-0449-5

Ⅰ. ①高… Ⅱ. ①张… Ⅲ. ①经济合作—研究—中国、韩国 Ⅳ. ①F125. 4②F131. 265. 4

中国版本图书馆 CIP 数据核字(2015)第 275765 号

高丽亚那研究　第五辑

策划编辑　孔令钢
责任编辑　冯彦庄　黄　琼
出版发行　世界图书出版广东有限公司
地　　址　广州市新港西路大江冲 25 号
http://www.gdst.com.cn
印　　刷　北京天正元印务有限公司
规　　格　787mm×1092mm　1/16
印　　张　15
字　　数　322 千
版　　次　2016 年 1 月第 1 版　2016 年 1 月第 1 次印刷
ISBN　978-7-5192-0449-5/D·0127
定　　价　48.00 元

《高丽亚那研究》编委会名单

序

中国与朝鲜半岛（又称韩半岛，英文 Korea Peninsula）同处亚洲东北部，山水相连，自古以来就是唇齿相依的友好邻邦，地理上、历史上、文化上和感情上的相近性使得双方在千百年交流与合作的历史长河中保持着“源远流长”的特殊友好关系，也曾发生过许多令人感慨万千的佳话。

位于中国东北地区重镇沈阳的辽宁大学在对朝鲜半岛的研究领域具有得天独厚的地缘优势和历史传统，是中国朝鲜半岛研究的中心之一。辽宁大学的朝鲜半岛研究得到学校、省和国家有关部门的高度重视，依托世界经济国家重点学科和国际关系省级重点学科以及经济学、管理学、历史、哲学、法律等其他人文学科的大力支持，使辽宁大学东北亚研究院朝鲜 - 韩国研究中心研究特色愈发突出，特色成果显著，为我国对外开放、尤其是辽宁和东北地区对朝鲜半岛经济技术与文化交流事业的发展做出了重要贡献。

辽宁大学的朝鲜半岛研究在建立和发展过程中得到了国内外各有关方面的大力支持与帮助。这其中不仅有与辽宁大学建立友好校际关系的有关国家的高等学府和研究机构，还有众多的国内兄弟院校。正是在众多机构和友人的扶持下，辽宁大学东北亚研究院朝鲜 - 韩国研究中心成为国内知名的具有特色的朝鲜半岛研究机构之一。特别值得一提的是，辽宁大学前校长冯玉忠先生和已故韩国高丽大学前校长、韩国社会科学院前理事长金俊烨先生为辽宁大学朝鲜半岛研究的发展倾注了大量心血，正是这些前辈和友好人士的无私奉献和辛勤努力，才形成今天的“前人栽树，后人乘凉”的情形。

作为辽宁大学东北亚研究院的核心，朝鲜 - 韩国研究中心为进一步凸显朝鲜半岛研究特色，在整合各种资源的基础上，进一步充实了朝鲜半岛的研究力量，力争在朝鲜半岛的研究上取得进一步的突破。我们认识到：经济合作、文化交流、政治和解、社会和谐将是朝鲜半岛和平发展繁荣的压舱石。因此，为致力于推动朝鲜半岛地区经济合作、文化交流、政治和解、社会和谐，我们计划出版系列丛书《高丽亚那研究》，该系列丛书名称来自英文“Korean Studies”，主要关注国内外有关朝鲜半岛经济贸易合作、政治外交和解、社会文化交流等领域的前沿性、综合性、前瞻性的理论与实践型研究成果，这将成为这一研究丛书的主要内容和研究特色。

辽宁大学朝鲜 - 韩国研究中心在自身研究团队的基础上，诚邀海内外研究朝鲜半岛问题的专家学者对上述问题展开深入研究，汇集海内外各国专家学者的智慧，希翼这一系列丛书为对朝鲜半岛和东北亚地区的和平发展尽绵薄之力。

从书的出版得到了辽宁大学及国内外社会各界的支持和关怀，也得到海内外许多专家、学者、同仁的热情鼓励，并得到辽宁大学国际关系学院的积极支持，使我们在深受鼓舞的同时也鞭策我们的这一系列丛书在今后要不断提供给大家更高水平和更高质量的研究成果。衷心希望《高丽亚那研究》系列丛书的问世，有助于为国内外专家学者搭建一个学术交流的平台，有助于推动中国对朝鲜半岛的研究和发展，有助于推动中国与朝鲜半岛的经济文化交流与合作的不断深化，有助于朝鲜半岛的和平繁荣与发展。

在丛书的编写过程中，难免有一些疏漏，敬请国内外专家学者批评指正。

编者

2015 年 7 月

目　录

第三编　历史·社会·文化

第一编 经济·贸易

中韩服务贸易自由化水平的测度

刘钧霆 徐 林

摘要：中韩建交20年来，双边服务贸易获得了较大的发展。本文根据Francois和Hoekman（1999）提出的量差测量法，基于引力模型，选择香港作为完全自由贸易的基准水平，来测算韩国对中国服务贸易壁垒水平，从而估计中韩服务贸易自由化水平。通过分析，发现中韩服务贸易自由化水平有了较大的提升，尤其是2004年后，中韩服务贸易自由化水平提升的速度加快。中韩两国应抓住中日韩自由贸易协定谈判的有利时机，进一步降低服务贸易壁垒，从而促进中韩两国的贸易合作与经济发展。

关键词：中韩 服务贸易 自由化水平

一、引 言

1992年中韩建交以来，双边贸易获得了较大发展。目前中国已成为韩国第一大贸易伙伴，而韩国是中国第六大贸易伙伴。同时，随着两国经济的快速发展，双边服务贸易已经成为新的贸易增长点。2000年，中韩双边服务贸易总量为4 260.5百万美元，而到了2010年，中韩双边服务贸易总量达到23 278.5百万美元，年均增长率达到19.84%。而从2003年开始，中国对韩国服务贸易由顺差开始转为逆差，2010年中韩服务贸易逆差进一步拉大，达到2 685.9百万美元，在这期间只有2005年和2006年出现顺差（见表1）。

表1 2000—2010年中韩服务贸易发展状况 （单位：百万美元）

年份	中国来自韩国的进口量	中国对韩国的出口量	中韩双边服务贸易总量	中韩双边服务贸易差额
2000	1 950.4	2 310.1	4 260.5	359.7
2001	2 157.7	2 434.9	4 592.6	277.2
2002	2 637.2	3 519.5	6 156.7	882.3
2003	3 781.2	3 772	7 553.2	－9.2
2004	5 198.7	4 993.3	10 192	－205.4

续表 1

年份	中国来自韩国的进口量	中国对韩国的出口量	中韩双边服务贸易总量	中韩双边服务贸易差额
2005	5 957.9	6 442.9	12 400.8	485
2006	6 930.8	7 584.7	14 515.5	653.9
2007	9 142.5	8 967.9	18 110.4	－ 174.6
2008	13 269.9	10 689.5	23 959.4	－ 2 580.4
2009	9 776.3	8 669	18 445.3	－ 1 107.3
2010	12 982.2	10 296.3	23 278.5	－ 2 685.9

资料来源：根据联合国 UNSERVICE TRADE 数据库统计数据计算而得。

2008 年，我国超过欧盟成为韩国第二大服务贸易出口目的国，并首次超过日本成为韩国第三大服务贸易进口来源地。中韩作为重要的服务贸易伙伴国，目前双边服务贸易自由化水平如何？本文拟根据 Francois 和 Hoekman（1999）测算服务贸易自由化水平方法，运用引力模型，以香港作为完全自由贸易基点，衡量韩国对中国服务贸易壁垒程度，以此测算中韩服务贸易自由化水平。

引力模型最早由 Tinbergen（1962）和 Poyhonen（1963）引入国际贸易分析，Francois（2001）较早用引力模型来研究服务贸易，他用人均国内生产总值和人口作为自变量来研究对服务贸易进口量的影响。Gurnfeld 和 Moxnes（2003）运用引力模型研究双边服务出口的影响因素。Walsh（2006）研究 OECD 国家 1999—2001 年跨境服务贸易的决定因素时，将贸易伙伴国是否拥有共同语言、地域上是否毗邻、非关税壁垒等因素作为虚拟变量加入到了引力模型。我国学者卢现祥和马凌远（2009）、王磊（2010）等也利用引力模型对我国服务贸易潜力问题进行了研究。

引力模型反映了一国出口潜力与其影响因素之间的相互关系，并不能反映两国间的贸易自由化水平。对于贸易自由化水平的测算，目前有两种统计方法：一种是频度测量法（Hoekman,1995），即用 GATS 成员承诺时间表构造了服务贸易壁垒的频度指标，以该指标来度量服务贸易壁垒的程度；之后，澳大利亚生产率委员会研究小组对 Hoekman 提出的频度工具进行了改进，将其用于分部门的研究。Marko（1998）、Mattoo（1998）等学者在量度自由化指数时提出了给不同的提供模式分配权数，使得频度指标的计算能更加准确地反映成员国的贸易壁垒环境。另一种是 Francois 和 Hoekman（1999）提出的量差测量法，即利用引力模型模拟完全自由化水平下的服务贸易水平，然后通过服务贸易实际水平和完全自由化条件下估测的水平间的比值或差额衡量服务贸易壁垒，从而表示服务贸易自由化水平。王磊、徐晓岭（2010）运用此方法对中美服务贸易自由化水平进行了测量。就精确性角度而言，频度测量法能比量差测量法更好地测度服务贸易壁垒。但考虑到服务贸易壁垒数据可获得性问题，量差测量法可能更适合分析。因此，我们将利用此方法对中韩服务贸易自由化水平进行初步的估算。

二、实证研究

（一）模型的建立

用量差测量法测度 A 国与 B 国之间的服务贸易自由化水平，确定在完全没有服务贸易壁垒下决定 A 国对 B 国服务贸易出口的基准方程是其中关键，而为了确定这一基准方程，首先需要选择现实经济条件下最接近完全自由贸易的经济体 C 作为基点，通过 A 国对经济体 C 的相关数据进行回归分析，最终确立最优的基准方程。

根据 Francois 和 Hoekman（1999）的分析，香港和新加坡都可以被看作是服务贸易中完全没有贸易壁垒的经济体，可以用这两个经济体作为自由贸易基准来测算服务贸易壁垒。考虑数据的可获得性和获得的难易程度，本文把香港看成是一个完全没有服务贸易壁垒的经济体，通过将中国和香港两个经济体国内生产总值、人均生产总值、服务贸易相似指数、贸易互补指数等作为自变量，而将中国对香港的出口量看作是因变量，由此构造引力模型，得到在完全没有贸易壁垒的情况下中国对韩国的服务贸易出口量的决定方程，再将韩国的国内生产总值、人均生产总值、中韩服务贸易相似指数和中韩贸易互补指数及韩国的对外贸易开放度、韩国对中国的对外直接投资等变量带入到基准方程中，得到了中国对韩国的服务贸易出口量的模拟值。再用估算出的该模拟值与中国对韩国的服务贸易出口量的实际值进行比较，测算出中韩服务贸易自由化水平。[1]

根据以上所述，我们建立了三个基本模型，为了估算方便和消除方程的异方差问题，对模型两边取对数，得到如下方程：

$$LnT_{chk} = C + \beta_1 LnG_{ck} \times G_{hk} + \beta_2 LnTCI_{ch} \tag{1}$$

$$LnT_{chk} = C + \beta_1 LnG_{ck} \times G_{hk} + \beta_2 LnP_c \times P_h + \beta_3 LnTCI_{ch} + \beta_4 OPEN_h + \beta_5 LnFDI_h \tag{2}$$

$$LnT_{chk} = C + \beta_1 LnP_c \times P_h + \beta_2 LnTCI_{ch} + \beta_3 LnTC_{ch} \tag{3}$$

对其中两个变量做如下解释：

（1）服务贸易相似指数。$TCI_{ch} = \dfrac{\sum E_{ck} \times I_{hk}}{\sqrt{\sum\left(E_{ck}^2 + I_{hk}^2\right)}}$，$E_{ck}$ 用来表示中国第 k 类服务贸易出口占中国所有服务贸易出口的比例，I_{hk} 表示香港第 k 类服务贸易出口占香港所有服务贸易出口的比例。

（2）服务贸易互补指数。$TC_{ch} = \dfrac{M_{hck}/M_{hc}}{X_{ckw}/X_{cw}}$，用来表示服务贸易互补指数。具体地说，$M_{hck}$ 表示香港 K 行业来自中国的进口量，X_{ckw} 表示香港所有服务贸易行业来自中国的进口量，X_{ckw} 表示中国 K 行业对世界的出口量，X_{cw} 表示中国所有服务贸易行业对世界的出口量。

下面将其余各个解释变量的含义及其预期符号和经济意义总结如下：

---

[1] 由于数据可获得性原因，本文只测算了韩国对中国服务贸易壁垒程度。

解释变量与被解释变量	含义	预期符号	经济意义
T_{chk}	中国向香港 k 行业的服务贸易出口量	−	反映双边贸易关系紧密程度
G_{ck}	中国国内生产总值	+	反映一国的进口需求能力
G_{hk}	香港国内生产总值	+	反映一国的出口需求能力
P_c	中国人均国内生产总值	+	反映出口国的经济发展水平
P_h	香港人均国内生产总值	+	反映进口国的经济发展水平
TCI_{ch}	中国与香港的服务贸易相似指数	−	代替距离成为两国贸易流量的阻碍因素
$OPEN_h$	香港的对外贸易开放度	+	反映一国国内生产总值的创造依赖于国际贸易的程度（对外贸易依存度）
FDI_h	中国对香港的对外直接投资	−	反映进口国的需求能力
TC_{ch}	中国与香港的贸易互补指数	+	反映进口国对出口国的贸易需求偏好

（二）样本、数据与方法

1. 样本的选取

按照《国际收支手册》第五版（BPM5）以及扩大的国际收支服务分类（EBOPS）对国际服务贸易的分类，本文将服务贸易分为运输业、旅游业、信息业、建筑业、保险业、金融业、计算机、特许权使用费、其他商业服务、个人文化和政府 11 种标准服务。由于数据可获得性，本文选取 2000—2007 年以上这 11 种服务贸易行业对应的中国对香港服务贸易出口流量的面板数据进行引力模型的回归测算，其结果将表明在完全没有贸易壁垒的情况下中国对其他国家服务贸易出口量的决定方程。为了研究中韩自由贸易化水平，还需要获取 2000—2007 年各个服务贸易行业中国对韩国的服务贸易出口量数据，即中国对韩国服务贸易出口量的实际值。这样就可以用回归得到的模拟值与实际值进行比较，得到各个行业对应的服务贸易自由化水平，再取其平均值最终得到 2000—2007 年中韩服务贸易自由化水平。

2. 数据来源及其说明

具体的数据来源如下：

被解释变量与解释变量	数据来源
T_{chk}	联合国服务贸易数据库
G_{ck}、G_{hk}、P_c、P_h	联合国数据库和世界银行数据库
$OPEN_h$	联合国服务贸易数据库，经计算得到
$OPEN_h$	EFW 数据库
FDI_h	中国经济社会发展统计数据库
TC_{ch}	联合国服务贸易数据库，经计算得到

3. 计量方法

本文采用基于面板数据进行回归分析。根据豪斯曼检验的结果，该回归模型适用于固定效应模型，根据单位检验结果表明各个变量均为一阶单整，因此可以通过加一个滞后一阶变量AR（1）来消除方程的自相关问题，且通过对数变换也基本上克服了引力模型的异方程问题。可能出现的的问题是多重共线性问题及被忽略掉的某些影响因素所带来的误差。

（三）模型的回归结果比较

分别将三个模型通过 Eviews 进行回归，为了消除自相关因素，回归时除了以上提到的自变量以外，还加入了一个滞后一阶变量 AR（1），得到不同形式下的引力模型回归结果如下：

解释变量	模型一				
	回归系数	t 值	P 值	拟合优度	DW 值
C	3.85	3.02	0.004	0.9925	2.2428
$G_{ck}\times G_{hk}$	0.14	2.24	0.0294		
TCI_{ch}	－0.3	－2.91	0.0053		
AR(1)	0.79	5.93	0.0000		
	模型二				
	回归系数	t 值	P 值	拟合优度	DW 值
C	－3.62	－4.18	0.0001	0.9924	2.2125
$G_{ck}\times G_{hk}$	0.11	1.84	0.0726		
$P_c\times P_h$	0.31	4.02	0.0002		
TCI_{ch}	－0.14	－2.01	0.0504		
$OPEN_h$	0.25	7.41	0.0000		
FDI_h	－0.02	－3.39	0.0014		
AR(1)	0.75	4.99	0.0000		
	模型三				
	回归系数	t 值	P 值	拟合优度	DW 值
C	－3.38	－2.38	0.0214	0.9863	2.0925
$P_c\times P_h$	0.51	7.07	0.0000		
TCI_{ch}	－0.67	－2.90	0.0056		
TC_{ch}	0.13	4.77	0.0000		
AR(1)	0.67	3.54	0.0009		

从回归结果中，可以看到，各个解释变量的 t 值都很显著，且三个模型的拟合优度都超过了 0.98，可以认为，模型拟合得非常好，以上提及的各个解释变量都可以成为服务贸易出口量

的影响因素。通过比较，模型一中各变量的 P 值均小于 0.05，且拟合优度最优，显然模型一得到的回归方程更能够反映影响服务贸易出口量的各因素与服务贸易出口量之间的关系，因此本文将其设定为最终的基准模型。

三、中韩服务贸易自由化水平的测算

采用模型一对应的回归方程，估测出中国对韩国服务贸易出口量的模拟值，通过模拟值与实际值进行比对，再取各个行业的平均数，从而估算出韩国对中国服务贸易壁垒水平，进而得到中韩服务贸易自由化水平（表 2）。

表 2　2000—2006 年中韩自由贸易化水平

年份	2000	2001	2002	2003	2004	2005	2006
服务贸易自由化水平	0.21	0.24	0.27	0.29	0.33	0.43	0.59

从表 2 中可以看出，中韩的服务贸易自由化水平在 2000—2003 年呈缓慢上升的状态，而 2004 年之后的自由化水平上升很快。这反映了韩国对中国服务贸易壁垒在不断降低，进而促进了中韩服务贸易自由化水平的提高。这种变化可能是源于以下两个原因：第一，随着韩国的服务贸易的不断成熟，某些过去的服务贸易幼稚产业将不再需要保护，促使其服务贸易市场进一步开放。第二，随着中韩产业内分工合作的不断加深，进一步带动了生产性服务业的发展，进而促进了中韩服务贸易自由化水平的提高。

四、结论与政策建议

本文运用量差测量法，估算了韩国对中国服务贸易壁垒水平。由上分析可见，随着中韩经济水平的提高及服务贸易的不断发展，韩国对中国服务贸易壁垒在不断降低，这在一定程度上表明中韩服务贸易自由化水平在不断提高。尤其是在 2004 年以后，中韩服务贸易自由化水平经历了迅速上升的过程。不过，中韩服务贸易自由化水平的提高仍存在较大的空间。中韩服务贸易产业间存在着广泛的互补性，并且尚未形成实质的竞争性服务贸易产业。例如在旅游、通讯、计算机和信息、政府服务、金融、运输等领域。加强服务市场开放，有助于进一步促进中韩两国人员、技术、资本等生产要素的流动，实现生产要素在两国间的合理配置。当前，中韩两国服务贸易的国际竞争力与发达国家相比，仍存在一定差距，这是造成两国服务贸易自由化进一步发展的重要障碍。因此，中韩两国需要进一步优化服务贸易结构，提升各自服务贸易国际竞争力，同时，抓住当前中韩两国自由贸易协定谈判正加紧进行这一有利时机，采取有效措施，不断降低服务贸易壁垒，促进服务市场的开放，提高服务贸易自由化水平，从而为两国经济更加紧密合作与经济发展提供重要动力。

参考文献：

1. 封旭红、盛斌：《中国服务贸易市场准入定量分析》，载《天津师范大学学报（社会科学版）》2006 年第 3 期。

2. 黄建忠、杨扬：《服务贸易壁垒测量的体系与框架》，载《亚太经济》2009 年第 1 期。

3. 盛斌：《中国加入 WTO 服务贸易自由化的评估与分析》，载《世界经济》2002 年第 8 期。

4. 王磊、徐晓岭：《引力模型的应用——中美服务贸易自由化的测量》，载《统计与决策》2010 年第 4 期。

5. 俞灵燕：《服务贸易壁垒及其影响的量度：国外研究的一个综述》，载《世界经济》2005 年第 4 期。

6. Francois，J. The Next WTO Round: North–South Stakes in New Market Access Negotiations. Adelaide: Center for International Studies，2001.

7. Francois, J. and Hoekman, B. "Market Access in the Service Sectors." Tinbergen Institute, manuscript, 1999.

8. Grunfeld, L. and Moxnes，A. The International Globalization Patterns of International in Services. Norwegian Institute of International Affairs Paper, No.657, 2003.

9. Hoekman, B. "Assessing the General Agreement on Trade in Services," in Martin,W. and Winters, L. A. eds. , The Uruguay Round and the Developing Economies, World Bank discussion paper No. 307. Washington, D. C. 1995.

10. Linnemann, Hans. An Econometric Study of International Trade Flows . Amsterdam: North–Holland, 1966.

11. Mattoo, Fink. Regional Agreements and Trade in Services: Policy Issues. World Bank Policy Research Working Paper 2852, June 2002.

12. Poyhonen P. A Tentative Model of the Volume of Trade between Countries. Weltwirtschatftliches Archiv, 1963.pp.93–99.

13. Tinbergen J. Shaping the W or ld Economy: Suggestion for an International Economic Policy . New York: The Twentieth Century Fund, 1962.

14. Walsh, K. Trade in Services Does Gravity Hold? A Gravity Model Approach to Estimating Barriers to Services Trade. 111S Discussion Paper，No.183，October 2006.

全球经贸博弈加剧背景下日韩经贸的竞争与合作

笪志刚 [1]

随着20世纪70—90年代，日本经济进入低速增长和泡沫经济达到顶峰并破裂，韩国凭借经济起飞完成由发展中国家向新型工业国的转型，昔日由日本领头、韩国和中国台湾地区为中间、中国和泰国等为末梢的所谓东亚的“雁型模式”出现悄然变化，日韩之间多年存在的互补性开始出现松动，两国在经贸合作上的竞争态势加剧。特别是随着美日欧为重新赢得发达经济体主导全球经贸主导权而展开的新一轮多边及泛区域通商博弈迹象日趋明显，日韩经贸合作中的竞争因子增加，全球经贸博弈加剧背景下，日韩在全球经贸格局中的定位也处在不断转换之中。

一、全球经贸博弈不断展开

1. 大多边通商谈判紧锣密鼓展开

虽然全球围绕传统安全和非传统安全的热点、焦点和难点不断，但不可否认，在地缘局势、安全保障、外交斡旋、经贸走势、国民感情等方面存在紧张升级的同时，围绕多边通商合作，出现了中韩FTA、中日韩FTA、TPP、RCEP等双边、多边乃至泛区域的大多边经贸谈判热潮，这些极大地遏制了复杂的全球政经和区域局势的恶化，也使世界经贸合作和平与发展的主题得以延续。

2. 发达经济体欲重掌经贸话语权

纵观此次全球大多边经贸谈判的此起彼伏、方兴未艾之势，可以发现，在中国、印度、巴西等发展和新兴经济体经济减速背景下，美欧日等发达经济体欲通过新一轮涵盖物品贸易、服务贸易、知识产权和投资开放等高标准的准入门槛，重新夺回被发展和新兴经济体由于成本和劳动力优势占据的国际经贸主导权。IMF在研究报告中宣布今后将是美欧主导全球新一轮经贸博弈的结论也印证了上述判断。

[1] 作者简介：笪志刚，黑龙江省社会科学院东北亚研究所所长。

3. 日韩通商谈判与博弈的重点突破

在上述席卷全球的双边和多边通商博弈中，日韩从各自的经贸利益出发，在通商谈判的选择和参与程度上，呈现了双边竞争、多边较力，优势选择和重点突破的特点。与日本克服国内诸多阻力，积极参与美国主导的TPP谈判相比，韩国则通过与亚太最大经济体的中国加强包括外交、政治对话在内的一揽子交流，拟做出让步，积极推进两国早日缔结FTA，藉此谋求在东北亚区域合作中的优势和双边矛盾调停人的角色。

二、日韩经贸的竞争与合作

1. 日韩经贸合作现状与问题

曾几何时，不管从贸易额还是海外投资额，不论占亚太份额还是全球比重，韩国根本无法与日本分庭抗礼，但近年随着日本经济持续下行，韩国在全球经贸格局中地位上升，两国的距离在拉近，甚至在一些领域韩国已反超日本后来居上。2012年韩国贸易总额为1.067万亿美元，居全球第八位。2012年日韩贸易为643亿美元，韩国对日出口389亿美元，进口254亿美元，韩国顺差135亿美元，改变了多边对日逆差的局面。

2. 日韩经贸合作的竞争态势分析

随着韩国经济总量和贸易额双双突破万亿美元大关，日本经济的日渐式微和日韩围绕领土和历史问题的矛盾加剧，韩国政界、经济界尤其是产业界弥漫着一股日本已是明日黄花、日本已不是韩国对手，韩国可以放弃日本的情绪，公开主张韩国在东亚产业分工中已后来居上，日韩经贸合作韩国竞争能力增强的人日益增多。同样，日本产业和经济界也出现主张日本必要时切断韩国核心零部件供应和结束金融合作的呼声，两国不仅在外交和国民感情上龃龉不断，在经贸等方面竞争大于合作的迹象日趋明显。

3. 日韩谋求通商博弈利益最大化

迄今为止，韩国已与世界45个国家和地区签署了FTA，近年韩国贸易和投资的扩大，在家电和汽车等领域不断在欧美市场占据昔日日本份额，真实反映了韩国通商博弈为其赢得经贸优势的一面。日本也利用EPA体制强化双边通商谈判，但总体谈判保守，取得进展也没有韩国迅猛。对于中日韩FTA，虽然日韩都将中日韩FTA谈判纳入本国通商谈判的战略视野中，但如何在三边谈判中谋求主导权并赢得竞争优势，日韩的态度和做法并不一样，总体韩国的态度较为进取，而日本则将三国的FTA作为与美国在TPP谈判上讨价还价的筹码。与韩国多注重双边谈判机制相比，日本则对多边谈判较为积极和主动，凸显日本希望通过多边机制发挥日本在服务贸易、知识产权和资本及技术密集型领域的领先优势谋求经贸利益最大化。

三、日韩经贸合作与竞争走势预测

1. 日本在多边谈判中优势凸显

在全球尤其是亚太经贸谈判的博弈中，日本在多边谈判中的优势日益凸显。而且，作为通商谈判的老手，日本不仅注重把握各国立场和主张，还极其重视谈判细节。还经常将其作为政治和地缘博弈的筹码。宣布加入 TPP，既给美国从经济角度的亚太再平衡增加了筹码，也使日本依靠美国打造中国制造的替代体系和本国高科技工业的再工业化成为可能。在中日双边关系短期无法解决的背景下，日本也将多边通商谈判作为遏制中国崛起的工具，从这一点来说，中日韩 FTA 谈判前景并不容乐观，因为三国签署 FTA，韩国受益最大，中国次之，日本最小，这也制约了日本的积极性。

2. 韩国在双边博弈中领先日本

由于除电子和化工及汽车制造等几个产业外，韩国产业依然没有彻底摆脱劳动和资源加工密集型的桎梏，在多边通商博弈的谈判中优势有限，更无法与日本匹敌。因此韩国多有针对性地选择双边谈判，与美国的就是最具代表性的成功案例。现在，日本咄咄逼人的加入 TPP 态势是韩国危机感加深，利用中韩 FTA 赢得先机的意图明显。因为一旦中韩签署 FTA，不仅中韩经济伙伴关系进一步密切，中韩贸易超过中日贸易也只是时间的问题，而且，韩国先于日本与中国签署 FTA 也将巩固中韩之间的政治关系，并将这种关系用于地缘政治和外交。

3. 日韩经贸在全球格局中的地位

毋庸置疑，作为世界第三和第十二大经济体，日韩在世界贸易、投资和经济总量中的地位不可小觑。2012 年，日本贸易份额占据世界 11 %，经济总量占世界 8.5%，继 2011 年被中国超越后维持全球第三大经济体地位。韩国贸易额占世界 3 %，经济总量占世界不到 2 %，两国合计分别占世界近 15 % 和 10.5 %。如果此次日本利用安倍经济学能实现成功复苏并不失时机地进行结构调整，日本在全球经贸地位有望结束徘徊的颓势。贸易赶超优势愈发明显，61 种商品出口居全球第一位，尤其是在电子等领域的出口发展迅猛，但韩国依然是发达经济体中相对落后的，总体经济实力与日本差距依然较大。在未来的全球经贸格局中，韩国即使在某些领域后来居上，即使贸易份额不断扩大，但从发达经济体的发展历程看，老龄化和少子化及离婚率居高不下的韩国今后进入低速增长时代的可能性较大，加上韩国 GDP 中三星这样的超大型企业占比过高，2012 年在韩国 1103.46 万亿韩元 GDP 中，三星占比达 18%，三星与现代合计占比高达 26%，缺乏创新和质量不稳定等企业经营风险一旦出现，韩国不仅全面赶超日本非易事，自身经济地位也将受到巨大冲击。

四、结　论

全球经贸博弈背景下日韩的竞争与合作将由昔日日本在上、韩国在下的模式向日韩平起平坐转变，贸易竞争大于合作，投资合作趋于高级化；由于历史和领土问题，韩国的厌日和反日情结将影响两国产业界合作，韩国经济界更多将视角放在中国等发展中大国，韩国眼中的日本经贸日益被边缘化；多边通商博弈具有优势的日本与双边谈判潜力巨大的韩国之间，围绕双边和多边通商博弈的表面竞争、暗中较力将成为常态。未来日本更多倚重美国谋求多边经贸合作中的国家利益最大化，韩国则利用中韩 FTA 抗衡日美的 TPP 和维持贸易增势，虽然其最终有可能出于实利也选择参加 TPP 谈判。

韩资企业鸭绿江经济区投资前景

张东哲　陶琳瑶 [1]

摘要：进入21世纪以来，随着东北亚经济的快速发展，区域内国家和地区间的双边经贸合作广泛展开。与朝鲜新义州隔江相望的丹东市是中国对朝鲜贸易的最大口岸，占双边贸易额的七成以上。据丹东市2013统计年鉴显示，丹东市的外商投资工业企业总产值占丹东市规模以上工业企业总产值的比重，与全国外商投资工业企业总产值占全国规模以上工业企业总产值的比重相比低4.4个百分点。为此，丹东市出台了一系列招商引资政策。本文将通过近期出台的丹东市招商引资优惠政策及韩资企业的对华投资动机、特点、撤资问题探讨韩资企业的鸭绿江经济区投资前景。

关键词：鸭绿江经济区　鸭绿江经济区招商政策　韩资企业投资前景

一、前　　言

进入21世纪以来，随着东北亚经济的快速发展，区域内国家和地区间的双边经贸合作广泛展开。与朝鲜新义州隔江相望的丹东市是中国对朝鲜贸易的最大口岸，占双边贸易额的七成以上。丹东市与朝鲜隔鸭绿江相望，无论是对朝合作，还是与东北亚合作，都具有明显区位优势。因此，将来朝鲜积极推动改革开放，丹东市作为中国最大的边境城市利用国际和国内资源拓展国内外市场具有很大的发展潜力和空间。

但作为东北亚中心城市为目标的丹东市，外商投资及外资企业对丹东市经济发展的作用却并不大。据丹东市2013统计年鉴显示，2012年外商投资企业出口交货值392 466.5万元，外资企业出口交货值88 984.1万元，分别占丹东企业出口交货值（1 286 432.7万元）的30.51%和6.92%。外商投资企业101家，总产值1 274 190.9万元；其中外资企业26家，总产值177 625.7万元，仅占丹东工业总产值（10 379 309.7万元）的12.28%和1.71%。这一数据（丹东外商投资企业总产值占丹东工业总产值的比重）与全国外商投资工业企业总产值占全国规模以上工业

[1]　作者简介：张东哲，副教授，韩国经营学博士，现就职于辽东学院市场营销专业。主要研究方向：生产管理、市场营销、可持续发展、国际化经营、鸭绿江经济区发展研究。陶琳瑶，讲师，英国理学硕士，现就职于辽东学院经济专业。主要研究方向：金融工程、鸭绿江经济区发展研究。

企业总产值的16.69%（全国规模以上工业企业总产值844 269亿元；全国外商投资工业企业总产值140 888亿元）相比低4.4个百分点。

为此，丹东市出台了一系列招商引资政策。本文将通过近期出台的丹东市招商引资政策及韩资企业的对华投资特点、撤资问题探讨韩资企业鸭绿江经济区投资前景。

二、丹东市产业园区

（一）丹东市工业招商项目及产业园区

丹东市工业招商项目主要有汽车及汽车零部件类项目、装备制造（造船/仪器仪表）类项目、矿产资源开发类项目、农业产业化及食品制造类项目、综合利用类项目、专业园区类项目。

丹东市未来发展重点产业园区主要有辽宁（丹东）仪器仪表产业基地、辽宁（丹东）环保产业园区、辽宁手表工业园区、丹东市东北亚纺织服装基地、汤池综合工业园区、辽宁（东港）再生资源产业园区、大孤山精密铸造产业园区、海洋红临港产业园区、丹东港口工业园区、凤城现代工业园区、五龙工业园区、金山经济开发区、辽东硼铁资源综合利用产业基地、丹东无水印染产业园区、宽甸城产业园区、宽甸青椅山工业园区（参见表1）。

表1　丹东未来发展重点产业园区

	园区/位置	规划面积（m^2）	招商项目
1	辽宁（丹东）仪器仪表产业基地/新城区	5 970	自动化控制系统及设备、专用仪器仪表
2	辽宁（丹东）环保产业园区/新城区	2 000	研发、生产、营销环保产业
3	辽宁手表工业园区/新城区	540	中高档机械手表机芯、机械、电子表成表
4	丹东市东北亚纺织服装基地/前阳经济开发区	3 000	纺织、印染、服装
5	汤池综合工业园区/新老城区交界处	4 000	装备制造业、机电产业类、电子数码
6	辽宁（东港）再生资源产业园区/东港开发区	8 230	再生资源产业基地
7	大孤山精密铸造产业园区/大孤山经济区	5 000	精密铸造、阀门
8	海洋红临港产业园区/大孤山经济区	16 000	临港重化工、物流
9	丹东港口工业园区/新城区	7 300	石化、造纸、化纤、出口加工、保税仓储、大型物流
10	凤城现代工业园区/凤城市	13 000	汽车配件、机床附件、常压锅炉
11	五龙工业园区/振安区	8 000	装备制造、高新技术产业
12	金山经济开发区/元宝区	9 800	专用设备制造、医疗化工、纺织服装、食品加工
13	辽东硼铁资源综合利用产业基地/凤城市	25 000	采、选矿及硼铁综合利用
14	丹东无水印染产业园区/振安区	1 900	无水助剂印染、无水纺织面料、服装加工、设备制造
15	宽甸城产业园区/宽甸县	6 700	营养食品
16	宽甸青椅山工业园区/宽甸县	16 000	硼铁化工、新型材料

资料来源：根据丹东市对外贸易经济合作局招商处相关资料整理获得。

（二）优惠政策

鉴于丹东市近期出台的招商政策倾向于就业贡献大、低污染、低能耗产业，本文主要介绍环保产业园区和仪器仪表产业区的招商引资优惠政策。

1. 环保产业园区

除享受国家赋予东北老工业基地和辽宁省赋予沿海经济带的优惠政策外，政府对入驻环保产业园区的企业收取的土地出让金，除上缴国家、省部分外，其余部分用于园区内企业的基础设施建设；入驻企业自投产之日起，五年内上缴的增值税、营业税、企业所得税市及市以下地方分成部分，用于扶持企业发展。

2. 仪器仪表产业区

除享受国家赋予东北老工业基地和辽宁省赋予沿海经济带的优惠政策外，政府对入驻仪器仪表产业园区的企业按注册资本金给予一定数额的补贴，政府按建筑成本提供租售标准厂房，对入驻企业减免5—10年增值税、营业税、企业所得税市级以下地方流程部分，省级以上研发机构、重点实验室另有一定数额启动资金补贴。

3. 辽宁沿海经济带相关优惠政策

投入专项资金，用于重点区域产业项目贴息。建立重点区域招商引资奖励资金。积极运用东北老公业基地外贸发展资金和省级外经贸发展专项资金，辅助重点区域出口企业的研发费用和重点商品、重点企业出口信用保险费用。对区域内的装备制造、原材料加工、精细加工、农产品精深加工、纺织、医疗等行业的技术改造和服务业项目，省级财政优先给予一定期限的贷款贴息。

三、东港经济开发区

东港开发区1994年被批准为省级开发区。2006年5月，纳入辽宁省“五点一线”沿海重点发展区域。2009年7月，随着辽宁沿海经济带上升为国家战略后，承担辽宁沿海经济带东港经济区核心区的开发建设任务。东港经济开发区规划面积70平方千米，其中建成区10平方千米，滨海西区60平方千米，有44.9平方千米被省政府批准为辽宁沿海经济带重点发展区域。

（一）重点项目投资政策

为加快“五点一线”沿海经济带的开发建设，支持重点区域的产业发展，充分发挥财政资金扶持和引导作用，省委、省政府决定设立“五点一线”沿海经济带园区产业项目贴息资金，支持园区内产业发展重点项目。贴息资金重点支持七类项目：一是世界500强企业、国际知名企业及中值企业的投资项目；二是形成产业集群的龙头企业、骨干企业项目；三是拥有自主知识产权或自主品牌企业的项目；四是对就业贡献大、税收较高的项目；五是低污染、低能耗的项目；六是园区现代服务业项目；七是园区内市场化运作的供水、污水处理等基础性配套项目。贴息金额一般不低于项目贷款按同期中国人民银行贷款基准利率一年发生的利息额的50%，重点项目不低于70%。贷款额在1亿元（含1亿元）以下的项目，年贴息额不超过300万元；5亿元（含5亿元）以下的项目，年贴息额不超过700万元；贷款额5亿以上的项目，年贴息额不超过1 200万元。

（二）东港市优惠政策

对总投入在3 000万元以上、符合国家产业政策的工业项目，给予用地方面、收费方面、税收方面的优惠政策。具体优惠政策如下：

1. 用地方面

总投入在3 000万元以上、税收贡献度高且亩投资不低于150万元的项目，其用地按照不高于国家规定的最低出让价格出让；对投入超亿元项目，供地优惠政策实行“一事一议”。

2. 收费方面政策

总投入在3 000万（含）—5 000万元的项目，行政事业性收费按标准收取后，东港市及收入部分返还企业50%，用于扶持企业建设：总突入在5 000万元（含）至1亿元的项目，行政事业性收费按标准收取后，东港市及收入部分返还企业80%，用于扶持企业建设；总投入在1亿元（含）以上的项目，行政事业性收费按标准收取后，东港市级收入金额返还企业，用于扶持企业建设。涉及的经营服务性收费一律按规定标准下限的50%收取。

3. 税收方面

总投入在3 000万（含）—5 000万元的项目，自立项起，按8个月建设及投产准备期计算，给予1年的税收优惠；总投资在5 000万元（含）—1亿元的项目，自立项之日起，按15个月建设及投产准备期计算，给予3年的税收优惠。改扩建的企业达到上述标准，对应上述投资额在原纳税额不降的前提下，增量部分给予2年税收优惠。税收优惠是指企业缴纳的增值税10%、企业所得税20%和营业税40%（不含建筑营业税），返还给企业。

四、韩资企业对华投资特点及问题

韩国对华直接投资是从1992年中韩建交后开始的。韩资企业最初对中国的投资动机是通过廉价劳动力削减费用，以降低成本来达到扩大本国及周边国家市场份额的目的。韩国对外经济政策研究院（Korea Institute for International Economic Policy）针对在中国的298所韩国企业作为对象进行的韩国企业的对华投资动机重要度调查也表明，廉价的劳动力（36.2%）、进入内需市场（25.6%）、海外买方的要求（11.1%）等排列顺序（刘信一 2007）。

但随着中国经济的高速增长中国市场的重要性逐渐提高、亚洲金融危机，以及后来韩国大型知名企业致力于全球化经营战略将中国市场视为全球化经营的重要环节，使越来越多的韩资企业为了开拓中国本地市场而加大投资力度。金志衡（2010）的研究表明韩资企业增加对中国的投资背景如下：第一，韩国国内产业结构的变化。第二，由于地理、文化上的相近性，使韩资企业对中国的投资进行得相对容易。第三，中国成为了全球第一外资流入国，使韩国企业认为中国市场具备了优秀的劳动力市场和内销市场，加上全世界跨国企业的持续投资，中国市场具有了引领全球市场的关键地位，促使包括韩资企业在内的很多跨国企业进入中国展开经营活动。

根据国务院发展研究中心（DRC）数据库资料的分析发现，韩国在华投资企业具有以下特点：①韩对华投资主要集中在制造业；②韩对华投资企业具有明显外向型特点；③韩资企业劳动密集型特点明显；④韩国企业对华投资更多采取独资或控股的方式，以确保外方对企业经营的绝对控制权；⑤韩国在华企业的5个最大投资行业分别是电子及通讯设备、金属制品、服装、纺织品、电气机械，而饮料制造、木材家具、医药制造业等是韩国企业投资相对较少的行业（赵晋平 2003；刘慧清 2010）。

尽管2002年以来，中国一直是韩国第一大投资对象国，但在华韩资企业2003年前后遇到经营方面的问题，导致韩国企业出现了“非正常撤资”现象，即未经清算撤离中国市场。韩国企业在经营方面经常遇到的难点为当地经商习俗及作风、通关及税务、制度法律环境不完善、语言障碍、货款回收、高级人力匮乏等（刘信一 2006）。张慧智（2004）对在华韩资企业的投资经营分析中韩国对中国直接投资中存在的问题时指出，韩国企业投资前对中国的市场调查研究不足；技术水平不高，竞争优势不明显；韩国企业本土化战略不足。也有专家认为中国的税收制度改革所产生的企业税收负担变化也是韩国企业从中国撤资的重要原因之一。但从“擅自撤退”的韩国企业多为低工资的劳动密集型企业来看，所得税改革及其产生的税收负担的变化，不应该成为导致韩国企业决定“擅自撤退”的主要因素。

五、结　　语

中国和跨国企业的关系正在以双存双赢的模式发展。海洋对于现代经济发展的作用已经显现出来，谁掌握了海洋谁就掌握了现代经济的主动权。众所周知，韩资企业对华投资的首选地是渤海湾地区和东北三省。韩国企业之所以将渤海湾地区和东北三省作为对华直接投资的首选地，是因为这两个地区在地理位置、投资环境、引资政策、文化风俗等方面具有区位优势（刘会清 2010）。

丹东与朝鲜隔鸭绿江相望有较好的区位优势，无论是对朝合作，还是与东北亚地区周边国家合作，物流（陆路、铁路、海运、空运）具有明显优势。当代世界经济区域化发展的经验证明，任何一个国家、地区都不应该闭关自守，必须面向周边区域，实行区域能源、资源、金融、文化等方面的全方位合作，朝鲜也不例外。尽管朝鲜目前还未对外开放，但朝鲜一旦对外开放，进一步扩大与中国的经济贸易是必然的趋势。而作为与朝鲜隔江相望的丹东市为中心的鸭绿江经济区将会成为开辟、拓展东北亚市场，尤其是朝鲜市场的重要前沿基地。因此，韩资企业在鸭绿江经济区的投资建厂会给韩资企业带来巨大的经济、政治效益。

近年来各地区在引进外资时，不仅考虑利用外资企业的先进技术和管理经验，而且还考虑地区产业发展的大局，避免低起点、高耗能、低产出、重复建设的投资项目。张慧智（2004）对韩资企业今后投资经营方向时也指出，韩资企业应选择适当的投资产业及投资地区，利用新技术、新设施开拓市场，扩大本土化战略。况且，从鸭绿江经济区（丹东及东港市）的招商引资政策中也不难看出，总投入在 3 000 万元以上、对就业贡献大、低污染、低能耗、税收较高的项目，园区现代服务业项目，园区内市场化运作的供水、污水处理等基础性配套项目具有明显优势。因此，针对规模以上高新技术产业，韩资企业若充分利用自身的技术优势和鸭绿江经济区的地域优势，投资前做好充分的市场调查、加强中国本土化战略，在鸭绿江经济区的投资前景是乐观的。

参考文献：

1. 金志衡：《韩资企业的中国投资动机变化及其启示》，载《生产力研究》2010 年第 1 期，第 193—194 页。

2. 刘信一：《韩国对华投资现状分析》，载《思想战线》2007 年第 1 期，第 137—140 页。

3. 赵晋平：《聚焦制造业：日韩对华直接投资特点及发展趋势》，载《国际贸易》2003 年第 1 期，第 9—14 页。

4. 刘信一：《 Grasp China's Political Economy: Hu Jin tao》，韩国 Dasom 出版社，2006 年。

5. 张慧智：《在华韩资企业的投资经营分析》，载《东北亚论坛》2004 年第 4 期（总第 13 期），第 38—42 页。

6. 刘会清：《韩资企业的对华投资态势分析》，载《经济导刊》2010 年第 9 期，第 20—21 页。

中韩经贸合作面临的挑战与对策

孙　永　崔庆哲[1]

摘要：中韩经贸合作经过20年的高速发展，取得了巨大成果。韩国成为中国第一大贸易伙伴，也是重要的外资来源国，形成了相互依存的战略合作伙伴关系。但自2012年以来，贸易增速出现下降，韩国对中国的投资占比减少，中国对韩国投资合作发展缓慢等状况。中韩经贸合作面临贸易不平衡、中国产业结构调整等挑战。中韩应加强政策性沟通，推进自贸区谈判进程，扩大文化、教育、安全等交流和合作，创新合作方式和领域，为两国人民创造更多利益，对东北亚地区的合作发展发挥更大作用。

关键词：中国　韩国　经贸合作

一、2012年中韩经贸合作增势趋缓

1. 双边贸易增速下降

中韩经贸合作自建交以来，在货物贸易方面，除1998年和2009年受到亚洲金融危机和美国次贷危机影响外，一直呈现高速发展的态势；自1990年以来，年均增长高达26.3%。2012年，尽管中国仍为韩国第一大贸易伙伴、第一大出口目的地和第一大进口来源地，但增速出现明显下降。中韩双边贸易额为2 563.3亿美元，同比增长4.4%。其中，我国对韩出口876.8亿美元，同比增长5.7%，自韩进口1 686.5亿美元，同比增长3.7%。

[1]　作者简介：孙永，研究员，原供职于黑龙江省社会科学院东北亚研究所，从事东北亚地区经济合作，主要研究方向为中国、黑龙江省与朝鲜半岛的经济合作。现被聘为黑龙江东方学院经贸学部研究员。崔庆哲，黑龙江东方学院经贸学部讲师，从事中国与朝鲜半岛经济合作研究。

表 1　1988—2010 年中韩贸易统计（单位：亿美元）

年 份	对韩进出口总额		对韩出口		对韩进口		贸易收支
	金额	增减（%）	金额	增减（%）	金额	增减（%）	
1990	19.4	116.9	12.6	166.8	6.8	61.3	5.8
1991	32.5	67.0	21.8	72.9	10.7	55.8	11.1
1992	50.3	54.9	24.1	10.4	26.2	146.0	− 2.2
1993	82.2	63.5	28.6	18.9	53.6	104.3	− 25.0
1994	117.2	42.5	44.0	53.9	73.2	36.5	− 29.2
1995	169.8	44.8	66.9	51.9	102.9	40.6	− 36.0
1996	199.9	17.7	75.1	12.3	124.8	21.2	− 49.7
1997	240.5	20.3	91.2	21.5	149.3	19.6	− 58.1
1998	212.6	− 11.6	62.7	− 31.3	150.0	0.4	− 87.2
1999	250.4	17.4	78.1	24.9	172.3	14.7	− 94.2
2000	345.0	37.8	112.9	44.6	232.1	34.7	− 119.2
2001	359.1	4.3	125.2	10.9	233.9	0.8	− 108.7
2002	440.7	22.8	155.0	23.8	285.7	22.2	− 130.8
2003	632.3	43.4	201.0	29.4	431.3	51.0	− 230.4
2004	900.7	42.5	278.2	38.4	622.5	44.3	− 344.3
2005	1 119.3	24.3	351.1	26.2	768.2	23.4	− 417.1
2006	1 343.1	20.0	445.3	26.8	897.8	16.9	− 452.5
20007	1 599.0	19.1	561.4	26.1	1 037.6	15.6	− 476.2
20008	1 861.1	16.2	739.5	31.0	1 121.6	8.1	− 382.1
2009	1 562.32	− 16.1	536.80	− 27.4	1 025.52	− 8.6	− 488.72
2010	2 071.71	32.6	687.71	28.1	1 383.99	35.0	− 696.28
2011	2 456.33	18.6	829.24	20.6	1 627.09	17.6	− 797.86
2012	2 563.29	4.4	876.81	5.7	1 686.48	3.7	− 809.66

资料来源：根据商务部亚洲司《我对亚洲国家（地区）贸易历年统计》制成。

2. 韩国直接投资占比减少

韩国是我国外资的重要来源国家之一，截至 2012 年底，韩国累计对华实际投资额为 528.9 亿美元。韩国对我国投资增长迅速，直接投资从 1992 年的 1.2 亿美元，增长到 2006 年的 62.5 亿美元，14 年间增长近 60 倍，中国成为韩国对外投资第一大对象国。但随着中国经济的高速增长和投资环境的改变，以及其他一些因素，韩国对中国投资不仅出现下降趋势，在中国利用外资中占比份额也同比下降（见表 2）。2012 年，韩对华实际投资额 30.3 亿美元，仅占中国利用外资份额的 2.7%，排在中国利用外的国家的第 10 位。

表 2 中国实际利用韩资统计

年份	我国实际利用外资额（亿美元）	韩国对中国直接投资额（亿美元）	韩资占外资比重（%）
2000	407.15	14.9	3.66
2001	468.78	21.52	4.5
2002	527.43	27.2	5.16
2003	535.05	44.89	8.39
2004	606.3	62.48	10.31
2005	724.1	51.68	8.57
2006	629.87	39.93	6.18
2007	747.68	36.78	4.92
2008	952.5	32.35	3.39
2009	900.33	27.03	3.00
2010	1 057.35	26.93	2.5
2011	1 160.11	25.51	2.2
2012	1 117.16	30.66	2.7

资料来源：根据商务部网站《利用外资统计》历年统计数据制成，http://www.mofcom.gov.cn/article/tongjiziliao/v/?5。

3. 中国对韩国投资合作发展缓慢

2012 年，我国在全球外国直接投资流出流量较上年下降 17% 的背景下，对外直接投资创下流量 878 亿美元的历史新高，同比增长 17.6%，首次成为世界三大对外投资国之一。但对韩国非金融类直接投资仅为 1.1 亿美元，仅占我国对外投资的 0.13%。截至 2012 年底，我国对外直接投资累计净额（存量）高达 5 319.4 亿美元，位居全球第 13 位，但对韩非金融类直接投资累计仅为 9.9 亿美元。

4. 中国在韩国承包工程很少

近年来，中国对外承包工程项目扩大较快，仅 2012 年新签合同额达到了 1 565 亿美元。但在韩国的承包工程占比很少，截至 2012 年底，我国企业在韩国的承包工程合同累计签订金额仅为 23.9 亿美元，完成营业额仅为 22.1 亿美元。2012 年，我国企业在韩签订承包工程合同额为 1.9 亿美元，仅占我国对外承包工程合同金额的 0.12%。

二、中韩经贸合作面临的挑战

1. 贸易不平衡对双边经贸合作的挑战

自 1992 年中韩建交以来，我国与韩国的贸易合作一直处于逆差状态，并呈逐年扩大的趋势。从 1992 年至 2012 年 20 年间，韩国对我国的贸易逆差累计高达 5 835.42 亿美元，年均高达到 291.77 亿美元。2012 年，韩国对外贸易顺差仅为 284.9 亿美元，而对中国的贸易顺差高达 809.66 亿美元，韩国对中国的贸易顺差是韩国贸易顺差总额的 2.84 倍，也就是说韩国对外贸易的顺差完全来自中国。中韩贸易合作的高速发展从国际贸易基本理论上讲，是劳动生产率和技术上的差异产生的国际分工与国际贸易的基础，同时也具有产业内贸易的特征。在中韩贸易逆差中有合理部分，一是中国需要的科技含量较高产品，二是来自在华韩资企业的进口机械、半成品和原材料。如在韩国出口的五大类产品中，中国进口的光学、钟表、医疗设备类产品占韩国出口额的 62.9%；中国进口的机电产品占韩国出口额的 29.3%。不合理部分主要是韩国贸易壁垒因素。韩国进口中国商品中大多是资源性商品和低端商品。例如在韩国进口的五大类商品中，自中国进口的贱金属及制品占韩国进口额的 27.6%，自中国进口的化工产品占韩国进口额的 15.7%，自中国进口光学、钟表、医疗上设备类产品占韩国进口的 27.0%，与出口中国的数量差距很大。

韩国对中国的贸易顺差改善了韩国的国际收支，促进了中国的产业发展。然而贸易合作中产生巨大的不平衡从而难以维持双边贸易持续健康发展，不平衡状态将会向平衡状态转变。

2. 中国产业结构调整对双边经贸合作的挑战

中国经济经过三十多年的高速发展，取得了巨大成就，也付出了巨大代价。中国各级政府和企业都认识到粗狂型的经济发展不可持续，转变经济增长方式和产业结构调整已在进程中。

一方面产业结构调整将冲击在华韩国劳动密集型企业生存。在中国产业结构调整中，随着劳动力成本的上升，劳动密集型产业首先失去竞争力。中国的劳动密集型企业或者破产或者向外转移，进入中国的韩国劳动密集型企业也必将撤离。在投资下降的同时，贸易合作也将受到影响。

另一方面，在产业结构调整中，中国政府将对高技术和新产品进行扶持，中国产业也在逐步优化升级。特别是经过三十多年的发展，中国重化工业的造船、汽车等方面已经有了较大发展，特别是在电子、集成电路和信息产业方面的技术，中国企业已经拉近与韩国技术的差距，因此中韩同类产品将在中国市场和国际市场上展开竞争。

3. 中韩对自贸区战略选择对双边经贸合作的挑战

按照韩国的统计，2012 年中韩贸易额达到 2 152.1 亿美元，占中国对外贸易总额 6.63%，占韩国对外贸易总额的 20.16%。其中韩国对中国的出口额占韩国对外出口额的 24.5%，比韩国对美国、日本两国出口之和还高出 6.7%。

韩国经济发展战略一直是以出口为主导的外向型经济国家，对外贸易依赖度一直很高，2012 年高达 94.5%。为保障出口的持续增长，从 2003 年起把缔结双边 FTA 作为扩大对外经贸合作的重要战略举措，积极参与 50 多个国家的自由贸易协定的谈判，到目前为止，与智利、新加坡、欧盟、东盟、印度、秘鲁、美国 7 个国家和地区签订的自由贸易协定已经生效。韩国已成为亚洲地区唯一一个与欧盟和美国这两个世界最大经济体缔结 FTA 的国家，也是世界第一个与美国、欧盟、东盟三地缔结 FTA 的国家。随着韩美、韩欧自贸区协定的实施，韩国在国际市场的拓展上占据了优势。

韩国政府于 9 月中旬正式加入美国推动的跨太平洋伙伴关系协定（TPP）的报道，不仅引起了国际舆论的关注，更是引起我国的高度关注。韩国是美国的传统盟友，也是美国在东北亚地区影响势力的重要支点。尽管中韩建立了战略伙伴关系，但韩国一直在政治、安全等问题上与美国保持高度一致。只是在东亚金融危机之后，随着中国经济的高速发展，中韩两国经济关系的依存度才不断加深。中韩自贸区的谈判已经进行了多年，但距离签订正式协定还有相当的距离，因美国主导的 TPP 含有牵制中国的意图，韩国加入 TPP 的举动，将会在一定程度上对中韩两国的双边经济合作受到影响。

三、中韩经贸合作深化发展的战略选择

中韩经贸合作仍然存在巨大的发展潜力，为实现两国领导人达成的重要共识，推动 2015 年如期实现 3 000 亿美元的贸易目标，需要进一步加强沟通，不断扩大合作领域，创新合作方式。

（一）加强中韩贸易合作的政策沟通

在中韩贸易合作中，韩国对中方具有比较优势的农产品等设置了明显的贸易障碍。韩国通过对不同产业以及同一产业的不同产品选择性地给予不同关税保护本产业。中国政府有关部门应积极开展政策性沟通，改善中国对韩出口状况。韩国的贸易壁垒主要体现在四方面：

1. 关 税 高

2012 年，韩国最惠国关税的简单平均税率由上一年度的 12.6%提高到 13.3%，其中农产品最惠国关税的简单平均税率由上一年度的 52.8%提高到了 55%，其平均关税水平远高于 WTO 中的其他所有发达成员，超过了工业品平均进口关税的 7 倍。农产品中关税高峰最严重的是动物产品、奶制品、水果蔬菜植物等农副产品。在制造业中，关税高峰产品主要集中在化学制品、皮革鞋帽、机械电子等领域。部分化学制品的最高适用税率却高达 317%。

2. 关税升级

韩国在食品、饮料、烟草、纺织品和皮革、基本金属及金属制品业、非金属矿产品等产业存在明显的关税升级现象。2012 年，对处于最初加工阶段的食品、饮料和烟草等初级产品，韩国征收的进口关税税率约为 57%，而处于半加工阶段的税率却高达 95%。

3. 调节关税

2012 年，韩国征收调节关税的产品范围和调节关税水平均出现大幅度调整。韩国的调节

关税的征税范围主要集中在农产品领域，其中大多数都是中方在对韩贸易中具有较强竞争优势的农水产品、蔬菜及其制成品，如鲈鱼、腌制虾类、香菇、薏米等产品。

4. 关税配额

为保护国内农业生产者和流通企业的利益，韩国还对部分农产品实施关税配额。根据韩国2012年公布的关税配额情况，大多数实施关税配额的产品都被征收了禁止性的配额外关税。比如，马铃薯种薯、新鲜马铃薯等的配额外关税却高达304%；马铃薯淀粉配额外关税却达到了455%；饲料用玉米和加工玉米的配额外关税却高达328%。2012年，韩国除征收极高的配额外关税，还降低了部分产品的进口配额数量。

（二）积极推进中韩自贸区谈判进程

中韩自贸区谈判分为模式和要价两个阶段，自2012年5月2日正式启动以来已经进行七轮，双方完成了模式阶段谈判，将进入出要价谈判阶段。双方在模式阶段达成的共识包括货物贸易自由化水平、协定范围及各领域谈判的原则、框架及内容要素等。

由于中韩两国在很多产业上存在竞争关系，造成了双方谈判一度“非常艰难”。韩国的敏感产业有：农水产业、能源产业、服装和纺织等加工工业。中国的敏感产业则包括化工产业、汽车产业、电子信息产业、机械设备产业、金融业、零售业、中高端制造业和运输设备。

中韩自贸区谈判是当前中韩两国经贸关系中的大事，对发展各自经济，促进区域经济一体化进程具有重要意义。双方应共同努力，加快推进自贸区谈判进程，力争早日建成中韩自贸区，造福两国人民，推动双边经贸合作不断迈上新台阶。

（三）全面开展与韩国的政治、文化和军事交流

我国周边与14个国家接壤，在世界格局发生大动荡和深刻变化的局势下，各国之间因历史和现实原因所形成的内在结构性矛盾凸显出来。美国在2010年正式宣布“重返亚太”以来，在经济上通过力推TPP主导亚太经济、牵制东亚地区国家内部加强经济合作，在军事上加强构筑以美为主导的双边军事体系，给东亚地区的政治、安全带来巨大隐患。美国TPP的“离岸平衡手”的搅局在一定程度上造成了东亚地区经济合作和政治安全互信之间的脱节和分裂。尽管东亚国家在经济上逐渐相互依存，却在政治与安全上矛盾重重、相互对立。中国的崛起需要一个和平、稳定的周边环境，必须在谋求和平发展的同时塑造所需的地缘空间和战略依托，以维护中国的地缘经济、安全、政治和战略利益。在当前如此复杂的地缘政治情况下，中韩两国加强全面合作，深化两国关系是双赢的举措，对两国和人民都有益，显得尤为重要。中国政府和民间组织应积极扩大文化、教育、体育等交流，加深两国人民间的了解和友谊。中国政府应推进与韩国的军事交流、安全方面的沟通与合作，共同维护朝鲜半岛的稳定与和平。

参考文献：

1. 商务部亚洲司．中（韩国）经贸关系简况 [DB/OL]. 中国商务部网站，2013-02-19 08:02 http://yzs.mofcom.gov.cn/article/t/201302/20130200030102.shtml。

2. 张宁：《韩国缔结 FTA 的现状、经济效应及未来方向》，载牛林杰、刘宝全：《韩国发展报告（2012）》，社会科学文献出版社 2012 年。

3. 中国行业研究网：《中韩将进一步推动区域经济一体化进程》，http://www.chinairn.com/news/20130926/123909898.html。

4. 中国商务部：《国别投资环境报告》，中国商务部网站，2013-04-18，http://gpj.mofcom.gov.cn/article/d/cw/201304/20130400094101.shtml。

5. 中国商务部：《2012 年韩国货物贸易及中韩双边贸易概况》，2013-02-20，国别数据网，http://countryreport.mofcom.gov.cn/。

美国次贷危机爆发原因的再思考

佟苍松 [1]

一、问题的背景

2007—2009年爆发于美国的金融危机被许多经济学家看成是自20世纪30年代大萧条以来最严重的一次危机。表现为在危机最严重时的2008年第四季度和2009年的第一季度，美国商品和劳务的总产出下降了接近6%，到2009年10月份失业率上升了10.1%[2]。2004—2006年美联储17次加息挤破房价泡沫后，住房止赎、违约拍卖现象普遍蔓延，使得大量卷入住房抵押贷款业务的银行、非银行金融机构陷入困境，美国政府资助的房地美（Federal National Mortgage Association）、房利美（Federal Home Loan Mortgage Corporation）损失巨大，大量的“影子银行”诸如雷曼兄弟、美林、高盛等倒闭或被政府接管，都表明美国金融体系中的信用受到了严重冲击，导致了空前的信贷紧缩。随着危机加深，不利影响甚至由虚拟经济波及实体经济，美国通用汽车公司申请破产保护，显示了危机的严重程度。从宏观经济视角看，美国的消费、投资、贸易进入下降通道。不仅如此，美国的金融危机还引领全球经济步入衰退。目前，对于这次危机的爆发，国内外都集中地进行了大量研究，总结这些文献应大致归为“金融市场失灵说”、“金融监管不力说”、“金融创新风险暴露说”等等，但我认为还应在美国经济运行模式和政策指向上做深入的思考，并从中理出其经济逻辑。目前，东亚地区集中了世界GDP总量排名分别为第二、第三的中国、日本，以及新兴市场经济体韩国，都存在着对美贸易顺差的事实，外汇储备所形成的资本流入美国，就有可能受到美国经济的被动影响，这是值得思考的问题。

二、美国经济运行模式演进

经济增长是指经济体中生产更多数量商品和服务的能力，一国的总产出是用GDP度量的。宏观经济中的GDP等式表述为：$Y = C + I + G + NX$，其中C、I、G、NX分别代表了消费、

---

[1] 作者简介：佟苍松，辽宁大学国际关系学院副教授，南开大学经济学博士。

[2] 资料来源：美国商务部经济分析局。

投资、政府购买、净出口。而消费则是一国国民生活标准高低的重要体现。世界各国都在努力寻求走上主要依靠消费拉动经济增长的路径。如图 1，美国经济在过去的几十年里，虽然频出经济周期，但经济总的趋势是增长，并且在 20 世纪 80 年代后，消费的增长明显快于 GDP 总量增长，并且在 2000 年后，距离逐步拉大，形成消费支出占 GDP 的比重超过 70% 的态势，消费对美国经济增长贡献越来越大。然而，消费支出占 GDP 的比重增加，势必造成储蓄占 GDP 的比重下降。如图 2，用总储蓄占总收入（GDP）比重表示的美国储蓄率在 1970—2010 年间处于缓慢的下降趋势，这反映出投资促进美国经济增长的作用在减弱。

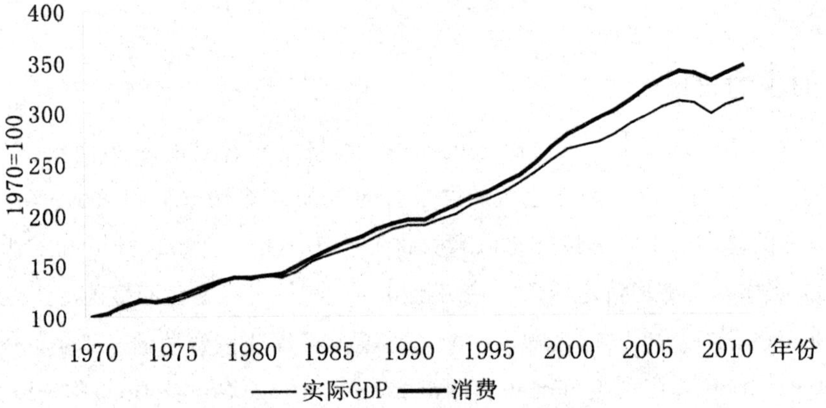

图 1　美国的实际 GDP 与消费的变动趋势

资料来源：U.S.Government Printing Office "Economic Report of The President (2011)"。

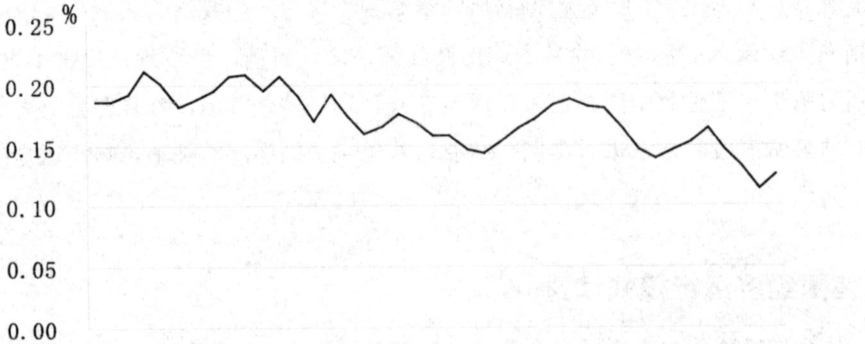

图 2　美国的储蓄率变动状况

资料来源：U.S. Government Printing Office "Economic Report of The President (2011)"。

同样值得关注的是总收入等式的最后两项，即美国的财政赤字、贸易赤字对经济增长的作用。根据开放经济条件下的等式，净出口 = 净资本流出，那么，美国的贸易赤字就会引起净资本流入，并且贸易赤字规模越大，净资本流入美国金融市场的量就越大。这里的经济学逻辑是，美国通过经常账户下的赤字，进口了价廉物美的商品，间接地增加了世界其他国家资源的消耗，同时顺差国的外汇储备又回流到美国，形成了对其经济的注入。美国在得到了实实在在物质商品的同时，又交换了虚拟的金融产品，所让渡的资产包括：FDI、美国通货、国债、公司债、其他有价证券，甚至是金融衍生品。以美国国债持有比例为例，如图 3 表明，外国持有比重在 2001 年后保持着显著上升趋势。这就使得弥补其储蓄不足成为可能，虽然形成了美国负债的增加（包括主权债），但对美国的经济增长起着推动作用。

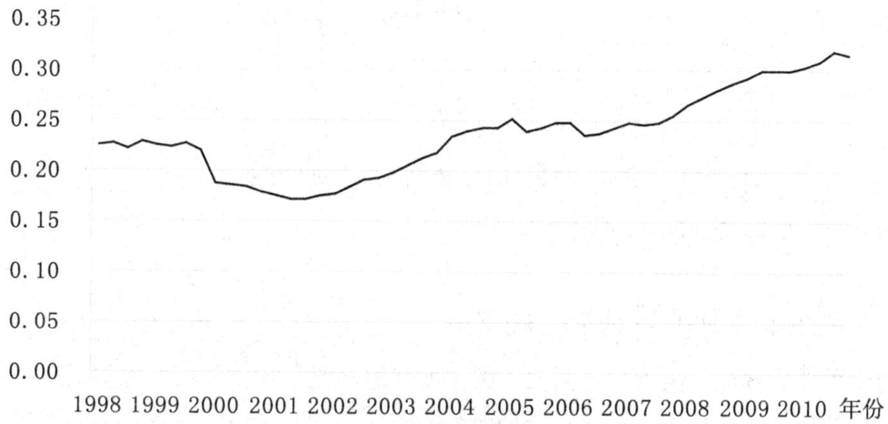

图 3　外国持有美国国债的比重

资料来源：U.S. Government Printing Office“Economic Report of The President (2011)”。

三、美国执行的经济政策解析

（一）经常账户逆差的政策性含义

在过去的几十年里，世界经济的最大成就或许就是在工业化国家倡导下，实现了各国普遍的关税减让，促进了贸易自由化，全球商品和服务贸易不论是在规模上还是范围上都是空前的。但是，一个普遍的现象是，以美国为首的工业化国家在与发展中国家贸易中存在逆差，并且缺口持续扩大。就中美贸易而言，中国是美国的最大逆差来源国，2010 年逆差已达 2000 年的 3.3 倍 。那么贸易平衡为什么没有实现？实际上，随着中国加入 WTO，自身的贸易壁垒也降低了，平均关税水平已下降到 10% 以内。多年的外汇储备积累说明对美国商品需求与强大的购买力是匹配的，按照比较优势原理，很容易实现贸易平衡。但关键问题是，美国对华商品（特别是高技术商品）出口是限制的。如图 4 显示，美国对中国商品出口额占进口额比重自 20 世纪 90

年代末期以来维持低位运行，只是在其金融危机爆发后有所上扬。“贸易赤字要求美国从国外借钱”[1]，可能就是一直以来美国政策性行为的总结——保留经常账户赤字服务于消费拉动的经济增长模式，逆差可以保持大规模境外资本流入，以补充国内储蓄不足。

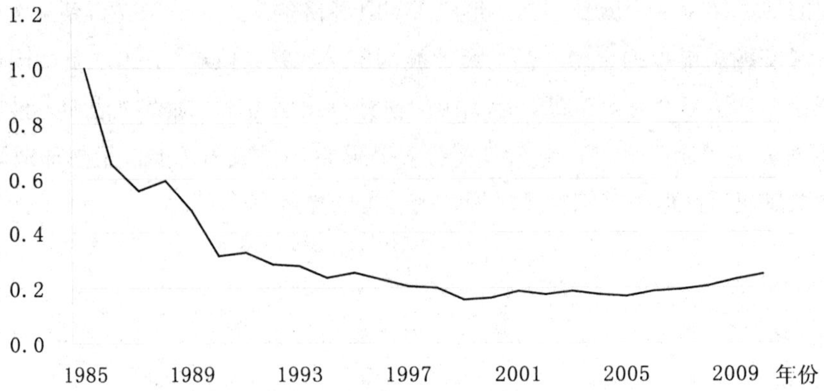

图 4 美国对中国商品出口占进口的比重

资料来源：U.S. Census Bureau。

（二）放松金融规制与鼓励金融创新

当巨量外国资本流入美国后，其面临的主要问题，就是如何使用，以达到刺激消费和投资的目的。一方面，外国资本投向“金边债券”的美国国债，政府支出使得实现改进社会福利的重大项目有了可靠资金保证。另一方面，扩大流入的外国财富对本国消费的惠及面就成为政府考虑的范畴。过程略为复杂，但政策性行为明显。

1. 放松金融规制

遵循国家福利最大化原则，刺激消费的做法体现在各种金融政策性法规、条例的施行上。连续几届美国政府都通过修改、删除旧法规，出台了适应形势的新条例，放松对金融机构的规制，特别增加了投资银行的灵活性，针对的都是鼓励低收入群体进行融资性消费目标。如表 1 所示，美国政策制定者放松金融管制，创造宽松的信贷环境，是长期性、连续性的政策行为。

[1] Bernanke. “The Global Saving Glut and U.S. Current Account Deficit”. Federalreserve.gov . Retrieved February 27, 2009

表 1 美国鼓励融资性消费的政策

时间	美国金融政策	具体内容
1977 年	The Community Reinvestment Act 卡特政府	鼓励商业银行和储蓄协会通过贷款帮助社区中包括中低收入阶层的所有居民。
1980 年	Depository Institutions Deregulation and Monetary Control Act 卡特政府	取消了对银行融资做法许多限制，扩大了放贷权利。
1982 年	Garn–St.Germain Depository Institutions Act 里根政府	允许提供可调利率按揭贷款（adjustable—rate mortgage loans）业务。
1997 年	美联储主席格林斯潘	一直争取金融衍生品市场的非管制状态。
1999 年	Gramm–Leach–Bliley Act 克林顿政府	废除了对商业银行业务与投资银行业务分离的限制。
2000 年	Commodity Futures Modernization Act of 2000 克林顿政府	允许使用像信用违约掉期（credit default swaps）这样的金融衍生品进行套期保值和投机。
2004 年	美国证券交易委员会放松对净资本的规定，让投资银行自我规制。	拉动按揭抵押债券支持的次级贷款增长。

资料来源：U.S. Government Printing Office. http://www.gpo.gov/。

在 2003 年之前，美国住房抵押证券市场主要是由受规制的、比较保守的政府背景企业——房地美和房利美主导，并用相对较高的承销标准引导其他抵押贷款发行者。随着相关法令的出台，私人投资银行踊跃进入这一领域，就使得为增加收益、扩大市场份额以及争夺信誉良好借款者的竞争变得非常激烈，造成一些经营抵押贷款机构放宽承销标准，冒着高风险向资信较差的借款者放贷。而房地美和房利美的市场力被激烈的竞争削弱了，2004—2007 年期间房地美和房利美市场力最低，也是市场上住房抵押贷款质量最差的时期。所谓的次级贷款，就是向美国信誉较差的中低收入群体发放的住房抵押贷款。美国的房地美、房利美以及其他投行对这类贷款的大规模扩张起到了举足轻重的作用。

2. 金融创新

金融创新，是指为了获得特定的客户目标而进行金融产品的设计和开发。美国这次金融危机中具有“金融创新”特征的产品，包括可调利率抵押贷款、按揭证券（mortgage-backed securities）、债务抵押债券（collateralized debt obligations），被用于销售给投资者，特别是债务抵押债券可以由投资银行、证券公司、共同基金设计成不同的风险和收益组合，目的是为了满足不同投资者的需求。这样金融产品的创新使得融资过程更加复杂化，单一的一项抵押贷款就需要多种角色共同完成，包括：抵押贷款经纪人、金融产品专门设计人员、券商、尽职调查公司、管理机构、交易柜台以及最终的投资者、保险人和回购资金提供者。为了完成金融创新产品交易，这些角色需要越来越多的第三方组织、计算机应用交易模型、风险管理机构提供的相关信誉、评估、尽职调查等间接信息，而不是普遍的风险暴露、欺诈、误判。次贷危机爆发说明金融创新产品交易的任何一个环节出错都会使问题放大，金融创新产品给交易双方都带来同样风险。

以债务抵押债券为例，全球投资者在2000—2006年期间出资购买这种金融衍生品的数量获得了显著增长，但由于以债务抵押债券形成的资产主要是次级住房按揭抵押贷款债券，所以当2007年次贷危机爆发后，全球投资者不再提供资金，购买量迅速下降，从而造成美国几个经营次级贷款的银行破产倒闭。

3. 投资银行的高杠杆率经营

相关金融机构有激励进行金融创新，是因为资产证券化、金融衍生品开发使得债权人和监管机构监督投资银行降低风险水平成为一件困难的事情，从而可以绕过规制，进行在资产负债表外融资。20世纪90年代美国的房产抵押债务占GDP比重为46%，到了2008年上升到了73%，达到了10.5万亿美元。2007年底美国家庭债务已经占到个人可支配收入的127%，而在1990年为77%[1]。从2004年到2007年，美国的五大投行——Lehman Brothers 、Bear Stearns、Merrill Lynch、Goldman Sachs、Morgan Stanley都各自提高了杠杆率，从而增加了受金融冲击的脆弱性，这五大金融机构2007年的债务总额为4.1万亿，相当于当年名义GDP的30%[2]。在金融危机中，除了Lehman Brothers破产清算外，其他四家都得到政府救助，Bear Stearns和Merrill Lynch低价出售，Goldman Sachs和Morgan Stanley则成为商业银行，接受政府的严格规制。房地美、房利美是政府资助两家经营住房抵押贷款业务的投资银行，拥有和担保的住房抵押贷款债务总额接近5万亿美元，2008年接受美国政府保护。以上这7家合并形成的债务和担保达9万亿美元[3]，然而却没有受到与储蓄银行一样的规制。

（三）美联储的政策性行为

按照货币数量论学说，央行可以通过可操作性政策工具确定货币供给量来影响价格，从而实现对宏观经济的调控。为了缓和网络泡沫破灭和2001年“9•11”恐怖袭击造成的影响，抑制通缩蔓延，美联储在2000—2003年将联储基金利率从6.5%下调到1.0%，如图5所示。美联储主席伯南克的解释是，贸易赤字意味着美国从贸易盈余国家大量借钱进行融资消费 。利率的下降一方面哄抬了有价证券价格，另一方面最关键的是借款成本下降了，这无疑刺激了住房抵押贷款的需求，最终导致住房价格的上涨。如图6所示，与图5相比，伴随着利率的下降，美国住房价格快速上升。到了2004年6月，美联储发现住房市场价格呈现泡沫，开始反向操作，提高基金利率，2006年7月—2007年7月利率稳定在5.24%—5.26%的高位，使得住房价格在2006年6月达到高点后一路下跌。利率在高位长达1年的时间，使得还款成本持续上升，导致房屋止赎、拍卖现象越来越严重，大量投资银行陷入困境，次贷危机全面爆发。

[1]　资料来源：美联储官方网站 www.federalreserve.gov。

[2]　资料来源：The New York Times. http://www.nytimes.com/ May 2，2010。

[3]　资料来源： American Enterprise Institute. http://www.aei.org/。

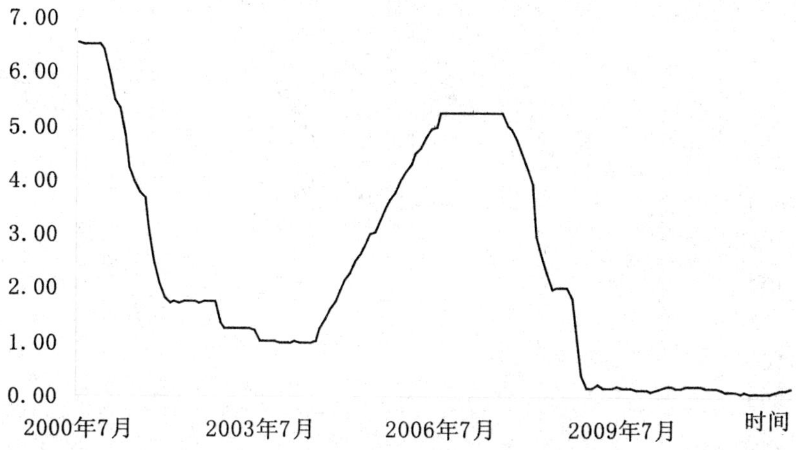

图 5　美联储基金利率变动情况

资料来源：Board of Governors of the Federal Reserve System。

值得注意的是，美联储政策性工具操作的一个重要效果是，外国资本在美国购买的资产于2007年1月开始大幅下降，甚至在2008年7月到2009年1月期间出现外国资本出逃美国现象。如图6所示，这正是美国金融危机最严重的时候，房价泡沫破裂、股市暴跌使家庭财富减少，个人消费随之缩减；金融机构流动性减弱之后，商家变现、贷款困难，投资大量缩减，企业压缩生产规模势必导致失业率上升。美国的失业率正是在2009年末达到历史最高值，接近11%。少了消费和投资的推动，GDP自然下降，经济步入衰退。实际上在2007年7月，美联储就开始做消除衰退的操作——降息。这期间许多银行积累了大量的超额准备金而非增加放贷，主要是由于银行不愿意以低利息贷款给居民和企业。由于面临着流动性陷阱，没有任何降息的余地，美联储前所未有开始寻求量化宽松政策来解决问题，即一方面购买国库券防止其价格上涨，另一方面也购买了一定数量的抵押贷款证券，向抵押市场注入资金以刺激对房屋需求。所以住房价格指数没有继续跌到2000年时的最低水平，并且2009年初外国资金回流，购买的美国资产在增加。

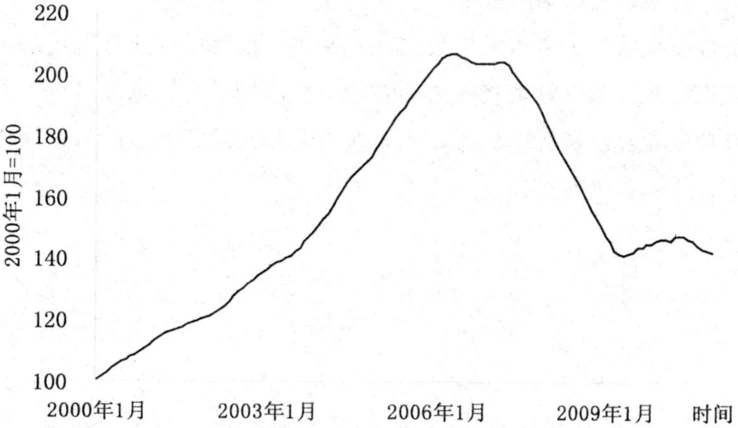

图 6　美国住房价格指数变动情况

资料来源：Standard and Poor's。

图7　在美国的外国资产（单位：10亿美元）

资料来源：U.S. Department of Commerce: Bureau of Economic Analysis。

四、结　　论

与美国长期进行贸易、存在盈余的国家积累了大量的美元储备。虽然布雷顿森林体系瓦解后，美元与黄金脱钩，但美元的世界主导货币地位并没有动摇，各国仍愿意持有美元进行国际支付或干预外汇市场。然而由于美国实施严格的出口管制，美元储备无从运用，被迫回流美国，服务于其经济增长需要。

包括投资银行在内的美国的影子银行体系对其经济增长的贡献是，设计和创新了诸多复杂金融产品来换取流入的外国资本，再进一步融资给消费者，从而解决了由于国内储蓄率低影响经济增长的瓶颈问题。其逻辑是，美国的现期消费增加是以外国现期消费减少为代价的。长期以来，这一行为一直被政府政策所鼓励。

次贷危机的爆发反映出金融市场失灵的普遍现象。投资银行业务越复杂，市场中交易双方的风险越高。长期以来，融资性消费一方面对拉动经济增长有贡献，另一方面在金融风险暴露时，又可能使某些宏观经济指标恶化。我国金融体系和宏观调控可以从这次金融危机以及美国的应对方法中汲取经验、吸取教训。

中国与韩国政府预算管理体制比较研究

杨玉霞　关丽斯[1]

摘要： 政府预算管理体制是管理分配国家财政性资金的重要工具，与政府部门、财政机构的构成也是息息相关的。本文着重考察韩国的政府预算管理体制，并进一步对中韩两国政府预算在编制、执行、决算等预算环节的异同进行比较分析，试图从中找到可供中国政府预算改革参考的样本和解决问题的途径。

关键词： 韩国　政府预算管理体制　预算工作流程　比较

基金项目： 2012 年辽宁省科技厅科学技术计划项目“辽宁老工业基地全面振兴与财政预算管理体制变革研究”（2012401024）。

韩国于 20 世纪七八十年代由引进模仿向自主创新的成功转型、90 年代末期亚洲金融危机难关的克服和 2008 年全球金融危机中经济复苏阶段的迅速转入，这其中财政预算政策的积极运用是其关键因素之一。

一、韩国政府预算政策方针

在建国之初，韩国政府预算基本上是靠美国的经济援助支撑的，因而预算编制只能是就可能得到的援助资金数额，在不同的政府部门之间进行分配。直到和平停战协议签订之后，韩国才开始建立相对正常化的预算编制和执行制度。

20 世纪 60 年代初到 80 年代初的 20 年间，是韩国经济高速增长的时期。这一时期的韩国，在发展经济方面选择了一条“增长优先”的不均衡经济发展战略。这表现在政府预算上就是不断扩大预算支出规模，并且实行预算赤字政策，以政府行为强力支持关键性产业和行业的快速发展。

进入 20 世纪 80 年代后，由于种种原因，韩国经济出现了前所未有的恶化。为谋求财政运作的坚实化，韩国政府致力于提高投资效率和树立节约风气。其具体做法是于 1981 年 11 月制

[1] 作者简介：杨玉霞，辽宁岫岩人，经济学博士，辽宁大学经济学院副教授，研究方向为政府预算、财税理论与政策。关丽斯，南开大学环境管理与经济专业 2015 级硕士研究生。

定了政府预算改革方案，以零点为基准重新审查1982年的预算，从编制1983年预算时开始应用零基预算方法编制，意图加强对预算执行的管理。所谓零基预算编制方式，就是不以上年度的预算作为确定计划年度所需经费的依据，在各事业项目同上年度基本相同的情况下，以零为基础来判断该事业的实施效果和所需经费等，并重新决定优先次序，这与传统的预算编制方式有着根本的不同，改变了传统预算编制承认存在的就是合理的、预算不断膨胀的状况。在过去的若干年间，韩国编制预算每年以20%—30%的比率扩张已成惯例，因而也是以往产生慢性通货膨胀直至财政状况恶化的原因。

1983年，韩国进一步完善和发展了零基预算编制方式，引入了主要行政经费的基准化和以官署为单位的编制模式（经济制度），进一步加强了投资项目的审查基准，使一般会计的岁出预算同上年度相比的增长率控制在9%以内，从而实现了紧缩型预算编制。同时，为有效地执行预算，又制定了主要费用的执行管理方针，对于预算执行过程中发生的预算盈余或工程的中标差额加以控制，使之不能转用于其他无关紧要的项目。另外，韩国还抛弃了1975年以来一直实行并已形成惯例的使用上年度岁计剩余追加预算的做法，而把该剩余资金用于国债的提前偿还。

1984年，为使财政运作进一步的坚实化，韩国政府决定把一般账户的岁出预算规模冻结在上年度的水平上。1985年以后，韩国政府在继续坚持紧缩预算政策基调的同时，又进一步提高社会开发部门财政项目的比重。在具体操作上，一方面合理调整岁出结构，最大限度抑制财政规模扩大；另一方面按赤字编制一般会计账户预算，努力缩小综合财政收支赤字的幅度。

进入20世纪90年代以后，由于实行预算节余的政策，财政产生了大量岁计剩余金。因此，韩国政府决定开始实施“扩大均衡的财政预算”，即在现实岁入的基础上适当扩大财政规模，保持财政规模的正常增长率。但在亚洲金融危机爆发而韩国所受冲击尤其惨烈的情况下，韩国财政预算实际进入了一种危机管理程序。

到2008年李明博政府时期，美国次贷危机又引发了全球的金融危机，韩国政府又致力于税收体系的完善、刺激财政经济政策的高效运行。在2009—2010的两年里，韩国政府推出了一系列大胆的财政政策，使得韩国经济比其他的OECD国家复苏的速度都要快。目前韩国经济已经进入复苏阶段，韩国政府把大力扶持低收入阶层以稳定普通公民的生活和扩大国民经济增长潜力作为其主要目标。[8]在财力有限的条件下，韩国企划财政部依然不断增加福利支出，在过去的五年里，此项支出的年平均增长率达8.9%，超过了总支出的增长率6.9%。2011年，福利支出占比达到总支出的28%，是历年来的最高水平。企划部预算支出32.2万亿韩元，主要花费在八个部门：幼儿、儿童安全、文化教育、家庭医疗保健、残疾人、老年人、低收入阶层和多元文化家庭。[9]

二、韩国预算管理体制

韩国的财政预算管理体制与其行政管理体制密切相关。韩国在行政上是一个单一制的中央集权国家，这就决定了其国家财政长期以来都是由强有力的中央政府控制着。直到1988年4月韩国正式颁布《地方自治法》，才有了真正意义上的地方政府，并将地方政府分为两级后，韩国将其财政预算管理体制改为三级，以同这种行政体制相适应。[10]中央政府机构的财政收支按《预算会计法》及其他有关法律规定管理运作；特别市、直辖市、道一级的高级地方政府和市、郡、区一级的基层地方政府按《地方自治法》、《地方财政法》和相关法律中有关地方财政的条款执行。

就中央与地方的预算体制而言，韩国实行建立在分税制基础上的分级预算管理体制，其基本内容主要包括四方面：一是根据中央和地方政府的不同职能划分支出范围；二是按税种划定各级预算的固定收入来源，分别设置机构，分别征收；三是各级政府有独立的预算权，中央预算与地方预算分开，分别编制，自求平衡；四是通过中央预算和专项拨款等形式来实现对地方预算的调剂和控制。

三、韩国预算工作程序

韩国的预算年度实行历年制（即预算年度与日历年度一致），其预算程序的时间表据此展开。韩国的政府预算程序，大致可以按四个连续的阶段来分析：预算准备（政府阶段或预算编制阶段）、预算批准（议会阶段）、预算执行（预算施行和修正阶段）和预算执行结果审查。这四个步骤构成一个完整的预算工作流程，一般是三年的时间。第一年是预算准备和预算批准，第二年是预算执行，第三年是预算执行结果审查。由于预算的年度性和连续性，在每一个预算年度里的任何一个时点上，至少会有两个阶段，一般是三个连续的阶段会同时进行。[11]

如前文所述，韩国的财政机构随着社会经济政治的发展变化在不断地调整变迁，相应地政府预算程序涉及的机构也在不断地变化，但这种变化是微小的，且预算程序基本上没有太大的变化，所以本文以金泳三时期为例来阐述韩国的预算程序。

韩国的预算程序包括政府内部预算编制程序和经过国会议决的预算立法程序两大部分。在政府内部预算编制程序方面（即预算准备阶段），其过程大体上是：由财政经济院依据五年滚动计划的原则指标确定新的财政年度的预算原则，下发给政府各部会，政府各部会根据财政经济院下发的预算编制原则，提出自己的预算开支计划，包括详细的已有项目规划和新设项目规划，再上交给财政经济院审核和调整，最后交由总理秘书室和总统府批准。其时间安排大体持续一年，而政府预算草案必须在财政年度开始前90天（每年10月最初几天）提交给国会，由此则转入国会议决程序。

在国会议决程序方面，整个工作实际上始于政府将上一年度决算案提交国会之时。按照宪法规定，国会对国家决算有审查权，从而监督国家预算的执行情况。政府须在每年9月3日前向国会提交决算，10月3日前提交下一年度的预算案。在国会内部，决算和预算案在印发给所有议员的同时，均须首先交付国会所属的常任委员会进行审议，其中主要是财务委员会和其他与政府机构对口设置的专业委员会；经过预审后的决算和预算报告交给议长，议长在预算案和决算案里附加上常任委员会的预备审查报告书，交给预算决算特别委员会审议，审查结束后，决算和预算案经议长交国会全体大会议决。国会的所有审议工作必须在新的财政年度开始前的30天完成。经由国会议决的预算案再由议长送交政府，总统应在15天内公布其所收到的、已由国会完成审议的预算法案。总统也有权否决国会通过的议案，但这时应立即向国会提出再议要求。如果在国会送出预算法案后的15天之内总统既不公布，也不要求再议，则该法案的法律地位自动生效。此后5天内总统再不公布，则由议长公布。[1] 预算程序的关键步骤如表1所示。

表1　预算程序的关键步骤[12]

月份	工 作 流 程
3	计划和预算部（MPB）向政府各支出部委下达预算指标确定的基本原则
5	各部门长官于3月末向MPB上交预算指标
6—7	MPB汇编预算指标并编写一份初步的概算
8—9	MPB与各支出部委进行谈判，与执政党商议初步的概算
10	预算草案经内阁和总统审议通过后，于10月2日提交国会；10月中旬，预算决算特别委员会审议预算草案，各部长官要到会做答，此会议一般是向公众公开的
12	预算草案经预算决算特别委员会修正批准后交由国会于12月2日审议通过

四、中韩两国政府预算工作流程比较

中国近年来所推出的一系列政府预算改革举措贯穿于预算各环节，在预算编制环节主要推行的是部门预算改革和政府收支分类改革；在预算执行环节主要推行的是政府采购、国库集中收付制度和非税收入规范化管理等。而预算审批要求预算编制要细化、要准确，预算监督要求预算执行要公开透明。所以，中国的政府预算改革是贯穿于预算各环节的。实际上，政府预算的各个环节是紧密联系、相辅相成的。因此，深化预算改革是一项复杂的系统工程，点多面广，各项改革要相互配合，相互推进。虽然已推行的改革在各环节取得了一定的成效，但面临预算管理改革的新要求还有许多问题未能很好解决。本文通过与韩国预算各环节相关制度设计的比较分析，试图从中找到可供参考的样本和解决问题的途径。

（一）政府预算工作流程的整体相似性

中韩两国的政府预算，其每个完整的工作流程都是分为四个连续的阶段：政府阶段（以最后向国会或全国人民代表大会提交预算草案而告终的政府的一系列计划程序）、国会阶段（最终形成预算法案）、执行阶段（预算法案执行与调整）、事后控制和问责制。即通常所说的预

[1]　国会议决制度是从制宪国会开始实行的。但在第十一届国会（1981—1985年）前期曾由预算决算特别委员会负责全部预先审查过程。此后则改为一直延用此程序。

算编制、预算审批、预算执行、预算监督等。一般情况下，在一个预算年度的某一个时点上，这四个阶段会至少有两个不同的阶段在同时进行，通常是三个不同的阶段在同时推进。

由于预算是一个过程，预算的四个阶段是由政府和立法机关共同来实现的。具体部门涉及立法机关、行政机关、司法机关、政府财政部门等。在不同的阶段设置不同的职能机构来行使不同的权力，目的是为了实现预算在职责上的分工与合作，建立一种权力、利益与责任的联结机制，形成统一的责任网络。整个的预算程序以及各个机关的职责权限一般是通过宪法或者相关法律来规定的，并同时作为整个预算的法律保障和前提条件。一般把预算编制权和执行权赋予行政机关，预算审批权、预算执行监督权和决算审批权赋予立法机关，预算执行审计权赋予立法机关、司法机关或独立的审计机关。

根据中国宪法和法律的授权及相关规定，人民代表大会作为中国的权力机关，主要行使预算的审批权和监督权[1]；政府机关及财政部门行使预算的编制权和执行权。

（二）政府预算工作内容的相异性与借鉴

1. 预算年度与立法机关审议批准时期冲突的问题

韩国的预算年度采用的是历年制，即每年公历 1 月 1 日到 12 月 31 日。每年 3 月份计划预算部都会向支出各部委下达预算指标确定的基本原则，10 月份向国会递交预算草案。且宪法规定了向国会提交预算草案的最后期限是 10 月 2 日，国会批准预算草案的时间为 12 月 2 日。经由国会议决的预算案再由议长送交政府，总统应在 15 天内公布其所收到的、已由国会完成审议的预算法案。如果在国会送出预算法案后的 15 天之内总统既不公布，也不要求再议，则该法案的法律地位自动生效。此后 5 天内总统再不公布，则由议长公布。所以韩国的预算案是在预算年度开始前就下达的，预算年度伊始即按具有法律效力的预算案安排国家的各项事务。

中国的预算年度采用的也是历年制，即公历的 1 月 1 日开始至 12 月 31 日结束。我国政府预算的法定审批部门是全国人民代表大会，而全国人民代表大会的召开一般是在每年的 3 月初。按照《中华人民共和国预算法》的要求，财政部门应在全国人民代表大会批准政府预算之日起 30 日内向各部门批复预算，各部门应在财政部门批复部门预算之日起 15 日内向所属单位批复预算。这样一来，即使批复过程紧凑，各单位接到经过批复的预算大概也要到 3 月中旬左右，如果稍有耽搁，大概就要等到 4 月下旬了。这表明在现行的制度下，每一个预算年度大约有近 1/3 的时间，各部门的预算执行是在没有预算约束的情况下进行的。也就是说，在预算年度开始的三四个月时间里中国实际上是没有预算的，实践中的做法一般都是参照上一预算年度的预算规模来执行，这样就影响了预算的计划性和法制性。预算年度与立法机关审议批准时期冲突的问题，有两种解决途径可以选择：一是更改全国人民代表大会的会期，即把人民代表大会会期从现在每年的 3 月份提早到上一年的 12 月份；二是将现行的预算年度由历年制改为跨年制，

---

[1]　中国的人民代表大会对于预算的监督，主要是通过审计部门的预算审计报告来进行的。由于中国的审计部门的垂直管理，其隶属于政府，受其监督、对其负责，又有其特殊性。

实行自4月1日至次年3月31日的跨年制预算年度。权衡我国现实国情，调整预算年度将牵涉较多的相关制度也需随之调整，因此将全国人民代表大会会期提前这一途径似乎更具有现实可操作性。这样，预算年度和立法机关审议批准时期相冲突的问题似乎就比较好解决了。

2. 预算编制时间短

根据《中华人民共和国预算法》的规定，在每个预算年度的11月份前后国务院才开始布置编制下一年度预算草案，因此，部门预算编制改革之前，国务院编制预算草案一般都是11月下旬开始，而预算草案的讨论是在次年3月初召开的全国人民代表大会上，这样大约也就只有2个月的编制时间，即使把测算预算收支指标的2个月左右的时间加上，整个编制过程费时也不过4个月左右的时间。部门预算编制改革推出以后，已经逐步把预算草案编制的时间提前到每个预算年度的5月份，但即使这样，从预算着手编制到审议通过也不过10个月左右的日程，时间非常紧张，这样编制出来的预算很难充分地体现出预算的真实性、准确性、完整性。尤其基层财政部门，编制预算的时间更是难以保证，有些地区甚至只用几天的时间就完成了整个预算的编制工作。而预算的编制是组织战略的一种表现，预算编制意味着要考查资源过去的使用情况，分析已经实现的目标和成本，并通过为将来的预算期分配新的资源，描绘出新的发展战略，一旦资源通过预算过程进行分配，这种战略性计划就被确定了，且具有法律效力。因此，政府预算的编制必须符合一国有关法律、法规、制度的规定，必须反映一国的宏观政策及国民经济和社会的发展要求，满足预算管理的需要。而我国目前这样仓促完成的政府预算报告，在编制的质量上是很难有保证的。

3. 预算编制机构设置不合理

我国的预算编制工作主要是由设置在财政部门内部的预算司（处）负责。预算司的主要职责是拟订预算管理制度，提出预算编制的指导思想、原则，负责中央预算草案的编制，对政府预算的执行情况进行报告，审查和批复中央部门预算，统一办理预算调整事项的审核报批，对全国政府预算和决算进行年度汇总，对地方预算管理进行指导。财政部门有着非常宽泛的职责权限，是一个集决策、执行、监督于一体的综合管理机构，预算的编制、执行及具体的预算执行监督均由其负责。可见，预算的编制和执行只是其工作的一部分。财政部是国务院的重要组成部门之一，是主管国家财政政策的宏观调控部门，与地方各级财政部门的关系，体现为在预决算的编制执行、财政税收相关政策的协调以及监督财税法规政策的执行情况等方面上的业务指导关系。

政府预算在整个国家分配中处于核心的地位，预算的编制对国民经济和社会发展计划的顺利实现有着有重大的决定性作用。因此，预算的编制工作只是由财政部门内部的预算司（处）来完成，显然权力不够集中，地位也不够突出。需要对预算的编制机构设置进行合理的调整。可以考虑把编制职能从财政部门独立出来，组建专门的预算编制机构。在中央这一层面上，可以把预算司从财政部独立出来，直属于国务院，专门负责预算的编制。在地方这一层面上，也把财政部门内部专门负责预算编制的处室独立出来，成为专门的预算编制机构。

4. 预算执行进度过慢

预算执行进度过慢、每年支出结转额度过大的问题，一直是我国两会期间各界代表们热切讨论的话题之一。在一个预算年度里，无论在中央还是地方，预算执行都存在着预算执行前慢后快、总体执行进度偏慢的问题。由于我国目前预算资金分配权不集中，中央预算资金分块下达到科技部、发展改革委员会等有预算分配权的部门后，还要进行二次分配。本来预算的审批通过就已经是 3 月中下旬了，余下安排预算资金分配的时间还不足 9 个月，很多项目资金在申请通过之前，还需要履行诸多手续，而且有些项目编制本身就不太科学，申请时项目支出资金的预算并未进行认真仔细的测算，只是把大类项目的数据匡算一下，有些项目不具备可操作性，如此，项目支出资金的使用自然就缓慢，结果就会导致支出进度慢。

参考文献：

1. 韩国企划财政部：About MOSF. History. http://english.mosf.go.kr/。

2. 韩国企划财政部：About MOSF. Mission. http://english.mosf.go.kr/。

3. 韩国调达厅： About PPS. Role off PPS. http://www.sarok.go.kr/english/。

4. 韩国电子政府 (Korea E-Government)：http://www.korea.go.kr/new_eng/service/viewContent.do?enContId=000000000000　00000000_626。

5. 韩国国税厅：Functions，http://www.nts.go.kr/eng/about/about_02.asp?top_code= A001&sub_code=AS01&ssub_code=ASA2。

6. 韩国统计厅：Functions. http://kostat.go.kr/portal/english/aboutUs/2/4/index.static。

7. 韩国银行： Monetary Policy Committee. http://eng.bok.or.kr/career/engcareerList.action?careerBean.otype=9&careerBean.eng=2&menuNaviId=799。

8. 韩国企划财政部：Policy Focus. 2011 Draft Budget，2011-03-25，http://english.mosf.go.kr/。

9. 韩国企划财政部：Three Years of the Lee Myung-bak Administration. policy_focus_MB3yr，2011-04-07. http://english.mosf.go.kr/。

10. 森山茂德：《韩国现代政治》，台北五南图书出版股份有限公司 2005 年版，第 145-147 页。

11. Dong Kun Kim. The Budget System and Structure in Korea. in Bun Woong Kim, David S. Bell, Jr. and Chong Bum Lee (eds.). *Administrative Dynamics and Development: The Korean Experience*. Seoul: Kyobo Publishing, INC., 1985

12. Young-Sun Koh. *Budget Structure, Budget Process, and Fiscal Consolidation in Korea*. Seoul: Korean Development Institute, 2000, p.36.

关于中韩反倾销措施使用现状的比较分析

赵 磊[1]

摘要：世贸组织在要求各成员国削减关税、取消贸易壁垒以及开放国内市场的同时，允许在特定条件下对国际贸易加以限制。各成员国普遍采取的方式是反倾销、反补贴和保障措施等贸易救济手段。本文通过分析对比中韩两国反倾销措施的使用现状，归纳总结出中韩两国反倾销措施在具体的使用过程中存在的共同特征以及差别。

关键词：中韩反倾销措施　立案调查现状　特征与差异

一、文献梳理

“倾销指的是，在正常的贸易过程中，一项产品以出口价格低于其本国内消费的相同产品的可比价格从一国出口到另一国，即以低于其正常价值进入另一国商业渠道销售的行为。”[2] 倾销被世贸组织列为不正当贸易竞争手段，并制定了严格的反倾销条例加以限制，用来保护贸易自由，促进贸易公平。

中韩两国自1992年正式建立外交关系以来，经贸领域合作不断深化。双方在互惠互利的同时，反倾销诉讼等贸易摩擦时有发生，并在一定程度上影响了中韩经贸关系的良性发展。因此，国内学术领域也开始不断关注并围绕着反倾销措施的使用及其所带来的贸易救济效果展开了深入探讨，关于中韩两国反倾销措施使用现状的相关研究成果逐渐增多。

研究中国反倾销措施使用现状的代表性成果主要有：杨志琴（2003）的研究中，根据中国反倾销措施的使用现状，指出了中国反倾销措施所存在的立法不足、办事效率低、贸易救济力度不够等问题，并提出了解决方案；朱允卫、易开刚（2005）的研究中，根据30起反倾销案例归纳出了中国反倾销措施在使用过程中，具有立案数量大幅增加、涉案产品与国家和地区高度集中、标的巨大、胜诉率高和反倾销终裁税率较低等特点；丁勇、李磊、朱彤（2008）的研究中，对中国对外反倾销的特点进行了分析，并在此基础上对反倾销立案调查判决结果的影响因素进行了论证；海闻、李清亮（2011）的研究中以中国加入世贸组织十年来对外反倾销案例

[1] 作者简介：赵磊，经济学博士，辽宁大学国际关系学院副教授，研究方向为贸易救济政策及朝鲜半岛经济研究方向。

[2] 1994年《关贸总协定》，第六条。

为基础，对中国反倾销的调查时间、调查结果、征收税率以及国别和产品类别方面做了简要说明，并分析了具体特征；刘钧霆、赵磊（2012）的研究中，对中国反倾销措施的运营体系和使用情况做了较为详细的说明，并针对中国反倾销措施的特点进行了分析。

研究韩国反倾销措施使用现状的代表性研究成果主要有：杨坚（1994）的研究中较为集中地介绍了韩国反倾销措施相关组织机构设置和使用过程中的诉讼审理程序。对韩国如何认定倾销行为成立、如何判断倾销所带来的损害、如何对倾销行为加以限制等内容进行了简要说明；栾信杰（1996）的研究中分析比较了韩国反倾销相关法规与世贸组织《反倾销协议》的差别；沈培新（1998）的研究中针对韩国反倾销相关法规中关于实质性损害认定的具体执行标准进行了详细分析；宋利芳（2007）的研究中详尽地论述了韩国对进口产品的反倾销使用情况，以及韩国遭受国外反倾销起诉的情况，并分析了韩国对外实施反倾销措施和被国外反倾销诉讼过程中的一些显著特征；宋利芳（2010）的研究成果中，详细介绍了韩国反倾销管理体制和韩国反倾销措施实施的前提条件，以及具体的反倾销措施使用情况，并分析了韩国反倾销政策法规的实践特点及其给中国带来的影响。

本研究试图在国内众多前期研究成果的基础之上，通过比较分析中韩两国反倾销措施的使用现状总结中韩两国反倾销措施在具体执行过程中的异同，以便为进一步研究中韩两国反倾销措施贸易救济效果提供可参考的基础研究成果。

二、中韩两国反倾销措施使用现状对比

根据中华人民共和国商务部贸易救济网站公布的数据统计，从 1997 年首次反倾销立案调查开始，截至 2011 年 12 月底，按照世贸组织规定的统计标准计算[1]，中国共对外进行了反倾销立案调查 297 起，其中首次反倾销立案调查 198 起，复审立案调查 99 起。另一方面，根据韩国贸易委员会[2]公布的数据统计，从 1988 年 4 月首次反倾销立案调查开始到 2011 年 12 月韩国对外共进行了反倾销立案调查 225 起，其中首次立案调查 143 起，复审立案调查 82 起[3]。

1. 反倾销立案调查时间分布对比

（1）如图 1 所示，中国从 1997 年出台了反倾销与反补贴条例开始到 2000 年底共发起了

[1] 在进行反倾销立案调查数量统计时，世贸组织的统计标准是：对同一种商品同时发起的反倾销调查，每涉及一个国家或地区，即视为一起案件。我国目前采取的统计标准是：对同一种产品同时发起的调查，无论涉及多少个进口来源地，均视为一起案件。

[2] 韩国的贸易委员会成立于 1987 年，是韩国产业资源部下属的一个相对独立且具有准司法性质的机构，负责倾销和产业损害的调查及判定等业务。贸易委员会由 9 人组成，包括 1 名委员长、1 名常任委员和 7 名非常任委员。委员长由韩国总统直接任命，委员由韩国商工能源部部长推荐并由总统任命，任期为 3 年。贸易委员会下设的执行机构调查室，下设 4 个科，主要负责反倾销损害的具体调查。

[3] 韩国贸易救济网站 http://www.ktc.go.kr 上公布的数据截至 2012 年 12 月包括复审立案调查在内的反倾销立案调查案件共计 239 起，实际有案例公示可查询的数据截至 2011 年 12 月，共计 225 起。考虑到数据分析的准确性需要，本文写作时的统计标准和分析数据使用的是截至 2011 年 12 月实际可查到的 225 起案件。同时为了研究需要也将中国的反倾销立案调查统计截止时间设定为 2011 年 12 月底。

反倾销立案调查16起，占案件总数的5.4%；2001年随着中国反倾销单独立法的完成，以及正式加入世贸组织，2001—2005年进入了反倾销立案调查的第一个活跃期。在这一区间内，反倾销立案调查的数量高达140起，占案件总数的47.1%。2006—2011年共计进行反倾销立案调查138起，其中2006年和2007年两年反倾销立案调查数量有所下降，2008年和2009年再次达到峰值后趋于平稳。结合图2中国对外反倾销措施使用区间段所对应的贸易差额分析，可以看到在贸易顺差较小的1999年到2004年前后，反倾销措施的使用频率较高，而当反倾销措施的使用数量增加以后，进出口差额有了较为明显的改变，顺差增幅较大。

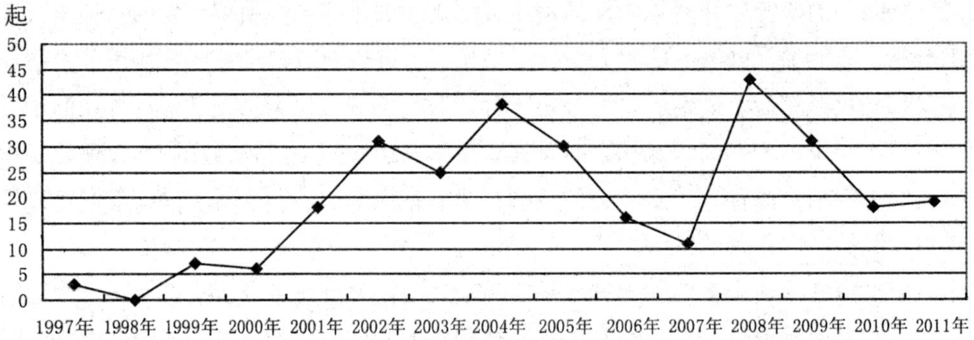

图1　中国反倾销立案调查年度分布

资料来源：根据中国贸易救济信息网 http://www.cacs.gov.cn 统计数据整理。

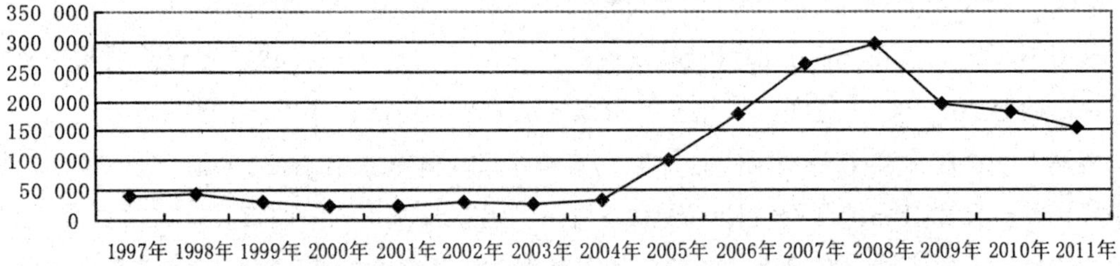

图2　中国反倾销措施使用期间贸易差额变化（单位：百万美元）

资料来源：根据中华人民共和国海关总署网站 http://www.customs.gov.cn 统计数据整理。

（2）如图3所示，韩国的反倾销措施使用数量在1988—1992年处于缓慢增长阶段，1993—1997年则处于快速增长阶段，1998—2011年进入波动起伏阶段。1994年和1995年先后两次对《关税法施行令》做了进一步调整之后，韩国反倾销措施的使用数量增幅明显。1997年达到了峰值，经历了亚洲金融危机后的短暂下滑又再次达到高峰。2000年和2001年韩国政府在倾销幅度和听证会程序上的调整措施使反倾销数量出现了短暂的下降后开始波段式震荡。同样将反倾销措施使用数量与图4同一时期的韩国进出口差额比较发现，韩国反倾销措施的使用数量基本与对外贸易差额紧密相关并伴随着贸易差额的变化呈现出对应的变动。即，顺差增加时反倾销措施的使用数量有所下降，而顺差减少时，反倾销措施的使用数量有所增加。

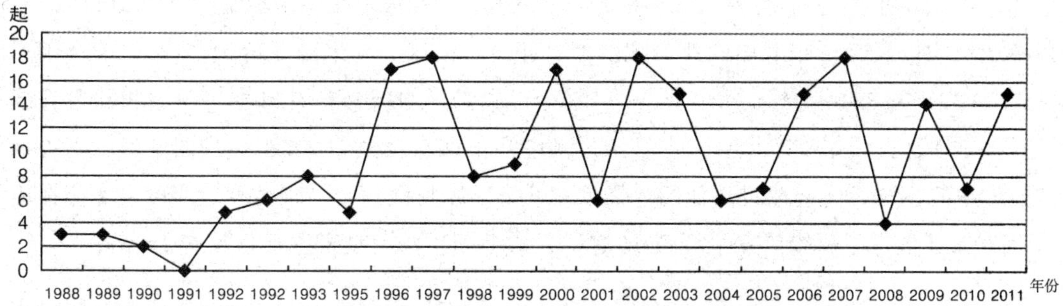

图 3 韩国反倾销立案调查年度分布

资料来源：根据韩国贸易委员会网站 http://www.ktc.go.kr 公布数据翻译整理。

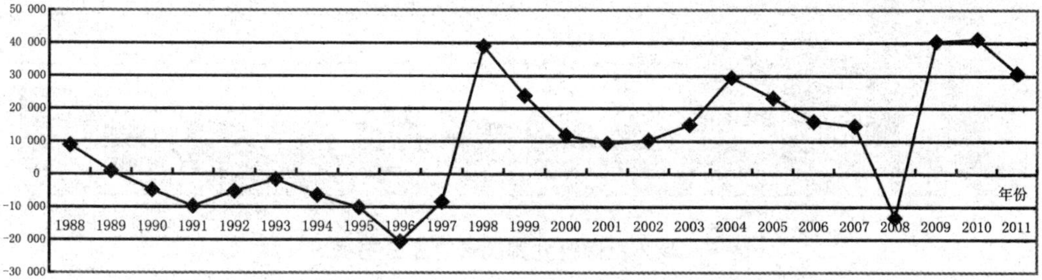

图 4 韩国反倾销措施使用期间贸易差额变化（单位：百万美元）

资料来源：根据韩国贸易协会网站 http://www.kita.net/ 统计数据翻译整理得到。

2. 反倾销立案调查对象分布对比

（1）如图 5 所示，中国对外反倾销立案调查的对象主要集中于韩国、日本、美国、欧盟各成员国和中国台湾以及俄罗斯等 25 个国家和地区。从 1997 年 11 月到 2011 年 12 月，针对韩国、日本、美国和欧盟各成员国以及中国台湾共进行了 226 起反倾销立案调查，占案件总数的 76.1%，剩余的包括俄罗斯、印度、新加坡、马来西亚、印度尼西亚、泰国在内的 14 个国家累计涉及反倾销立案调查 71 起，占案件总数的 23.9%。

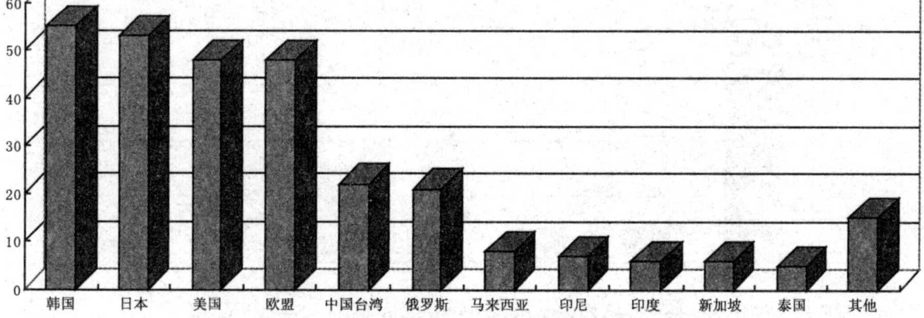

图 5 中国反倾销立案调查的对象国家和地区分布情况

资料来源：根据中国贸易救济信息网 http://www.cacs.gov.cn 统计数据整理得到。

（2）如图6所示，韩国对外反倾销措施使用对象，主要集中在中国和中国台湾、日本、美国、欧盟各成员国以及包括印度尼西亚、俄罗斯、印度、泰国、马来西亚等国在内的21个国家和地区。其中从1988年4月到2011年12月累计对中国、中国台湾、日本、美国和欧盟各成员国进行了159起反倾销立案调查，占韩国反倾销立案调查总数的70.7%，构成了韩国对外反倾销措施使用的主体。而同期对其他的包括俄罗斯、印度尼西亚、马来西亚、印度、泰国在内的16个国家累计进行了反倾销立案调查66起，仅占韩国反倾销立案调查总数的29.3%。

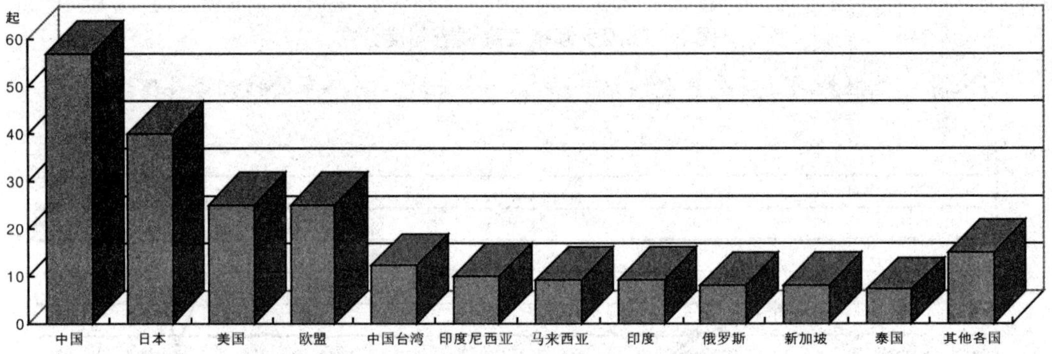

图6　韩国反倾销立案调查对象分布情况

资料来源：根据韩国贸易委员会网站 http://www.ktc.go.kr 公布数据翻译整理得到。

3. 反倾销立案调查产品行业分布对比

（1）如图7所示，中国对外进行反倾销立案调查的产品主要集中在石油化工、钢铁冶金、造纸、纤维以及食品添加行业。从1997年11月至2011年12月，中国共进行石油化工产品反倾销立案调查209起，占案件总数的70.4%；进行钢铁冶金产品反倾销立案调查22起，占案件总数的7.4%；进行造纸产品反倾销立案调查21起，占案件总数的7%；进行纤维产品反倾销立案调查16起，占案件总数的5.4%。进行食品添加类产品反倾销立案调查10起，占案件总数的3.4%。上述五个行业产品的反倾销立案调查占据了中国反倾销立案调查案件总数的93.6%。

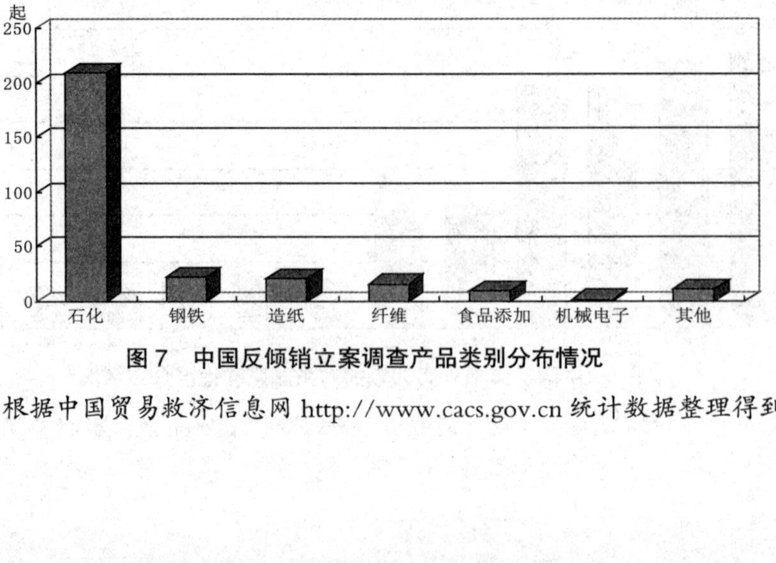

图7　中国反倾销立案调查产品类别分布情况

资料来源：根据中国贸易救济信息网 http://www.cacs.gov.cn 统计数据整理得到。

（2）如图8所示，韩国的反倾销立案调查在石油化工、造纸、机械电子以及纤维、初级产品、钢铁冶金产品行业占有非常大的比重。从1988年4月至2011年12月，韩国共进行石油化工行业类产品反倾销立案调查61起，占案件总数的27.1%；进行造纸产品反倾销立案调查37起，占案件总数的16.4%；进行机械电子产品反倾销立案调查36起，占案件总数的18.2%；进行纤维产品反倾销立案调查31起，占案件总数的13.8%；进行初级产品反倾销立案调查18起，占案件总数的8%；进行冶金产品反倾销立案调查13起，占案件总数的5.8%；进行其他产品反倾销立案调查24起，占案件总数的10.7%。

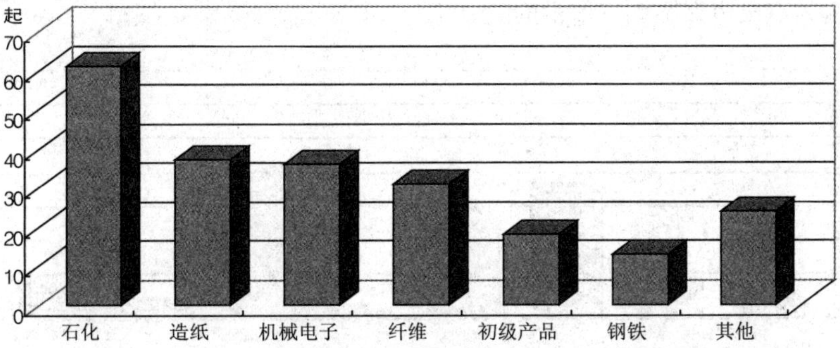

图8　韩国反倾销立案调查产品类别分布情况

资料来源：根据韩国贸易委员会网站http://www.ktc.go.kr公布数据翻译整理得到。

4. 反倾销立案调查判决结果分布对比

（1）如图9所示，中国首次立案调查后有158起案件被判定征收了不同程度的反倾销关税，占首次立案调查案件总数的79.8%；4起价格承诺，占首次立案调查案件总数的2%；23起倾销不成立，占首次立案调查案件总数的11.6%；13起撤诉，占首次立案调查案件总数的6.6%。其中复审立案调查的最终判定结果中，有64起延长征收反倾销税，占复审立案调查案件总数的64.6%；15起终止了相关反倾销措施，占首次立案调查案件总数的15.2%；另有20起复审立案调查正在进行，占首次立案调查案件总数的20.2%。

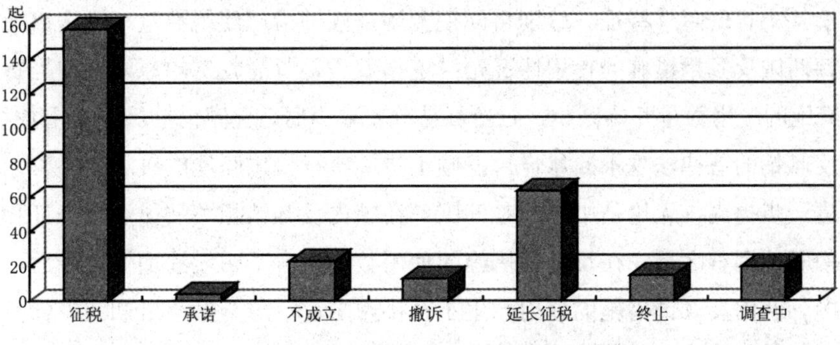

图9　中国反倾销立案调查判决结果分布情况

资料来源：根据中国贸易救济信息网http://www.cacs.gov.cn统计数据整理得到。

（2）如图 10 所示，韩国首次反倾销立案调查的 143 起案件中，判定征收反倾销税 65 起，占首次立案调查数量的 45.5%；价格承诺 6 起，占首次立案调查数量的 4.2%；即征收反倾销税又实行价格承诺的 11 起，占全部首次反倾销立案调查数量的 7.7%；判决倾销不成立 31 起，占全部首次反倾销立案调查数量的 21.7%；撤诉 29 起，占首次立案调查数量的 20.3%；驳回起诉 1 起，占首次立案调查数量的 0.6%。复审立案调查的 82 起案件中，延长征收反倾销税的有 43 起，占复审立案调查数量的 52.4%；延长价格承诺的 3 起，占复审立案调查数量的 3.7%。延长征收反倾销税的同时延长价格承诺的有 8 起，占复审立案调查数量的 9.8%；终止反倾销措施的有 28 起，占复审立案调查数量的 34.1%。

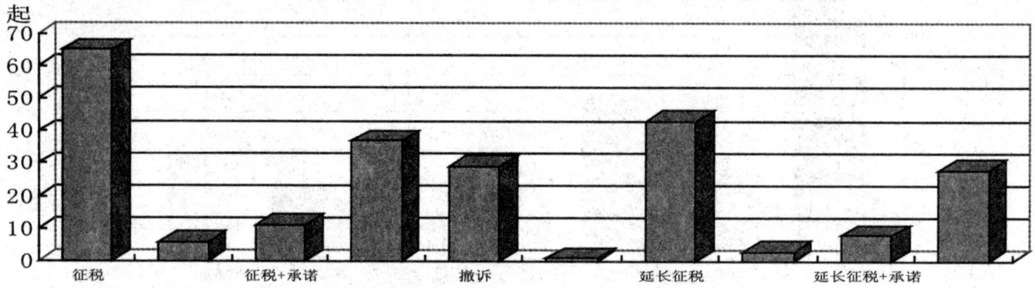

图 10 韩国反倾销立案调查判定结果分布情况

资料来源：根据韩国贸易委员会网站 http://www.ktc.go.kr 公布数据翻译整理得到。

三、中韩两国反倾销措施特征及差异

综合中韩两国反倾销措施的使用现状，将两国反倾销措施使用过程中存在的一些共同特征及差别归纳如下：

1. 从时间分布来看

中韩两国反倾销措施的使用数量都与进出口差额变化紧密关联，改善贸易收支目的明确，受自身政策调整和外部经济环境影响较大。首先，中韩两国反倾销措施使用数量，都呈现出逐年递增、波浪式上行的总体特征。分别将同期两国反倾销措施使用数量与进出口差额进行比较后发现，中韩两国反倾销措施的使用情况始终遵循着改善贸易收支的原则，即当贸易顺差增加时，反倾销措施的使用数量开始减少，而当贸易顺差减少时，反倾销措施的使用数量开始增加。其次，由于反倾销的法律法规不断修订，反倾销措施执行机构职能的进一步完善，处理反倾销案件效率的进一步提高，无论是中国还是韩国都在国内反倾销相关法律法规修订和反倾销措施相关执行机构职能调整之后，在反倾销措施的使用数量上有了明显的增幅。最后，外部的经济环境也都对中韩两国反倾销措施的使用产生了直接影响。全球金融危机期间中韩两国反倾销措施的使用数量都出现了非常明显的增幅，充分体现出了当遭遇总体经济环境不景气时，反倾销措施等贸易救济手段对国内同类产品相关产业所起到的保护作用。除了上述这些共同特征以外，从反倾销立案调查总体数量上来看，中国虽然在反倾销立法及相关应用方面起步较晚，但在反倾销立案调查数量上已经远远超过韩国，这一方面与中国的对外贸易总额多于韩国，在对外经济活动中遭遇不公平待遇的几率更大有关。另一方面也说明中国企业在加入WTO以后，随着贸易救济政策普及宣传力度的加强，以及政府相关立法措施执行机制的进一步完善，反倾销措施等贸易救济手段的使用日趋普及并常态化。

2. 从反倾销措施的使用对象上分析

中韩两国具有使用对象集中于主要贸易伙伴、战略意图明显的共同特征。排在中国对外反倾销措施使用对象前五位的分别是韩国、日本、美国、欧盟各成员国和中国台湾。排在韩国对外反倾销措施使用对象前五位的分别是中国、日本、美国、欧盟各成员国和中国台湾。从中韩两国反倾销措施使用对象的共同特征来看，主要都集中在日本、美国以及欧盟各成员国和中国台湾这些与其贸易往来较为密切的贸易伙伴身上。中韩两国又互为对方的反倾销措施主要使用对象，其中，中国对韩国进行了55起反倾销立案调查，占其反倾销立案调查总数的18.5%，而韩国针对中国进行了57起反倾销立案调查，占其反倾销立案调查总数的25.3%。从贸易额排序的角度分析截至2011年中国的对外贸易主要交易对象排名第一位的是欧盟各成员国，第二位是美国，第三位是东盟各国，第四位是日本，第五位是中国香港，第六位才是韩国。韩国的对外贸易主要交易对象的排位是第一位中国，第二位是美国，第三位是日本，第四位是中国香港，第五位是新加坡，第六位是中国台湾。因此，从这一角度分析中国并没有像韩国一样按照对外贸易额的排名来决定反倾销立案调查的对象，中国的前四位立案调查对象相对分布较为平均，而针对韩国的反倾销立案调查数量最多，与近期持续对韩贸易赤字有关，韩国则倾向于将反倾销措施等贸易救济手段应用于排在首位的主要的贸易伙伴中国。

3. 从涉案产品分布领域来看

中韩两国的反倾销措施主要集中在石油化工、造纸、钢铁冶金、机械电子、纤维这些产品领域。中国对石化产业的保护力度尤为突出，这与现阶段我国高附加值石化产品的进口量较大，国内化工企业多为大中型企业具有市场份额集中度较高、维权意识较强、产业链连接较为紧密、便于进行反倾销立案调查申请有关。而韩国除了对初级产品和冶金产品等其他产品领域的反倾销保护力度较弱之外，在其他各个领域的分布相对平均。但是从反倾销措施的涉案产品领域可以看出韩国保护其具有出口优势的产业产品、改善贸易收支的明确的战略意图。

4. 从反倾销立案调查的判决结果来看

中韩两国采取有效反倾销措施的判决结果较多，贸易救济效果明显，持续周期较长。中国方面诸如征收反倾销税、价格承诺等长期影响贸易额的判决结果有226起，占全部立案调查案件总数的76%。韩国则为136起，占全部反倾销立案调查案件总数的60.4%，比例没有中国高。这一特征在反倾销复审过程中也体现得较为明显。有力地证明了韩国反倾销措施从中长期影响贸易额的使用策略。区别在于韩国的反倾销立案调查判决结果的分布更为详细，伴有征税和承诺同时进行的特点。

综上所述，中韩两国的反倾销措施使用情况，虽然同美国和欧洲等拥有成熟经验的国家相比还有着一定的差距，但在具体的使用过程中，存在着集中于主要贸易伙伴国、涉案产品特征鲜明并随着进出口差额的变化不断调整、带有明确的调节贸易收支目的和较为明显的保护出口优势产品的战略意图。反倾销立案调查申请主体以中小企业为主，有效判决结果占大多数，同时也容易受到国内政策和外部因素变化影响等明显特征。今后对于韩国反倾销措施的相关研究还应进一步细化，特别是反倾销措施的贸易救济效果以及如何影响中韩贸易的相关实证研究和研究成果的实际应用和转化有待于进一步加强。中国应该合理均衡地分布贸易救济产品领域，不能过分地集中于石化产业，在注重反倾销数量的同时，还应该注重有效的判决数量以及贸易救济质量。在对象上不能只局限于主要贸易伙伴国和主要对外贸易逆差对象，应该从产业布局调整结构的总体思路去考虑。

参考文献：

1. 宋利芳：《韩国反倾销政策法规及其实践》，载《东北亚论坛》2010 年第 5 期。

2. 商务部进出口公平贸易局：《应对国外贸易救济调查指南》，中国商务出版社 2009 年版。

3. 刘钧霆、赵磊：《中国反倾销立案调查现状及特征分析》，载《辽宁大学学报》2012 年第 5 期。

4. Moon-Kap Oh, "A Study on Operational Strategy the Korea Anti-dumping System," *The Journal of Korea Research Society for Customs*, 2011, 12:163-188.

5. Sang-Chul Yoon, "The Economic Impacts of Anti-dumping Actions on Imports in Korea," *Journal of fair trade*, 2011 *(6)*, 20-45.

中日韩FTA的建构模式与战略应对：基于新功能主义理论的视角

李冬新 [1]

摘要： 尽管多年来东亚地区各种双边和多边FTA数量不断交错叠加，但由于严重受制于该地区“轮轴—辐条”式的战略安全结构，作为东亚经济三强的中日韩始终无法凝聚成地区经济一体化的火车头。自2009年始，中日韩三国终于在长期摸索与碰撞中达成某种战略共识，拟率先构建一个三边的核心自由贸易区，以期引领整个区域一体化的进程。中日韩三国建构三边自由贸易区的理论探索、制度规划、运行模式无疑是本课题选题的直接驱动因素。研究东亚一体化曾提出过不少的理论范式，包括国际制度主义、（新）地区主义、新亚洲主义等。这些范式即将用于指导构建中日韩三国这种小范围的核心自由贸易区也存在理论上的缺失。因此，探索从新功能主义的路径出发，探索中日韩自由贸易区模式具有独特的理论和政策意义。

关键词： 中日韩自由贸易　新功能主义　产官学研究　经济障碍　政治障碍

一、国内外研究现状

（一）关于东亚一体化的研究现状

中国人民大学教授庞中英主张以灵活的多边主义实施中国的亚洲战略。任晓（2010）、张蕴岭（2009）、白小川等（2007）、陆建人（2005）等学者探讨了东亚合作的特点、困境、趋势以及中国新时期东亚战略的可行之路。不少学者认为，东亚合作是基于现实利益基础上的务实合作，中国应积极在“10＋3”框架下开展功能性合作。曹宏苓（2006）在东亚经济一体化现状特征的基础上，应用同盟理论、国际制度理论、小国理论等相关的国际关系理论，对一些主要国家的东亚经济一体化战略进行解读，并对东亚经济一体化发展趋势做了预测。范洪颖

[1] 李冬新，韩国世宗大学管理学博士、复旦大学政治学博士后，现青岛科技大学经济与管理学院副教授、东北亚研究中心副主任，主要研究方向为国际市场学、中国企业的国际化发展战略、东北亚经济研究等。

（2007）对全球化背景下东亚一体化理论适用问题进行了探讨，并指出东亚一体化可以突破传统模式而前行，其成功与否取决于如何设计区域制度、降低制度变迁供给主体的政治成本以及发挥区域的吸引力与全球化并行不悖等理论性问题。张振江（2009）、苏长和（2007、2006、2005）、张云燕（2005）、秦亚青（2001）、房乐宪（2000）等学者则着重从区域主义理论、欧洲一体化实践、多边外交制度设计等角度分析了功能主义的理论得失及其对东亚合作的借鉴和启示。

（二）关于中日韩贸易关系和自由贸易区的研究

中日韩作为东亚经济的主导力量，三国自由贸易区的建立是推动东亚经济一体化的关键环节，对三国的经济可持续性发展有着举足轻重的影响，但是由于中日韩三国的自由贸易战略不同，各国的FTA谈判目标、重心、进度存在很大的差异，历经十多年的不断尝试，构建中日韩FTA的合力仍然未能形成。中国学界这些年对FTA的可行性、现实基础、战略差异、预期的经济效应、路径选择、模式构建、制约因素等进行了研究。

中日韩三国建立FTA的出发点和实施战略各不相同。中国国务院发展研究中心对外经济研究部部长张小济在2003年发表的题为《符合三国长远利益—中日韩构筑经济合作制度框架的选择》一文中，指出无论是全球地区主义的发展需要，还是中日韩FTA对于福利和GDP的宏观经济影响，中日韩自由贸易区构建符合三国长期的利益需要。他建议三国政府应建立对话协调机制，在三国间就区域贸易化和产业分工关系开展合作研究。朴英爱和牟春野（2006）详细介绍了中日韩的FTA的国际背景，各国的政策方向和FTA进程，并且比较了各国在FTA进程中不足。刘重力等（2008）对中日韩三国各自的FTA战略进行了比较分析，三国由于目标不同，FTA战略也大相径庭，各国优先考虑的谈判对象和建立FTA的进展也各不相同，因而建立FTA所涵盖的内容也存在很大的差异。徐梅和赵江林（2009）单独就中日两国的FTA存在的相似之处和利益交汇点，同时两者在社会制度、经济体制、发展阶段和国家利益等方面的差异进行了比较分析。刘重力和盛玮（2008）、张垚（2009）对中日韩三国FTA战略进行了比较研究，提出了加速合作进程的政策建议。陈柳钦（2008）认为，在中日韩FTA构建的路径选择方面，应首先考虑建立“全面经济伙伴（CEP）”关系的方案，并提倡应充分联合官、产、学三方的力量，在更多层面上开展对话合作。张晓娜（2009）在中韩两国各自FTA战略的基础上，根据中日韩三国经济福利水平变化模型提出了中韩、中日韩和东盟“10＋3”FTA三个方案的战略构想，并且中韩FTA战略的最大可能为中日韩FTA，继而提出了中国FTA谈判的针对性战略。

学者普遍认为中日韩三国建立自由贸易区的可行性还是很强的，会给三国带来各自的利益，但是由于长期在历史问题、政治战略和各国贸易敏感行业等原因而无法实现共同认知，FTA的构建一直未能取得实质性进展。清华大学教授胡鞍钢（2003）根据世贸组织发布的数据，对中日韩三方、北美自由贸易区和东盟的世界货物及服务贸易出口总额、中日韩美四国商品贸易占世界的比重和商品贸易依存度等做了研究分析，认为中日韩经贸往来密切，应积极推进自由贸易区建设，加速东亚经济一体化进程，并就面临的现实困难和模式选择提供了建议。程佳韫（2004）指出中日韩三国质检日益紧密的经贸关系及互补贸易结构，三国地理、历史和人文等方面紧密联系，为建立中日韩自由贸易区创造了有利条件，但同时也存在很难解决的贸易分工、贸易收支、贸易壁垒和产品竞争等系列问题。廖春梅（2004）指出由于中日韩三国不仅在政治和经济方面存在着差异和差距，而且在开放各自敏感产业部门上面也面临着巨大困难，日本因为农业部门的利益与中、韩很难达成共识，韩国的农业部门也颇为敏感，中国则在工业领域存在竞争障碍，因而中日韩三国自由贸易区的建立需要经历一个复杂而充满挑战的过程。郑传均等（2007）和孙世春（2009）从产业间贸易角度，用显示性比较优势指数分析了中日韩三国的比较优势和出口产品的互补性。陈海晶、姚顺先等（2008）从中日韩 FTA 现状、可行性、紧迫性以及制约因素等几个方面进行了具体分析，认为当前经济全球化背景下，中日韩三国开展区域经济合作，建立自由贸易区，无论是对本国经济和区域经济的发展，还是应对经济全球化带来的影响，都是十分有益的。刘敬东（2008）在构建中日韩自由贸易区的路径选择上做了研究，认为构建中日韩三国自由贸易区的最有理论路径是在东盟＋中日韩“10 ＋ 3”合作机制基础上，首先建立两国间的 FTA，再向三国过渡。

（三）关于新功能主义与自由贸易区构建的研究

新功能主义作为 20 世纪 50 年代至 60 年代发展起来的一体化理论，沿用了功能主义的路径，强调经济领域整合的重要性和必要性，主张整合是一个能动的过程，其最终目标是追求超越民族国家之上的新的政治实体。哈斯厄恩斯特 • 哈斯针对戴维 • 米特兰尼的功能主义所谓政治性和功能性领域之间可以做出合理的明确区分的假设，批评米特兰尼没有充分考虑权力因素，提出权力同福利不可分割的假设，强调政治和经济精英人物而不是基层群众掌握着地区一体化的钥匙。哈斯结合对欧洲煤钢共同体和国际劳工组织等一体化组织的重要研究成果，发展了在一系列政治概念及其应用范围上都不同于功能主义前辈的一体化理论。另外，利昂 • 林德伯格、菲利普 • 史密特和约瑟夫 • 奈等人也都是新功能主义的重要代表。新功能主义的“外溢”概念与欧洲一体化 “外溢”（spillover）是新功能主义的核心概念。它是对功能主义强调的情感与忠诚的“扩展性”转移思想的进一步发展。与米特兰尼的扩展说形成对照的是，新功能主义者将“外溢”同机构的发展及权力的扩展性转移联系在一起。外溢过程的最终受益者是超国家机构，这些机构在一些逐渐政治化的问题上不断扩展其力量和权限。新功能主义主张：一体化能够继续之前需要某些前提条件，包括公众态度由民族主义转向合作，精英人物出于实用主义而不是利他主义的原因促进一体化的欲望，以及向一个新的超国家机构授予实际权力。一旦这些变化发生，将会有一个由外溢引起的一体化发展。

二、中日韩对三边自由贸易区的构想

20世纪90年代后期，在经济全球化浪潮的冲击下，东盟国家逐步认识到启动新的合作层次、构筑全方位合作关系的重要性。特别是1997年爆发亚洲金融危机后，东盟国家进一步认识到加强区域经济合作，抵御经济风险的重要性，于是在1997年底东盟成立30周年之际发起了东盟与中日韩领导人会议，即“10＋3”会议。此后这一对话形式机制化。1999年在菲律宾召开的第三次东盟与中日韩领导人会议期间，在时任日本首相小渊惠三的提议下，召开了首次中日韩领导人早餐会，为三国合作打下了良好开端。

此后三国领导人的会晤逐渐形成机制化，截至2010年底三国领导人在东盟10＋3框架内，共举行了九次会晤（2005年和2010年，第七次与第九次三国领导人会议分别因日本前首相小泉纯一郎坚持参拜靖国神社和日本侵占钓鱼岛问题而被迫推迟），其间发表了《中日韩推进三国合作联合宣言》、《中日韩三国合作行动战略》等重要文件，三国领导人在合作的原则、领域及具体行动计划等方面达成了许多共识，合作的重点也由经济逐步向政治、安全、文化等领域拓展，三国合作形成了多层次、宽领域、全方位的良好局面。

由于中日韩三国会晤机制是依托“10＋3”较大机制下建立的小机制，因而在最初的八年间，三方会晤均是在东亚领导人会议的举办地——即东南亚某国举行的。2008年12月13日，中国总理温家宝、日本首相麻生太郎和韩国总统李明博共同出席在日本福冈举行的首次中日韩领导人会议。这是三国领导人首次在“10＋3”框架外进行单独接触，“是中日韩三国合作机制成长过程中的又一重要标志，因为它从一个孕育了它的更大的机制中独立了出来，在内容上和形式上都成为了一个自成一体的小多边机制”。会议期间，三国领导人就三国合作进展与未来方向、国际金融和经济合作、地区和国际问题交换了意见，三国签署并发表了《三国伙伴关系联合声明》，通过了《国际金融和经济问题的联合声明》、《三国灾害管理联合声明》和《推动中日韩三国合作行动计划》，为今后三国合作确定了基本方向。2009年10月10日，第二次中日韩领导人会议在北京举行。三国领导人回顾了三国合作历程，总结了三国合作经验启示，规划了三国未来合作，就重大地区和国际问题交换了看法，达成广泛共识。会议发表了《东亚一体化十周年联合声明》、《中日韩可持续发展联合声明》，达成多项合作倡议，三国合作继续朝着既定目标不断深入发展。2010年5月29日至30日，第三次中日韩领导人会议在韩国济州岛举行。三国领导人强调，将坚持不懈地推动三国关系朝着睦邻互信、全面合作、互利互惠、共同发展的方向前进，推动三国合作达到新的高度。会议发表《2020年东亚一体化展望》等共同文件，确定三国在机制化建设、可持续发展、环境保护、人文交流等领域以及在国际和地区事务中加强合作，包括于2011年在韩国设立三国合作秘书处，加强旨在消除技术壁垒的标准化合作，争取2012年前完成中日韩自贸区联合研究，尽快完成三国投资协议谈判，扩大三国人员特别是青少年和大学交流等。“2020东亚一体化展望”对东亚区域合作和东亚一体化进程的未来作出了诸多明确的宏观性战略规划。具体说来，该“宣言”对区域合作机制化、推动可持续发展、非传统安全领域合作以及三国全方位交流等问题均做了详细设计。第三次中日韩领导人会议的成功召开以及《2020 东亚一体化展望》的发布，将对东亚区域合作产生意义深远的影响。建立中日韩三国合作秘书处的倡议必将是东亚区域一体化进程中一个崭新的起点。而有关探讨建立"三国防务对话"机制的可能性、发展可持续经济合作、加强非传统安全领域的合作、强调三国间全面交流等倡议也使外界对东亚区域合作有了更多的期待。《2020 东亚一体化展望》中所提出的愿景若能实现，必将极大地推动东亚地区一体化进程。因为就东亚整体而言，中日韩全方位合作必然扩展至整个地区，必能提升东亚地区的国际地位和影响力。

三、中日韩的共同推进措施

到今年为止，这十一年来中日韩三国共同推进东盟与中日韩、东亚峰会、东盟地区论坛和亚太经合组织等区域合作，在政治安全、经济贸易及金融、共同应对全球性问题及社会人文交流等方面取得不少成果。目前三国共确立经贸、信息产业、环保、人力资源开发、文化、财金、科技、物流、卫生、旅游、青少年交流 11 个重点合作领域，建立了 16 个部长级会议机制，成立了由外长牵头的三方委员会，各层次交流与对话机制超过 50 个。中日韩三国首脑除在上述东盟 10 ＋ 3 及中日韩首脑会议期间定期会面外，还在亚欧会议、东亚峰会多种国际舞台和多边场合保持了密切的沟通与合作。

尤其是自 1999 年，中日韩三国领导人在东盟＋中日韩（10 ＋ 3）领导人会议期间以早餐会形式举行会晤，标志着三国合作机制的正式启动。随着合作领域不断扩展，2008 年三国领导人会议首次单独举行。直至今日，三国之间建立了 50 多个磋商机制，其中包括 18 个部长级会议，超过 100 个合作项目。2009 年，第二次三国领导人会议决定设立三国合作秘书处。2010 年第三次三国领导人会议期间，三国外长签署了《关于建立三国合作秘书处的备忘录》，同意于 2011 年在韩国建立秘书处。2010 年 12 月，三国政府签署《关于建立三国合作秘书处的协议》。2011 年 9 月 27 日，中日韩三国合作秘书处在韩国首尔正式挂牌成立，它是一个旨在促进三国间和平与共同繁荣的国际组织。

秘书处的只能旨在为三国领导人会议、外长会议、三方委员会和其他部长级会议、外交官磋商等三国磋商机制的运行和管理提供行政和技术支持；与三国，必要时与其他国际组织，尤其是其他东亚合作机制沟通协调；探讨并确定可行的三国合作项目，保管有关磋商机制通过；评估合作项目并起草报告，将必要的文件编入数据库，提交三方委员会或三国外长会议通过年度进展报告；研究涉及三国合作的重要课题，管理秘书处网站，增进对三国合作的了解。秘书处由秘书长、两位副秘书长和四个处组成。四个处的主要业务，请参照表 1。

表 1　中日韩三国秘书处职能部门主要业务

政治事务处	经济事务处	社会与文化事务处	管理处
领导人会议	贸易投资	文化	行政支持
外交部长会议	交通物流	教育	预算与财会
地区和国际事务	海关	旅游	人力资源
安全	知识产权	青少年交流	房舍与设施
灾害管理	财政金融	体育	
环境保护	科技	公共人事管理	
	信息通信技术（ICT）	研究机构交流	
	能源	媒体交流	
	标准计量	媒体与公共关系	
	消费者	秘书处网站管理	
	可持续发展（循环经济、卫生与福利、农业、水利）		

资料来源：中日韩三国合作秘书处网站，http://cn.tcs−asia.org/dnb/user/userpage.php?lpage=1_5_structure。

四、中日韩在 FTA 构建中的经济障碍和损益分析

（一）中日韩农业：成立共同农业基金

农业是影响建立中日韩自由贸易区的主要因素之一。日本农业是一个相当敏感的领域，其耕地资源有限，农业部门的劳动生产率也极低，是一个农产品高度依赖进口的国家，从 1984 年开始日本成为世界最大的食品进口国，60% 的食品消费依赖进口。无论是在 WTO 或自由贸易区谈判中，日本一方面希望维持发展多边自由贸易体制或双边贸易自由化原则，又因农业和农产品问题而阻滞了两者的脚步。韩国农业也面临着同样的问题，对其保护程度也是非常高。中、日、韩三国的政府应该积极地研究出政策和方案共同解决农业问题给三国自由贸易区构建造成的障碍。

笔者建议这里不妨可以考虑向欧盟学习，但是不建议在毫无基础的情况下推出“共同农业政策”，而是中日韩三国实施“共同农业基金”等类似的措施来解决农业上面临的问题。1962 年 1 月欧共体通过了建立农产品统一市场的协议，实施共同农业政策。其主要内容包括建立农业共同市场组织和设立共同农业基金，对成员国农产品实行统一的价格管理和价格保证，促进

农产品自由流通，保证农民收入等。在经历了不断的补充、修改和扩展，形成了两个主要机制：农产品市场管理机制—价格支持政策；农业结构改革机制—结构政策。与此相配合，共同农业政策还形成了财政保证体制和立法体制。

（二）弱势产业保护期限问题

弱势产业是一个相对概念，可以分为绝对弱势产业和相对弱势产业。绝对弱势产业（Absolute Weak Industry）是指国内和国际市场上都处于绝对弱势地位，不具有任何比较竞争优势的产业，如果得不到特别保护与额外帮助，无论是国际市场还是在国内市场竞争中都会失败并被淘汰。相对弱势产业（Comparative Weak Industry）是指在国际国内市场上处于相对弱势地位，但在某些方面仍然具有比较竞争优势，但是如果得不到特别保护和额外帮助，仍然可能在市场竞争中失败和被淘汰。一些在国内市场竞争中处于弱势地位的产业也可能在国际市场中具有比较竞争优势；一些在国际市场处于弱势地位的产业在国内市场上可能具有比较竞争优势。可以把相对弱势产业分为国内优势国际弱势型、国际优势国内弱势型。与弱势产业相对应，优势产业是指在市场竞争中处于优势地位，具有比较竞争优势，在市场竞争中能够生存和壮大的产业。弱势产业与优势产业（Dominant Industry）可以相互转化。本文所指的弱势产业（Weak Industry）是指在国际市场竞争中处于弱势地位、不具有显示性比较竞争优势，如果得不到特别保护与额外帮助，在国际市场竞争中就可能失败或者被淘汰的产业。

基于本文对中日韩三国各产业领域的比较优势比较，以及表 2 中显示出的中日韩 FTA 构建对三国产业的影响比较，如果三国建立 FTA，对中国的通用机械业、汽车产业和化工业，对日本的农业、纺织业，对韩国的农业、渔业和通用机械业等将产生极大的消极影响。过去 20 多年来，中、日、韩三国虽然在国际贸易领域取得了很大成绩，但是对外贸易政策上仍受到传统贸易理论的影响。三个国家在出口方面都做了许多积极的努力，但是在开放国内市场方面顾虑重重，很多时候在申请恢复关贸总协议地位和与 WTO 谈判协商的过程中，大都把扩大进口和开放市场看作是一种交换的代价，是为了获得某种权利而不得不承担的“义务”，其想法在很大程度上是来源于“保护弱势产业”的理论。经过多年的发展，中、日、韩三国经济均已经进入了一个新的阶段，企业发展面临一些新的国内外贸易环境，但是，怎样选择保护对象？采用什么方式来进行保护？保护的目的和成本是什么？我们必须充分估计为保护所付出的代价，并努力以最小的损失来实现目标。

表 2　中日韩 FTA 构建对三国产业的影响比较

	中国	日本	韩国
农业	+	—	—
渔业	+	/	—

续表 2

	中国	日本	韩国
纺织业	+	—	+
电子产业	+	/	+
通用机械业	—	+	—
钢铁产业	/	+	/
汽车产业	—	+	/
化工业	—	+	+

注 1：+表示输出增加；—表示输出减少；/表示影响不大。

资料来源：参照中国国务院发展研究中心，日本国立研究所的研究进展和韩国研究所三方联合研究国际经济政策（2005 年）的《迈向 CJKFTA 的联合报告和政策建议：愿景和任务》。

（三）知识产权保护问题

知识产权是一个外延非常广泛的概念，它起源于对人类智力性创造性劳动成果的保护，并且随着社会的发展和科技的进步，其涉及的范畴也不断在扩展，形成了以著作权和工业产权为核心，包括与相关的其他权利（如反不正当竞争）在内的庞大而复杂的权力体系，通常包括著作权、专利权、商标权、商业秘密权和其他相关权利。近些年国际贸易与知识产权之间的关系越来越紧密，知识产权保护逐渐为各国所重视，一些发达国家把知识产权保护引入国际贸易中，最终促成了 TRIP 协议的签订，并使其成为 WTO 协议中重要的组成部分。

同其他西方资本主义国家一样，日本也有着悠久的保护知识产权的传统。早在 1885 年，日本就参照法国和美国专利法的规则颁布实施了《专卖专利条例》，确定了近代专利制度的基础，而此举也使日本成为最早颁布知识产权保护法律的亚洲国家。第二次世界大战之后，处于经济崩溃边缘的日本为了迅速的发展经济、恢复国力，日本政府选择了以实现国民经济现代化为中心的经济立国的复兴战略，博采世界各国先进技术，通过引进美国和欧洲的先进技术并对其进行消化和再创新，遵循“技术引进—消化—再改良—创新”的思路，建立了世界上最好的有形产品制造体制，被称为“日本模式”，创造了历时 20 年之久的经济高速增长期。在仅占世界面积不到 0.3% 的国土上生产出了占世界 10% 的国民生产总值，一跃成为世界第二经济大国。

韩国是一个依托知识产权由贫穷落后的发展中国家迅速崛起的典型。目前，韩国已不再是一个仅仅依靠技术引进和模仿谋发展的亚洲小国，而是一个在知识产权领域举足轻重的世界强国。韩国知识产权保护种类主要有专利、实用新型（实用新型是指一个产品的形状、结构或它们的组合）、外观设计、商标及服务标志、版权、商业秘密、计算机程序、半导体集成电路布图设计和数据库以及新植物品种等。韩国在知识产权保护方面已经形成了一套严密的法律制度体系。主要包括：《专利法》、《实用新型法》、《外观设计法》、《商标法》、《版权法》、《计算机程序保护法》、《半导体电路设计法》、《不正当竞争防止与商业秘密保护法》、《种子产业法》和《海关法》等。在 1993 年和 1995 年，韩国在对版权法修改的过程中，提出了对数据库及版权作品的某些邻接权的保护。为了保护经济营业秘密，加强对不法侵权行为的打击，维护公平竞争的市场秩序，1998 年，韩国制定了《防止不正当竞争及保护营业秘密法》。2001 年，韩国又进一步修订了《防止不正当竞争及保护营业秘密法》，规定“无正当理由损害有名商标的名声或识别力的行为为不正当竞争行为”，反映了保护知名商标的国际趋势；此外还规定，“禁止未经商标权者许可的代理人或代表不正当使用商标的行为，禁止使用商标法条约缔约国的国旗和徽章”。2006 年 10 月 1 日，韩国开始实施新修正的专利法。此次修法主要涉及新颖性的判定、提交文件截止日期的延长、异议与无效程序和实用新型的实质审查等方面。可以说韩国在知识产权保护方面设立了严谨的专门管理机构和管理程序，而且建立了严格的知识产权法律制度保护体系。

经过多年发展，中国知识产权保护工作得到了迅速发展，知识产权保护的水平得到了很大的提高。在立法、执法方面，我国与知识产权相关的立法工作不断推进，知识产权法律法规不断完善，知识产权的执法水平也不断提高、对知识产权侵权案件的查处及打击力度不断增强；在知识产权运行方面，近年来，我国的知识产权申请及拥有数量迅速增长。公众对知识产权知识也越来越熟悉；在国际合作方面，我国与其他国家的知识产权方面的联系越来越密切，我国的知识产权的国际影响力越来越强。但是，我们也应清醒地看到，与其他发达国家相比，我国的知识产权保护水平还是需要进一步提高、知识产权保护体系还需要进一步完善。

（四）非关税壁垒问题

传统的关税保护政策容易导致其他国家的关税报复而损害本国利益，又受到双边和多边贸易协定的限制，实施的政策成本和风险相对较高。而通过非关税壁垒（Non-tariff Trade Barriers, NTBS）对本国企业、产业和市场进行保护的新贸易保护（New Protectionism）便逐渐成为国际贸易保护的主要方式。新贸易保护主义主要通过自动出口限制（Voluntary Export Restrains, VERs）、进口配额（Import Quota）、反倾销（Anti-dumping）措施、制定苛刻的技术标准和行政法规限制等非关税措施限制外国商品进口，保护本国产业和市场。

自 21 世纪以来，特别是伴随着中国、印度等发展中大国经济的迅速崛起，发达国家为了保护本国传统产业和市场，采取了一系列限制商品进口的非关税壁垒新措施，例如把人权、劳工权益和环境保护等作为限制出口的主要理由等。中国作为崛起的国际贸易大国，随着进出口贸易量的快速增长，与美国、欧盟、日本、韩国等发达经济体之间的不断贸易摩擦与争端增加，成为受新贸易保护主义贸易政策损害最深的国家之一。显然，一些实施新贸易保护的经济体为了摆脱双边而多边关税协定的约束，阻碍了国际间产业分工，不利于自由贸易的发展。为了维护中国的贸易毅力，推动世界自由贸易发展，必须从战略高度制定适合中国国情的国际贸易政策，选择并扶持一些具有战略地位的新型产业、支柱产业与主导产业的发展，克服新贸易保护主义给国际自由贸易带来的限制。因此，有必要在对新贸易保护主义的新发展进行分析的基础上，制定科学合理的战略性贸易政策（Strategic Trade Politics）。

日本“肯定列表制度”的实施和韩国农产品方面的技术性贸易措施的严格实施，引发我国政府对农产品出口生产的制度安排进行反思。粗放的劳动力密集型小农生产与相对集约的技术密集型企业加工成为我国出口农产品，乃至我国整个农业生产的一对突出矛盾。这一制度安排如果不尽快做出调整，我国出口农产品的质量控制仍然会是一个大问题，但是这一大问题无法在短期内得到根本的解决。在中日的农产品贸易中，面对中方出口的巨大损失，中国官方机构早在“肯定列表制度”实施之前就与日本相关方面建立了磋商机制。我国质检部门在该制度制订期间，就向日本相关部分指出了其中部分不合理之处，日方也认真听取了中方的意见，并对某些标准进行了微调。可见，通过磋商是能够达到有效沟通的。今后，我国的质检部门应该进一步加强与日本和韩国紧密磋商的机制，争取通过官方渠道更顺畅地表达我国农产品生产企业及农户的诉求。

五、政治障碍与构建前景

（一）政治障碍

目前，中日韩三国对欧美市场依赖程度很高，因此欧美国家，特别是美国利用自己是部分东亚国家最主要出口市场的经济地位施加影响力，其态度将对中日韩自由贸易区产生极为重要的影响。尽管近年来，中国对日本、韩国的出口一直保持较快的增长速度，但对日、韩出口量占中国全部出口的比重仍不及对美出口的比重。日本对华出口的增长已经成为支撑日本经济复苏的重要力量，但对中韩两国的出口额之和仍小于对美出口额。尽管进入21世纪以来，中国一直是韩国出口增长最快的市场，并且已经取代美国成为韩国的最大出口市场，但韩国对美国市场的依赖程度依然很高，其对美出口额约为对日出口额的2倍。因此，中日韩之间的经贸关系虽然近年取得了突破性的发展，但是美国的重要地位并没有受到根本性的削弱。因此，美国对待建立中日韩自由贸易区的态度不容忽视。

国家间的相互信任是开展区域合作的重要基础。目前，尽管和平友好是中日韩三国之间的倡导主旨，但目前还有许多影响三国关系的历史与现实问题。一是历史问题，战后以来日本朝野有一些人未能正确认识和对待中日和日韩间的历史问题，成为三国之间加强友好合作的障碍。二是三国之间存在的领土、领海主权问题也是三国之间加强友好合作的障碍。这些问题的存在，势必会影响到三国政治互信，最终将制约日本与中韩两国关系的进一步发展，从而给三国间的经济合作带来负面影响。另外，东北亚地区复杂的安全局势也是影响三国政治互信基础不可忽视的因素。冷战体制尽管已经解体，但冷战格局所产生的影响并没有完全消除，许多国家也没有彻底抛弃冷战思维。东北亚地区就是目前冷战思维继续残留和延续最明显的地区之一。日本和韩国与美国分别签有安全保障协定，其中《日美防务合作指针》甚至把朝鲜半岛和中国台湾也列入了其防务合作的范围。此举必然对中日关系的发展产生严重的消极影响，严重损害该地区的政治、安全领域的互信。

（二）构建前景

鉴于中日韩合作复杂的情况，解决障碍推动一体化进程应遵循先易后难，即先经济后政治的循序渐进的路径，这也是新功能主义的核心价值。中日韩目前的经济联系主要是市场机制这只看不见的手自发作用的结果。中国的改革开放使日本、韩国的中国跨国公司根据市场信号到中国进行投资、开展贸易往来，由此形成了事实上的中日韩经济圈。共同经济利益也是中日韩加强三边合作、推动东亚一体化进程的首要动力。未来中日韩合作可继续沿着这个历史进程发展，即先市场化合作、后制度安排。

中国应该从政治合作的高度，推动中日外交中矛盾的化解，继而为中日韩自由贸易区解除政治障碍的纠结，进而推动整个东亚区域经济合作。基于新功能主义的核心思想，从经济方面入手，继续不断增强中、日、韩三国三者在政治层面和地区利益方面的共同认知，是适合东亚一体化的最佳模式和中日韩三国经济可持续性增长的最优方式。即使中日之间的结构性矛盾和制度性矛盾不可能得到解决，接下来中国应以政府层面的高度，打通中日韩三国自由贸易区构建的“瓶颈”，通过美国的调节作用与日本达成和平解决领域和历史问题的方案。如果中日韩三国，尤其是中日之间的互信问题得到解决，那么中日韩三边贸易区的实现也就为期不远了；否则即使中韩两国先构建达成 FTA，有可能更加激化日本对中国的敌对状态，那样中国就无法在东亚实现真正地崛起，更无法实现东亚一体化的最终目标。日本的工业基础仍然是中日韩三个国家中最强大的，拥有很敦实的经济实力，是中韩无法在短期内超越的。那么就意味着有日本在东亚存在，中国永远无法实现实质性的崛起，即使摆脱与日本的合作与区域内其他国家发展经济合作，也会面临重重阻力，因为只要有“美日同盟”存在，日本在东亚的地位就不能被忽视，美国通过其实施“东亚战略”的行动就会进行。

另外，韩国方面也有必要重视与韩美日之间的协作同等重要的韩中之间的协作，虽然美国可以远距离实现制裁朝鲜的举措，韩国也需要与中国密切合作，共同着手于朝鲜半岛问题的和平解决，韩国需要中国积极地参与，以实现最大的共同利益。中国不只是对南北问题的解决有所帮助，而且也左右着对东北亚秩序的重组，借助中国的作用，加强韩中两国之间的紧密合作最终相互理解。中国的作用不只在于对朝鲜半岛的稳定，对东北亚地区的和平与稳定也起着非常重要的作用，因为东北亚的稳定直接关系到朝鲜半岛的稳定。总之，在美国的霸权势力的搅扰下，中日韩需要从地区利益出发，担当起作为东亚“火车头”的角色，投入到更为有利的深层经济合作中去。

参考文献：

1. 任晓：《东亚合作的区域内外互动新态势》，载《国际问题研究》2010年第2期，第62—66页。

2. 张蕴岭：《东亚区域合作的新趋势》，载《当代亚太》2009年第4期，第4—16页。

3. 白小川：《欧盟的功能多边主义与中国崛起》，载《现代国际关系》2007年第2期，第47—53页。

4. 陆建人：《10+3框架下的东北亚区域合作——兼谈对东北亚合作的几点新认识》，载《东北亚论坛》2005年第1期，第3—8页。

5. 曹宏苓：《东亚经济一体化的国际关系理论解读》，载《国际观察》2006年第6期，第70—77页。

6. 范洪颖：《全球化背景下东亚一体化理论适用问题探讨》，载《东南亚研究》2007年第3期，第66—70页。

7. 张振江：《米特兰尼的国际合作思想及其对东亚合作的启示》，载《外交评论（外交学院学报）》2009年第2期，第67—79页。

8. 苏长和：《发现中国新外交——多边国际制度与中国外交新思维》，载《世界经济与政治》2005年第4期，第11—16页；《周边制度与周边主义——东亚区域治理中的中国途径》，载《世界经济与政治》2006年第1期，第7—14页；《中国的软权力——以国际制度与中国的关系为例》，载《国际观察》2007年第2期，第27—35页。

9. 张云燕：《从功能主义到建构主义——国际区域经济合作研究的三种范式》，载《世界经济与政治》2005年第4期，第36—41页。

10. 秦亚青：《多边主义研究：理论与方法》，载《世界经济与政治》2001年第10期，第9—14页。

11. 房乐宪：《欧洲一体化理论中的功能主义》，载《教学与研究》2000年第10期，第34—38页。

12. 朴英爱、牟春野：《中日韩的FTA进程及其政策比较分析》，载《现代日本经济》2006年第4期，第23—27页。

13. 刘重力：《中日韩FTA战略比较研究》，载《东北亚论坛》2008年第1期，第54—57页。

14. 徐梅、赵江林：《中日两国FTA战略的比较分析》，载《日本学刊》2008年第6期，第52—64页。

15. 张垚：《中日韩自由贸易区战略的比较研究》，载《经济研究导刊》2009 年第 13 期，第 175—176 页。

16. 陈柳钦：《建立中日韩 FTA 的有利条件、制约因素及路径选择》，载《日本问题研究》2008 年第 2 期，第 8—13 页。

17. 张晓娜：《经济复苏背景下中韩 FTA 战略选择探讨》，载《当代韩国》2009 年第 4 期，第 13—16 页。

18. 胡鞍钢：《区域化战略：建立中国、香港、日本、韩国三国四方自由贸易区的设想》，载《学习与实践》2003 年第 5 期，第 17—20 页。

19. 程佳榅：《建立中日韩自由贸易区的有利条件与不利因素》，载《安徽工业大学学报（社会科学版）》2004 年第 3 期，第 34—36 页。

20. 郑传均：《构建中日韩 FTA 的贸易基础》，载《商场现代化》2007 年第 33 期，第 14—16 页。

21. 孙世春：《中日经贸关系的战略转型》，载《日本研究》2009 年第 4 期，第 32—36 页。

22. 陈海晶、姚顺先：《中日韩 FTA 的可行性及制约因素分析》，载《技术与市场》2008 年第 4 期，第 49—50 页。

23. 刘敬东：《构建中日韩自由贸易区的路径选择》，载《湖湘论坛》2008 年第 2 期，第 68—69 页。

24. 高华：《地区一体化的若干理论阐释》，载李慎明、王逸舟主编：《2003 年：全球政治与安全报告》，社科文献出版社 2003 年版。

25. 任晓：《中日韩合作：一个成长中的外交小多边》，载《解放日报》2009 年第 4 版。

26. 吴绮敏：《值得期待的盛会》，载《人民日报》2009 年 10 第 4 版。

27. 李基秀：《知识产权刑法保护的中韩比较研究》，中国海洋大学 2008 年硕士学位论文。

28. 保建云：《新贸易保护主义的新发展与中国的战略性贸易政策选择——基于弱势产业与贸易保护有效性的分析》，载《国际贸易问题》2007 年第 5 期，第 293—299 页。

29. 对外经济贸易大学国际经济研究院课题组：《中国自贸区战略——周边是首要》，对外经济贸易大学出版社 2010 年 5 月版。

第二编　政治·外交

朴槿惠政府外交趋向

沈定昌[1]

第18届韩国总统选举结果于2012年12月20日凌晨正式揭晓，韩国执政党新世界党候选人朴槿惠获得半数以上选票，成功当选韩国新一任总统。她在大选中的获胜，在韩国历史上创造了多个第一，她是第一位未婚总统、第一位得票过半数的总统，并且创造了韩国第一对父女总统，然而更引人注目的是她是韩国第一位女总统。

朴槿惠当选总统后，立即展开密集的外交活动。2013年新年伊始，她就先后会见了欧盟、法国、英国和印度等国驻韩国大使，还会见了沙特阿拉伯和埃及等中东13个国家的驻韩国大使；1月14日接见了到访的前日本众议院议长河野洋平，1月29日会见了缅甸全国民主联盟领导人昂山素季；并于1月22日派遣特使团访问中国，2月6日派遣政策协商代表团访问了美国。

2013年2月25日凌晨零点，韩国首尔普信阁举行敲钟仪式，宣告韩国第18届政府正式出台，新任总统朴槿惠的任期也随着33下钟声拉开了序幕。朴槿惠就任总统后，展开了“就职仪式外交”，接连会见了前来参加就职典礼的美国、中国、日本、俄罗斯、澳大利亚、印度尼西亚、秘鲁、阿富汗、加蓬、乌兹别克斯坦、哈萨克斯坦、图尔克梅尼斯坦、科威特、沙特阿拉伯等国的使节团，还访问了韩美联合司令部，拉开了韩国外交的序幕。

一、影响外交政策制定的因素

国家在制定、贯彻执行外交政策的时候，考虑最多的是国家利益。根据各国内部形势和周边情况，国家利益涉及的范围非常广，它包括国家的生存问题，也包括统治周边地区乃至世界的问题。而外交最基本、最广泛的目标则是谋求国家的安全和经济的繁荣，在处理与其他国家关系的时候，尽量提高本国的威信和影响力。分析一个国家的外交政策制定因素，可以阐明该国家是如何制定外交路线、为何选择这一政策，进而发现外交政策制定行为的规律性，并使之理论化。总之，外交政策制定因素包含了物理性的因素和人的因素。由于韩国的外交环境比较特殊，其外交政策的性质也与一般的国家有很大的差异。与一般的国家不同，韩国从外交、安全方面来看，曾处于分裂、战争、敌对性的对峙和缔结同盟的特殊状况。因此，韩国在外交政

[1]　作者简介：沈定昌，北京大学韩国学研究中心主任、教授。

策的制定过程中，往往会受到国际因素、国内政治经济因素、历史地缘政治学因素、最高权力者因素、意识形态方面等因素的影响。而朴槿惠政府在制定外交政策时，更多地受到的将是下列因素的影响。

1. 家庭背景

朴槿惠是韩国前总统朴正熙的长女，其父亲是韩国最具有争议的总统之一。朴正熙出生于韩国庆尚北道善山邑，毕业于大邱师范学校，在小学当了3年教员。1940年，作为第二届新生入满洲的新京（长春）军官学校学习，后转入日本陆军士官学校，毕业后曾在日本的关东军服役。1946年归国，朝鲜战争期间在韩国陆军总部情报局供职，1953年晋升为陆军中将。此后，先后担任了韩国第二军团炮兵司令、第一军参谋长、陆军军需基地司令、第一管区司令、陆军总部作战参谋部长、第二军部司令等职。1961年5月16日，朴正熙以政变方式推翻政权。人们斥责朴正熙是不折不扣的独裁者，排除异己，培植特务机构，甚至通过规定总统终身制的《维新宪法》……但人们同时又怀念朴正熙领导韩国实现工业化和经济腾飞。1974年8月15日，有人在韩国政府举行韩国光复29周年纪念活动时行刺朴正熙，但却误将其妻子射杀。1979年10月26日，朴正熙遇刺身亡。

朴正熙总统执政期间，在积极治理国家的同时，大力开展外交活动，为韩国营造了一个良好的国际环境，促进了韩国的经济发展。在短短的10多年间，韩国经济迅猛腾飞，人均GDP增长近20倍，创造了“汉江奇迹”，为后来韩国成为“亚洲四小龙”奠定了坚实的基础。韩国过去曾是世界上贫穷落后的农业国之一，之所以能在较短的时期内跨入世界较先进的工业化国家行列，除了国内的经济政策对路等原因外，其中很重要的一个因素是受益于朴正熙的外交政策。

朴槿惠的一生中，家庭对她的影响很大。作为总统的长女，在母亲遇刺身亡后，她成为韩国“第一女儿”，基本上代行了“第一夫人”职责；在父亲遇袭身亡后，她不得不离开青瓦台，过了十几年的“隐居”生活，精神上承受极大痛苦。20世纪90年代后期，韩国遭受了前所未有的金融危机，许多企业倒闭、家庭破产。人们开始怀念朴正熙时代的经济高速发展。在韩国媒体对历史人物和历届总统的民意调查中，朴正熙名列榜首。

2. 国内政治

国内政治对外交政策的影响也很大。韩国实行“立法、行政、司法”三权分立政体。行政权属总统，总统是国家元首、政府首脑和武装部队最高司令，主持由国务总理和各内阁部长组成的国务会议，负责决定、协调和处理国家政策和重大事项；立法权属国会，主要职能包括：审议并通过或否决各项法案、审核和批准政府财政预算、检查政府工作、批准对外条约以及同意宣战或媾和、弹劾总统和主要政府官员、否决总统的紧急命令等；司法权属大法院和大检察厅，大法院院长由总统任命，须取得国会同意，而大法院的法官则由大法院院长推荐，由总统委任。目前，韩国国会中占据席位的主要政党有：执政的新世界党（154席）、在野的民主统合党（127席）、进步正义党（7席）和统合进步党（6席）。

朴槿惠当选总统后，曾与韩国的最大在野党——民主统合党就《政府组织法》修订案等问题进行了协商，但由于双方分歧较大，协商宣告破裂，致使《政府组织法》修订案未能在新政府上台的2013年2月25日之前在国会获得通过。3月4日，朴槿惠总统在青瓦台春秋馆发表“对国民谈话”，就《政府组织法》修订案尚未获国会通过而影响到多项政府工作，向国民道歉。发表谈话后，她在青瓦台首席秘书会议上指出，韩国正面临安全和经济双重危机，《政府组织法》修订案如迟迟得不到通过，新政府将会成为“植物政府”，而受损失的将是国民。3月17日，韩国的朝野两党终于就《政府组织法》修订案达成一致，困扰朴槿惠政府施政的问题终于得到解决。

困扰朴槿惠政府的另一问题是新政府内阁的组建。根据韩国《人事听证会法》，内阁总理和部长等任命要经过国会听证，也就是由国会议员对被提名人进行审查，之后才能正式任命。而在朴槿惠总统新政府内阁提名人中，因诸如逃兵役、不动产投机、偷税漏税、获取不正当收入、论文剽窃等疑点，致使有些听证人未能获得国会的通过或放弃提名。由于朝野各党分歧严重，新政府组阁“搁浅”，直到4月17日，即朴槿惠就任总统52天后，才完成新政府内阁的组建。

新政府上台伊始，由于执政党与在野党围绕《政府组织法》修订案的长久对立、人事安排的失误等，国民对新政府的期待变成了失望，导致朴槿惠总统支持率的下降。据韩国舆论调查机构“韩国盖勒普”3月18—21日的调查结果显示，朴槿惠总统的支持率由大选时的51.6%降到了44%。而在此前的“韩国盖勒普调查”中，李明博前总统上台后的3月份支持率是52%、卢武铉前总统的支持率是60%。

3. 个人因素

外交政策制定过程中的个人因素，体现出政策制定者在制定、实施国家外交政策时的个人特色，这对于外交政策的内容以及实施方法等都有很大的影响。这种个人的特色包含了政策制定者所具有的能力、性格、信仰以及心理趋向等。每个人都会有各自不同的经历、价值观和特性等，而这种个人的特性将在政策制定过程中有所体现。韩国是具有总统制实质的政体国家，总统作为国家元首又掌握行政大权，是国家真正的权力中心。因此，总统个人的哲学观和领导能力，对政府的性质和国家运营影响很大。

朴槿惠9岁时就随父亲入住青瓦台，在那里生活10多年，亲身经历、见证了父亲领导韩国摆脱贫困、实现工业化和经济腾飞的整个过程。1974年，朴槿惠从韩国西江大学毕业赴法国留学不久，收到母亲被刺身亡的噩耗后，中断留学生涯匆匆回国。此后5年时间，她一直代母履行“第一夫人”职责。正是这段时期，她历练出性格坚定、冷静的一面，获得“冰公主”的称号。1979年，其父朴正熙遇刺身亡，朴槿惠被迫远离政坛。在此后的近20年里，她曾在女童子军、岭南大学和一家教育基金会等非政治机构任职。在那段艰难的时期，她开始学会卧薪尝胆，一边修身养性，一边寻找机会重返政坛。随着时局变换，朴槿惠抓住了机遇。1997年，她加入大国家党（新世界党的前身），以支援大国家党总统候选人的方式重新回到人们的视线。

1998年，她在老家打出“要完成父亲未尽事业”的口号，以压倒性优势当选为国会议员。此后，她屡次创造选举成功神话，先后5次高票当选国会议员，获得“选举女王”称号。

在朴槿惠的政治生涯中，有几件事对她迈向青瓦台至关重要。2002年，朴槿惠将个人仇恨放在一边，以整个国家和民族大义、利益为重，率团访问平壤，会见朝鲜最高领导人金正日，还获准通过三八线上的板门店回国。她的这个惊人之举，赢得了极高的政治声誉。2004年，大国家党弹劾时任总统卢武铉，导致支持率骤跌。朴槿惠临危受命，当选党首后，进行了大刀阔斧的党内改革。朴槿惠带领全党经过一年的努力，使大国家党重返第一大党的位置；2012年2月，为挽救执政党腐败无能、挽回不断下滑的民意，大国家党在朴槿惠的领导下更名为新世界党，在4月的国会选举中成功“大逆转”，获得过半席位，守住了国会第一大党的地位。这些事不仅为朴槿惠在党内树立了极高的威信，同时也为她赢得了很高的民意支持率。

4. 施政理念

朴槿惠总统经历坎坷，具有执著的信念和为国为民的献身精神。步入政坛以来，她始终不忘父亲的未尽大业，要“推动大韩民国的先进化”。当选总统后，她在通过媒体发表的新年贺词中曾表示，新政府将把关切民生、解决民生难题放在国政运营的首位，本着国民大团结的精神，努力建设所有国民都感到幸福的社会，同时建立社会安全网络，提倡共荣共存，由此缓解阶层之间的矛盾和两极化现象。并指出，韩国曾创造过辉煌的奇迹，只要国民齐心协力，一定能克服困难，谱写“国民幸福时代”的历史新篇章。为了实现这一施政目标，她在总统就职演说中表示，将顺应民意，实现韩国经济复兴、国民幸福、文化昌盛的伟大梦想，为建设一个国富民安的大韩民国而不懈努力，共同开创希望的新时代，创造“第二个汉江奇迹”。

朴槿惠的另一个施政理念是“诚信”，她在就职演说中指出，唯有政府与国民相互信任、相互扶持，未来的路才能越走越好，并表示将全力打造一个公开透明、务实有为的政府，坚决维护民众对政府的信赖。而在外交方面，朴槿惠曾于2011年8月23日在美国外交专业双月刊《外交事务》上撰文表示，朝韩之间需要“信任外交”，让朝韩之间可以互相依赖，提出了“信任外交”的理念。

二、继续推行“四强外交”

冷战结束以来，韩国政府一直非常重视与周边四个重要的大国美、中、日、俄的外交，把与美国、中国、日本和俄罗斯的外交关系作为对外交往的重点。韩国政府认为，处理好与这“四强”的外交关系并在其中寻求平衡，对于稳定朝鲜半岛乃至整个东北亚局势都有非常重要的作用，这一外交政策被称为“四强外交”。种种迹象表明，朴槿惠当选总统后亦将着重推动“四强外交”。2012年12月20日，选举结果公布的当天下午，她就在首尔汝矣岛新世界党党部依次接见了美国、中国、日本、俄罗斯四国的驻韩大使。2013年3月31日，在新政府组阁尚未完成的情况下，朴槿惠就内定前外交部第一次官安豪荣为韩国驻美国大使、新世界党议员权宁世为韩国驻中国大使、新世界党智库——汝矣岛研究所顾问李丙琪为韩国驻日本大使（现韩国驻俄罗斯大使魏圣洛留任），将自己最为信任的官员安排到“重中之重”的外交岗位，正式启动了“四强外交”。朴槿惠政府继续推行加强与周边四大国的外交，虽然延续了上一届政府的外交政策，但“四强外交”的侧重明显不同。她在就职演说中表示，“今后将与美国、中国、日本、俄罗斯及亚洲和大洋洲等区域内国家增进互信，缓和亚洲地区的紧张局势，增强亚太地区的和平与合作”，明确提出了“四强外交”的顺序依次是美、中、日、俄。就任总统后，朴槿惠打破以往总统的惯例，在会见外国大使时，第一次出现了将中国排在日本前面的现象。

1. 韩美关系

韩美同盟关系历来是韩国外交的重中之重。李明博执政后，通过对美国的两次访问及多次韩美首脑会晤，修补了因两国间“不和谐”而形成的裂痕，将韩美关系从军事同盟关系提升为“21世纪战略同盟关系”，并从美国政府那里获得了在朝鲜半岛出现紧急情况时提供核保护伞的承诺。朴槿惠亦将把加强韩美关系放在韩国外交的首位，她在竞选时就曾承诺，要将韩美同盟关系提升为“全面战略同盟关系”，就任总统后首个访问国依照惯例仍定为美国。2013 年 5 月 7 日，朴槿惠与美国总统奥巴马在华盛顿举行首脑会谈，双方为纪念两国 60 年间的友好合作与共同繁荣，发表了《纪念韩美同盟 60 周年联合宣言》。宣言高度评价了 60 年来韩美关系的发展历程，对韩美同盟进行了重新定位，提出了今后两国关系发展的方向。

今年时逢韩美同盟建立 60 周年，韩美两国将以此为契机，进一步夯实同盟关系，加强经济合作，加深两国国民之间的交流与合作，发展新的两国关系。届时，修改《韩美原子能协定》和《驻韩美军地位协定》（SOFA）、驻韩美军防卫费的承担问题、移交战时作战指挥权等事宜亦将是韩美两国政府需要解决的课题。而韩国是否加入由美国主导的《跨太平洋战略经济伙伴协定》（TPP）的谈判，将会对韩美关系产生微妙的影响。

2. 韩中关系

中韩建交以后，在双方的共同努力下，两国关系长足发展，双方高层保持交往，政治互信不断加深，各领域的交流与合作持续扩大，在国际和地区事务中的协调与配合日益紧密，加强战略沟通，促进互利合作，推动双边关系不断取得新进展。短短 20 年间，中韩两国遵循相互尊重、平等互利、开放透明、合作共赢的原则，两国关系从建交初期的“友好合作关系”，到 1998 年建立“面向 21 世纪的合作伙伴关系”，再到 2003 年建立“全面合作伙伴关系”，并于 2008 年宣布建立“中韩战略合作伙伴关系”，实现了跨越式的发展。朴槿惠总统钟爱中国文化，喜欢中国哲学，精通汉语，曾经获得台湾“中国文化大学名誉文化博士”称号。她曾多次访问中国，与中国结下深厚情谊，“是谙熟中国并有很多中国人脉的知中派，她不仅知道中国担心和需要的是什么，同时也具有发展韩中关系的意志”。她当选总统后，向海外派出的第一个特使团是访问中国，这充分显示了她高度重视中韩友谊和发展中韩关系的意愿。

今年，时值两国政府换届，中韩关系处于一个新的转型期，今后的发展将面临诸多新的挑战与机遇。中韩双方将深化两国合作关系，超越社会制度和意识形态，以信任的精神和积极的态度，增进相互了解与理解，优势互补，加强交流与合作，谋求共同发展。在新的国际和地区格局与形势下，中韩两国建设基于信任与合作的战略合作伙伴关系尤为重要。朴槿惠政府推崇“信任外交”，在加强两国互信和建立两国人民之间经得住考验的相互理解和信赖的关系方面将有所作为。中韩两国经济联系密切，进一步深化两国间的经济合作，符合两国的根本利益，是推动两国关系发展的重要动力，也是两国发展战略合作伙伴关系的基本内容，两国政府将为尽早签署中韩自贸协定（FTA）共同努力，并在应对非传统新安全威胁等领域加强合作。

3. 韩日关系

韩日两国仅一水之隔，从地理和历史的角度看，其关系是即近又复杂，韩国人往往把日本视为“即近又远的国家”。日本在韩国外交整体政策中具有特殊性。尽管韩日两国于1996年确立“面向21世纪的新型伙伴关系”后，在政治、经济、外交、文化和青少年交流等领域的合作都取得了较大的发展，并在安全领域加强了合作，但两国仍然很难摆脱历史的阴影。

一方面，韩日之间的独岛领土主权之争、历史问题并未真正解决，包括日本至今不愿赔偿韩国“慰安妇”的损失、日本发行篡改占领朝鲜历史的教科书等；另一方面，日本是韩国主要资金和商品来源地，韩日又是重要的贸易伙伴、同为美国盟友，双方无论在国家利益还是在地区发展上都有广泛的共同利益。

韩日两国政府换届后，新当选的领导人均有改善关系的意愿。安倍晋三政府在朴槿惠当选总统后立即表示，希望韩日两国新政府的上台能成为两国关系新的出发点，愿与韩国在诸多领域为发展两国关系展开紧密合作；朴槿惠在结束总统就任仪式、非公开接见日本副首相兼财务相麻生太郎时也曾表示，希望韩日两国今后构建符合国民情感的信赖关系，以相互信任为基础，加强政治、经济、文化和体育交流，进一步发展成熟的伙伴关系。尽管韩日两国政府都有改善、发展关系的愿望，但由于日本政府错误的历史认知和言行、内阁人士参拜靖国神社等一系列右倾举动以及独岛的主权问题等，两国关系在近期内很难有实质性的进展。针对安倍晋三政府的右倾立场，朴槿惠总统曾明确表示，韩日两国如果无法在历史问题上达成一致，今后将很难建立面向未来的关系。

而在韩日关系中，美国将是一个很大的变数。在韩日都经历大选，政权平稳过渡之后，美国将会继续撮合韩国和日本。在美日韩之间的三对关系中，美日、美韩都是非常紧密的军事同盟关系，而韩日则只是“伙伴关系”。就韩日两国而言，日本促成三国同盟一体化的意愿非常明显，也非常希望同韩国发展成为“同盟关系”。而韩国却对日本存有疑虑，在历史等问题得不到妥善解决的情况下，很难跨出这一步。

4. 韩俄关系

俄罗斯是韩国的潜在市场，并能提供资源，韩国将其视为重要的经济合作对象。两国关系正常化以来，在贸易、投资、能源、工业、信息通讯、科技、渔业、铁路运输、尖端技术、航天航空、机械制造等领域加强了合作与交流。由于自然资源匮乏，长期以来韩国的主要工业原料都依赖进口；另一方面，随着韩国的经济发展，作为主要能源的石油需求量也大幅增长，而韩国在国内至今尚未找到油田，原油一直依靠进口。因此，韩国为解决经济发展中所需的资源和能源，在俄罗斯积极推进“资源·能源”外交。韩国每年要从俄罗斯进口原油、金、银、铅、锌、铀、石棉、煤炭等自然资源，在开发西伯利亚的山林、萨哈天然气田、萨哈林海上石油天然气等资源方面，韩俄双方也有所合作。

在韩俄关系中，朴槿惠政府仍将把加强与俄罗斯的经济合作与交流作为重点，在科技合作、韩朝俄输气管道建设项目、远东西伯利亚地区开发等领域加强实质性合作。俄罗斯政府对加强与韩国的经济合作也表现出积极的态势，参加朴槿惠总统就职典礼的俄罗斯使节团团长在与朴槿惠进行会谈时，转达了普京总统希望与韩国在太空开发等各个领域加强合作的意愿。今后，韩俄两国在太空开发等各个领域将加强合作，双方在新的火箭和人造卫星开发及制造、俄自主开发的全球卫星导航系统“格洛纳斯”（GLONASS）等领域能共享潜力。

三、致力于改善南北关系

韩国不同于其他国家，由于朝鲜半岛的分裂状态，其外交政策也有“内”与“外”之分。韩国外交的对“外”主轴是美国，而对“内”基轴则是朝鲜。自卢泰愚政府推行“北方外交”以来，韩国几届政府尽管在做法上不同，但都把对朝鲜的政策作为对外政策的重要内容之一。朴槿惠也不例外，亦将对朝关系作为外交工作的重要一环。她于 2012 年 11 月 13 日在《亚洲华尔街日报》上发表题为“有关东北亚和平的构想：韩中日合作和正确的历史认知”一文中，就如何解决朝鲜问题阐明了自己的立场。文章指出，当前对韩国来说最重要的是促使朝鲜进行实质性的变化，要积极说服朝鲜领导人实现朝鲜无核化、改善朝鲜居民生活质量、推进朝鲜经济发展战略等。文章强调，为了实现东北亚和平，必须解决朝鲜问题，韩国应同周边国家加强合作，营造诱导朝鲜进行改革的环境。她还提出了改善南北关系的“朝鲜半岛信任进程”方案。这一方案是韩国对朝政策的核心，即韩国和朝鲜增进互信，朝鲜无核化取得进展，届时实施国际社会共同参与的大型经济合作项目。

当选总统后，朴槿惠改变上届政府对朝鲜一味实施强硬政策的做法，采取的是“施压·对话”双轨并行的对朝政策。针对朝鲜核试验等挑衅行为，韩国加强与美国的军事同盟关系，以超强的军演向朝鲜施压。自 2013 年 2 月初以来，韩美两国多次举行军事演习，进行了登陆、反潜、舰对舰、舰对空、海上战术机动训练等海上综合演习以及包括联合攻击编队训练、反击作战、紧急空中遮断、近距离空中支援、战斗侦查营救训练等。其间，美国向韩国相继派遣了 B-52 轰炸机、“夏延”号潜艇、B-2 隐形轰炸机和 F-22 隐形战斗机等，9 700 吨级的“尼米兹号”核动力航空母舰也参与了演习。在向朝鲜施压的同时，韩国政府分三步推动“朝鲜半岛信任进程”。首先，韩方将向朝鲜提供人道主义援助，同时呼吁朝方遵守南北先前达成的协议。如果第一阶段措施在南北建立互信方面有成效，韩方将扩大南北经济合作，且不与朝鲜核项目挂钩；第三步将是韩国政府向朝鲜提供大规模援助，只是，那将取决于朝方用行动展示弃核的诚意。

朴槿惠政府试图通过对话、人道主义支援，与朝鲜重新建立信任关系。韩国统一部部长柳吉在3月11日的就任仪式上指出，局势再严峻，韩朝也要为改善双边关系进行对话，过去达成的《7・4韩朝共同声明》、《韩朝基本协议书》、《6・15共同宣言》、《10・4宣言》等协议应被尊重和得到落实。并表示，不管政治局势如何，还将研究对朝鲜婴幼儿、弱势群体提供人道主义援助的问题。3月22日，韩国政府批准对朝援助团体向朝鲜发送结核药品。这是朴槿惠上台后，韩国民间团体第一次向朝鲜提供人道主义援助，是韩国新政府提出的“朝鲜半岛信任进程”所迈出的第一步。尽管朝韩关系不断恶化，韩国政府仍在努力谋求南北文化交流，把交流范围逐步扩大至经济、学术、宗教、体育等领域。为了营造朝鲜半岛的和平氛围，朴槿惠总统还在访美期间提出了在朝韩非军事区（DMZ）建设世界和平公园的构想。对于朝鲜方面多次提议将《停战条约》改为《和平条约》一事，朴槿惠表示需要通过一系列的验证来建立与朝鲜的互信关系，扩大韩朝间的各种交流和合作后，才能谈论和平条约的问题。她还就韩半岛统一问题提出了三项原则，即通过与国民协商，在获得全体国民支持的基础上实现统一；要在朝鲜半岛所有居民均获得幸福的情况下实现统一；要实现对亚洲合作和共同发展、世界和平做出贡献的统一。

四、加强区域合作

2013年5月8日，韩国总统朴槿惠在美国国会发表演说时，正式提议推行“东北亚和平合作构想”，即“首尔进程”。这是韩国政府发出的一个积极信号，它将有利于这一地区，特别是朝鲜半岛的和平与稳定。早在2012年11月13日，朴槿惠就撰文阐述了“东北亚和平合作构想”，认为东北亚国家构建信赖关系非常重要，希望能像欧洲的赫尔辛基进程那样，将主要国家的双边关系发展与三边关系、东北亚多边关系、亚欧合作等结合，构建信赖关系的同时进行经济合作。由于东北亚的问题比较复杂，这一地区的合作还存在不少障碍：从战后到现在，东北亚一直未能摆脱冷战的范式（朝鲜半岛的南北分裂、中国的大陆和台湾问题）；社会制度的不同，经济发展水平的显著差异，大国利益交织在一起，大国之间复杂的利害关系很难轻易得到解决；历史问题（韩日、中日、朝日等）。由于这一地区强烈的民族主义倾向，体现在与过去的矛盾与竞争关系不易解决，因此加强地区内相互信赖和区域合作尤为重要。

韩国对东北亚地区的合作持比较积极的态度。区域合作带来的不仅仅是经济上的效果，区域合作如能顺利实现，会随之出现扩散效果。许多区域外国家会同区域内国家建立起经济、社会文化以及政治上的关系，同时也会使区域内国家之间的经济、社会文化以及政治上的关系得到进一步的发展。在东北亚地区，最不稳定的因素在朝鲜半岛，通过东北亚区域合作进行的经济交流与合作越深化，这种不稳定因素也会越来越减少。资源分配会更为合理、有效，从而产生出经济方面的协调效应，使该地区的紧张局势逐步缓和。目前，韩国感到最大威胁来自朝鲜。因此，韩国试图通过区域合作，诱导朝鲜融入国际社会，改善国内经济状况，缓和南北关系。

朴槿惠深受父亲朴正熙的影响，为了实现“第二个汉江奇迹”，将大力推行“实用主义”的外交政策，在安全保障的前提下，最大限度地获得有利于经济发展的外部环境。因此，韩国将不遗余力地开展经济外交，大力开拓海外市场，在加强与美国、中国、日本等国经济合作的同时，积极参与区域经济合作，推动自由贸易协定（FTA）的进程，谋求经济的稳定持续发展。今年5月，韩国派遣由产业通商资源部、企划财政部、农林畜产食品部、海洋水产部、外交部、关税厅、山林厅等部门和机构有关负责人组成的强大阵容的代表团，参加在文莱举行的“区域全面经济伙伴关系”（RCEP）谈判，保护韩国敏感领域的利益，同时努力争取实现高层次的区域经济一体化。韩国希望，到2015年完成谈判，2016年各方正式签署《关于建立区域全面经济伙伴关系的协定》。

五、结　　语

韩国是具有总统制实质的政体国家，总统作为国家元首又掌握行政大权，是国家真正的权力中心。因此，总统个人的哲学观和领导能力，对政府的性质和国家运营影响很大。朴槿惠从小随父亲朴正熙在青瓦台生活、成长，亲身经历、见证了父亲领导韩国摆脱贫困、实现工业化和经济腾飞的整个过程。朴正熙总统执政期间，在积极治理国家的同时，大力开展外交活动，为韩国营造了一个良好的国际环境，促进了韩国的经济发展。朴槿惠深受父亲的影响，为了实现“第二个汉江奇迹”，将大力推行“实用主义”的外交政策，在安全保障的前提下，最大限度地获得有利于经济发展的外部环境。

朴槿惠政府继续推行加强与周边四大国的外交，虽然延续了上一届政府的外交政策，但“四强外交”的侧重明显不同，将其顺序由过去的美、日、中、俄改变为美、中、日、俄；面对不断恶化的韩朝关系，朴槿惠提出了改善南北关系的“朝鲜半岛信任进程”方案。改变上届政府对朝鲜一味实施强硬政策的做法，采取的是“施压·对话”双轨并行的对朝政策；正式提议推行“东北亚和平合作构想”，谋求将主要国家的双边关系发展与三边关系、东北亚多边关系、亚欧合作等结合，构建信赖关系，促进经济合作。同时，试图通过区域合作，诱导朝鲜融入国际社会，改善国内经济状况，缓和南北关系。

朴槿惠任期内面临的挑战是严峻的，她是韩国传统社会的首位女性总统，必须妥善应对本地区不断升级的紧张局势，确保国家安全与繁荣，必须带领国家安然度过金融动荡……美国战略重心转向亚太地区，势必加剧与中国的竞争，美国会利用“同盟国”来牵制中国，韩国如何处理这一关系？另外，中国和日本的紧张关系亦将令朴槿惠政府左右为难，而中国和韩国在对日领土争端上立场接近，但韩日又都是美国盟友，如何把握分寸，也将是对朴槿惠政府的考验。

对朴槿惠解决朝鲜半岛问题思路的探析

金东珠　甘玉玺　金　毅[1]

摘要：研究朴槿惠关于解决朝鲜半岛问题的思路，是实现朝鲜半岛和平与稳定，也是实现东北亚和平与发展的需要。当前朝鲜半岛问题主要有和平与稳定、去核武、统一、发展以缩小差距四个问题。朴槿惠关于解决朝鲜半岛问题的思路经历了提出、形成、完善等过程。朴槿惠解决朝鲜半岛问题的思路有较强的科学性和可行性，但也存在一些难点。

关键词：朴槿惠　解决　朝鲜半岛问题　可行性　难点

研究朝鲜半岛问题是解决当代朝鲜半岛面临的紧迫问题，是实现朝鲜半岛和平与发展的需要，也是实现东北亚和平与发展乃至世界和平与发展的需要。

一、朝鲜半岛问题的内涵

1. 朝鲜半岛问题

笔者认为，一切发生在朝鲜半岛的问题都属于朝鲜半岛问题，一切发生在韩国和朝鲜两国的问题都属于朝鲜半岛的问题，一切发生在朝鲜半岛的政治、经济、文化、社会和自然的问题都属于朝鲜半岛问题，一切过去、现在、未来发生在朝鲜半岛的问题都属于朝鲜半岛问题。

笔者还认为，一切朝鲜半岛与世界其他国家和地区之间发生的问题也属于朝鲜半岛问题，是朝鲜半岛问题的一部分，一切在朝鲜和韩国与世界其他国家和地区发生的问题，一切在朝鲜半岛与世界其他国家和地区发生的政治、经济、文化、社会和自然等方面发生的问题也属于朝鲜半岛问题，一切过去、现在、未来朝鲜半岛与世界其他国家和地区之间发生的问题都属于朝鲜半岛问题。

2. 要着重研究朝鲜半岛现实问题

从上可见，广义的朝鲜半岛问题是包括朝鲜半岛过去、现在、未来的政治、经济、科技、

---

[1]　作者简介：金东珠，黑龙江当代中俄区域经济研究院朝鲜半岛研究所所长、教授。甘玉玺，深圳中兴通讯股份有限公司总监、高级工程师。金毅，深圳市药检所副研究员。

文化、社会等方面自身问题，也包括朝鲜半岛过去、现在、未来在政治、经济、科技、文化、社会等方面与其他国家和地区发生的关系。可见这是一个极其庞大而复杂的问题，无论从横向上还是纵向上是一个很难穷尽的问题。因此，本文以研究朝鲜半岛现实问题为主，研究当代朝鲜半岛两国自身发生的事情和半岛两国与世界其他国家和地区发生的问题为主。

当然研究朝鲜半岛当代问题必然会联系历史问题，也会考虑到未来。这是因为今天的朝鲜半岛是过去朝鲜半岛的继续和发展。历史和发展的观点是研究朝鲜半岛问题必须坚持的基本观点和方法。

3. 朝鲜半岛现实问题概述

笔者认为，当代朝鲜半岛的现实问题由紧密相连的甚至互为因果的四个问题构成。

第一个问题，是和平与稳定问题。自从韩国第十七任总统李明博上台以来，朝鲜半岛南北关系陡然紧张起来，天安舰事件和炮击延坪岛事件使南北关系达到剑拔弩张的程度，朝鲜半岛面临大动荡和战争的边缘。

第二个问题是朝核问题。朝鲜不顾国际上的反对执意开发和发展核武器的行为，不仅使南北关系进一步紧张起来，也使整个东北亚局势空前紧张起来，韩美频繁的军事演习和朝鲜应对措施的不断升级使朝鲜半岛战争的危险达到了一触即发的程度。朝核问题是朝鲜半岛的主要威胁之一，也是东北亚的主要威胁。

第三个问题是朝鲜半岛的统一问题。由于众所周知的原因，1945 年 8 月 15 日后朝鲜半岛北方和南方分别由苏联军队和美国军队占领。在南北先后成立了大韩民国政府和朝鲜民主主义人民政府。全球范围的冷战早已于 20 世纪 90 年代初结束了，但朝鲜半岛的南方仍有美军驻在，冷战遗风仍在半岛上空徘徊。德国统一了，越南统一了，但朝鲜半岛仍处于南北分裂状态。朝鲜半岛南北分裂是半岛局势徘徊在和平与战争之间、稳定与动荡之间、发展核武与无核化之间的根本原因之一。

第四个问题是南北发展的差距问题。南北各自建国时期和朝鲜战争结束后南北经济发展水平差距不大，但之后韩国在朴正熙政权的领导下实现了“汉江奇迹”，而朝鲜战后一段时期发展较快外，20 世纪 80 年代后半期苏东国家动荡与解体开始经济发展遇到了严重问题，目前南北经济发展差距达 30 倍左右。这种经济发展的差距使南北的摩擦增加，给南北的和平统一造成了难题，也使得经济落后的朝鲜过于依赖于军事和核开发。

对上述问题如何解决，无论是朝鲜和韩国的当权者都提出过自己的观点和思路。朴槿惠作为韩国现任总统，在当选总统前已提出了自己的大体思路，而当选总统后，特别是 2013 年在访美和访华过程中提出了较为系统和完整的思路，值得给予高度的关注。

如何解决朝鲜半岛问题，与朝鲜半岛关系较密切的利益相关的国家也不同程度地提出自己的主张，也一定程度地参与到解决朝鲜半岛问题的行动中，如美国、中国等。但是半岛问题主要是韩国和朝鲜这两个当事国的事情。因此，我们系统地研究朝韩两国领导人解决朝鲜半岛问题的思路，再联系中美等相关国家的基本思路是非常必要的。

二、朴槿惠解决朝鲜半岛问题的思路发展轨迹

朴槿惠作为创造“汉江奇迹”的朴正熙的女儿，因其父被刺杀隐居十八年后重返政坛开始了自己的独立政治人的生涯。她在 1997 年 12 月进军政坛后历任韩国第十五届、第十六届、第十七届国会议员和大国家党的党代表，于 2007 年参加了韩国第十七届总统竞选败给李明博，曾作为总统的特使先后访问了美国和中国。她原有 22 岁至 27 岁在青瓦台当“代理第一夫人”的政治经验，加之重出“江湖”后的丰富的政治经验使她成为韩国政坛上难得的成熟的政治家，对朝鲜半岛问题的解决逐渐地形成了一套完整的思路和政策。

1. 朴槿惠解决朝鲜半岛问题思路的提出

2007 年夏天，朴槿惠为了配合第十七届总统的竞选出版发行了《朴槿惠自传书》（《在绝望中成长，在希望中前进》）。她在自传中对韩国的政治体制，特别是政党制度的弊端有深刻的认识，有一套自己的改革主张，并对南北关系、朝核问题有了自己明确的主张。她说，“我到北韩访问回来找到了解决南北问题的头绪。那就是以真诚为基础，只有积累相互之间的信任，才能期待成长着的协商与约定”。她又说，“我认为必须阻止北韩的核武器”。她谈到外交时说，“我想不战而胜是外交的力量所在”，明确表达了反对战争的态度。

2. 朴槿惠解决朝鲜半岛问题思路框架的形成

2009 年朴槿惠作为总统的特使到美国访问，在斯坦福大学发表演讲，系统地论述了朝核问题、东北亚和平、韩美同盟及解决世界问题的主张。这个讲话意味着朴槿惠解决朝鲜半岛问题的思路有了很大的发展。她谈到朝核问题时明确地提出，“朝鲜半岛绝不可以存在核武器，朝鲜必须放弃核武器，国际社会也不应该承认朝鲜的有核国地位”[1]。她指出，由于朝鲜采取“悬崖战术”，不断地重复着造成危机—协商和补偿—再危机—再协商和补偿的模式，她提出要斩断这个恶性循环的链条，跳出既有的框架，拿出更加概括性的构想。她提出的新构想就是“不应仅仅局限于解决朝鲜核问题，而应着眼于解决‘朝鲜问题’进而考虑解决整个东北亚和平这样一个层次的问题。要推动东北亚和平体系的多国安保方式，并在此过程中解决朝鲜问题”[2]。这就要建立一个比短期谈判更加有效的，常设的东北亚合作体制框架。在这个框架下加强合作交流，建立经济共同体和安保共同体，就能跨越局限于解决朝核问题的有限的“消极和平”，实现东北亚和平与繁荣的更高的“积极和平”。朴槿惠谈到韩美同盟时提出，“韩美同盟要由‘守护固有价值的同盟’发展成为‘创造新价值的同盟’。这‘新价值’是指共同摸索应对韩国、美国及世界面临的变化和挑战的解决方案。”[3] 她指出了韩美同盟在构筑朝鲜半岛和平体

[1]　《朴槿惠：嫁给韩国的女人》，第 207 页。

[2]　《朴槿惠：嫁给韩国的女人》，第 209 页。

[3]　《朴槿惠：嫁给韩国的女人》，第 211 页。

制中的重要作用，强调了韩美同盟在坚持资本主义原则中的重要作用。在此次讲演中，朴槿惠把解决朝鲜半岛的问题同东北亚和平安全、韩美同盟的作用联系起来，初步形成了解决朝鲜半岛问题思路的轮廓。

朴槿惠在2012年韩国总统大选中的参选宣言中提出，为了建设每个人能实现梦想的韩国，除了阐述国政运营的中心、实现国民幸福的三大核心课题、5000万国民的幸福计划、共同的幸福教育、建设干净透明的政府等问题外，特地提出推进“朝鲜半岛信任进程”，把解决朝鲜半岛问题的思路又发展了一步。她说，“为了实现国民幸福和国家稳定，最重要的是解决朝鲜半岛的和平问题，为实现民族统一的梦而做准备”。她进一步提出，“为建设充满和平和信任的全新朝鲜半岛迈出第一步，为实现这个目标大力推进‘朝鲜半岛信任进程’。与国民达成共识，以朝韩相互间的信赖和国际社会的合作为基础，寻求建立更为稳定的南北关系，使朝鲜成为担负起国际社会责任的重要一员。”[1] 她说，“建立巩固的安全保障设施和对策，为解决朝鲜核问题做出更多努力，建立健全新的安保环境和可有效应对的综合外交安全体系。”[2]

笔者认为，朴槿惠在斯坦福大学的讲演与2012年参选总统的宣言结合起来，构筑了她解决朝鲜半岛问题思路的基本框架。

3. 朴槿惠解决朝鲜半岛问题思路的完善

朴槿惠在2013年2月25日总统就职演说中，谈到新一届政府面临的挑战中特地讲到朝核问题悬而未决，但重点讲述通过经济复兴、国民幸福、文化昌盛，开创韩国的新时代，实现第二次“汉江奇迹”。

朴槿惠当选总统后第一次，也是第一个访问的国家是美国。她在2013年5月8日与奥巴马共同签署发表了《纪念韩美同盟六十周年联合宣言》，并在同一天在美国国会发表讲演。这两个文献完整地阐述了她对解决朝鲜半岛问题思路的基本观点，标志着这一思路与政策的基本成熟。其基本要点有：首先要推进半岛南北信任进程，构筑朝鲜半岛和平与统一的基础；坚持人道主义援助，通过南北的渐进的交流与合作积累信任，营造持久的和平；呼吁朝鲜融入国际社会，履行国际义务；在南北间非军事区建立世界和平公园；坚决实现半岛无核化不动摇；朝鲜要改变发展核武与经济建设并举的方针；促进六方会谈及国际社会作用，国际社会要发出共同的声音；以民主主义和自由市场经济的基本原则，实现韩半岛的和平统一；为实现目标半岛南北双方都要努力；构筑东北亚地区和平合作体制；为了东北亚的和平与稳定日本要正确认识历史；韩美同盟提升为全面合作伙伴关系，实现韩半岛的永久和平与稳定；韩美同盟在维护亚太地区和平稳定方面发挥核心作用；韩美同盟为世界的和平与繁荣做出贡献。以上十五点归结起来，一是实现朝鲜半岛的和平与稳定，二是实现朝鲜半岛无核化，三是实现朝鲜半岛和平统一，四是建立解决朝鲜半岛问题的强有力的体制，五是为了解决朝鲜半岛问题发

[1] 《朴槿惠：嫁给韩国的女人》，第204页。

[2] 《朴槿惠：嫁给韩国的女人》，第204页。

挥各种力量的积极作用。

朴槿惠当选总统后第二个访问的国家是中国。2013 年 6 月 27 日发表的《中韩面向未来联合声明》标志着中韩由欠缺的战略合作伙伴关系发展成为名副其实的战略合作伙伴关系的开始。在该联合声明中，朴槿惠提出的“朝鲜半岛信任进程”和“东北亚和平合作的构想”得到了中国政府的赞赏和支持。联合声明指出，“中方欢迎朴槿惠总统提出的‘朝鲜半岛信任进程’的构想，高度评价韩方为改善南北关系，缓和紧张所做的努力”[1]。联合声明还指出，“中方对朴槿惠总统提出的‘东北亚和平合作构想’予以赞赏和原则支持”[2]。“中方重申，支持朝鲜半岛通过对话增进信任改善关系，最终实现朝鲜民族所期盼的和平统一。”[3] 朴槿惠提出的解决朝鲜半岛问题的思路和政策得到了中国政府的赞赏和支持，而且朴槿惠总统在清华大学的讲演中进一步阐述了其内容。她说：“实现和平，落实南北成员自由往来，为创造安定、富饶的亚洲作出贡献，这是我构想的‘新韩半岛’的愿景。”[4]

需要指出的是，上述对朴槿惠关于解决朝鲜半岛问题思路发展轨迹的描述，是笔者根据她 2007 年至现在有限的文献资料整理得出的。如果看到了她所有的相关资料，也许其轨迹呈现不同的情形。

三、对朴槿惠解决朝鲜半岛问题思路的可行性分析

1. 朴槿惠解决朝鲜半岛问题的思路是韩国历届总统解决朝鲜半岛问题上经验教训的总结

韩国历届总统都不同程度地提出过解决朝鲜半岛问题的思路和政策。如李承晚提出“武力北进统一政策”，朴正熙提出“和平统一三原则”，全斗焕提出成立“民族统一协商会”制定“统一宪法”的建议，卢泰愚提出“民族共同体统一方案”，金泳三提出“自主、和平、民主”三原则与“合作与信赖构筑—南北联合—建立统一民族国家”的三阶段统一方案，金大中提出对朝鲜的“阳光政策”，卢武铉提出“和平繁荣政策”，李明博推行强硬的对立政策。在这些政策中只有金大中的“阳光政策”明显地改变了南北关系，带来了朝鲜半岛的和平与稳定，成为第一位获得诺贝尔和平奖的亚洲人。卢武铉的“和平繁荣政策”实际上是金大中政策的继续。李明博上台以后改变了金大中和卢武铉的政策，拒绝对话，停止人道主义援助，使南北关系骤然紧张起来，处于严重对立局面。

朴槿惠对这些政策的沿革及其效果比较清楚的。特别是她作为韩国第十五届、第十六届、第十七届国会议员，亲历了金大中、卢武铉、李明博对朝鲜政策执行情况，看到了金大中、卢武铉政策与李明博政策的不同效果。因此她在竞选第十八届总统期间明确表示，既不走金大中、

[1]　《中韩面向未来联合声明》，2013 年 6 月 27 日，新华网。
[2]　《中韩面向未来联合声明》，2013 年 6 月 27 日，新华网。
[3]　《中韩面向未来联合声明》，2013 年 6 月 27 日，新华网。
[4]　《朴槿惠在清华大学的演讲》，2013 年 6 月 27 日，新华网。

卢武铉的路，也不走李明博的路，而要走“第三条路”。她把朝鲜半岛的和平与稳定放在第一位，推行半岛“信任进程”，在强力应对朝鲜的挑衅的同时，打开对话的大门，恢复人道主义的援助，带来了朝鲜半岛形势的缓和。开城工业园区重新开始运营，离散家族见面会要进行，金刚山旅游要重新开启，韩国运动员参加在朝鲜进行的国际性运动会，第一次在朝鲜升起韩国国旗并奏响韩国国歌。朝韩关系逐渐地恢复并有所发展，朴槿惠功不可没。中国政府给予了高度的评价和赞赏。

朴槿惠用实践部分证明了自己思路与政策的可行性。其之所以可行，是因为它是来自实践，符合朝鲜半岛的实际，符合两国人民乃至相关国家国民的愿望。因而它是科学的、正确的。

2. 朴槿惠解决朝鲜半岛问题思路的完整性和系统性提升了其可行性。

朴槿惠解决朝鲜半岛问题的思路的完整性和系统性首先表现在，要解决朝鲜半岛的和平与稳定问题、朝鲜核问题、朝鲜的统一问题，还要解决南北发展的差距问题，并把这四个问题紧密地联系起来一个一个地解决。当前首先要解决半岛的和平与稳定问题，而为了半岛的长久的和平与稳定要从根本上解决朝鲜核武器问题，为了朝鲜半岛的统一经过交流与合作逐步缩小差距，通过经济共同体形成朝鲜半岛的民族共同体，最终形成政治共同体，完成统一大业。

朴槿惠解决朝鲜半岛问题思路的完整性还表现在解决朝鲜半岛问题和解决东北亚地区的和平与合作结合起来，还要与世界和平与发展联系起来。当今的世界是经济一体化和全球化日益发展，各国之间的联系越来越密切的时代，任何国家和地区很难独善其身。因此，她把构筑朝鲜半岛和平与统一的基础与构筑东北亚地区的和平合作体制、与世界和平与繁荣结合起来。

值得强调的是，朴槿惠提出了构筑东北亚地区和平合作的体制的观点。六方会谈为解决朝核问题提供了一个较好的框架结构，但它的约束力和执行力不够。为了使六方会谈具有更强的约束力和执行力，为了使解决朝核问题的方案得到有效的落实，朴槿惠指出仅仅就朝核问题解决朝核问题是不够的，因而提出构筑东北亚和平合作体制的建议。笔者在今年年初撰写的一篇论文中也提出了建立东北亚交流合作体制的建议。其原因在于到目前为止，尚无有力的体制来保障东北亚地区和平合作。

3. 朴槿惠解决朝鲜半岛問题的思路得到中国、美国等国家的支持，极大地提高了其可行性

朝鲜半岛与中国、美国有着特殊密切的关系，解决朝鲜半岛问题的思路能否得到落实与中美的态度关系极大。中国和朝鲜半岛只有一水之隔，地缘政治的效应非常突出。中国和朝鲜半岛有几千年的交往历史。现在中韩关系是真正意义上的战略合作伙伴关系，朝鲜和中国的关系也较为密切，目前朝鲜对外贸易的 70% 以上是对中国的。朴槿惠当选总以后把剑拔弩张的朝韩关系缓和下来，其中中国因素的作用是不能低估的。朴槿惠当选总统以后，在对外关系上一改前任总统的做法，访问美国后不是访问日本，而是访问中国。这是朴槿惠的政治智慧。她正确地估计了当今中国国力的增长和中国在朝鲜半岛、东北亚乃至世界上的重要作用。她访问中

国，她关于解决朝鲜半岛问题的思路得到了中国政府的赞赏和支持，很大程度上提高了其主张得以落实的可能性。

由于历史的原因美国占领了南朝鲜，参加了朝鲜战争。尽管苏联和中国的军队早已撤出了朝鲜，但美国至今在韩国驻有近三万人的军队，联合韩国进行频繁的军演，打压朝鲜。美国仍然是唯一的超级大国，正在推行重返亚太的“再平衡战略”。美国以其强大的军实力、外交力、经济力和文化力影响着朝鲜半岛问题。朴槿惠当选总统后第一个访美国，发表了《韩美同盟60周年联合声明》，并在美国国会用英语发表讲话。她解决朝鲜半岛问题的思路和政策得到了奥巴马总统的全力支持，把韩美军事同盟提升为全方位的战略同盟，为解决朝鲜半岛问题获得了极大的助力，也大大提升了其可行性。

4. 朴槿惠总统的思想政治素质，是她的思路得到实现的决定性因素

朴槿惠是韩国历届总统中素质比较高的总统。她的高素质首先表现在其健康的人生观上。她说：“我的生命不是我个人的，而是整个国家的。”她要与广大国民“一起分担痛苦，共同解决难题，创造一个是每一位国民都可以实现自己梦想的韩国。为了实现这个梦想，我可以奉献出自己的一切”[1]。她又说：“我的人生目标就是，学会正确思考，并在现实生活中正确地实践之，充实之。”[2]她严于律己，说：“人生注定是一场战争，乍看起来是像是与他人的战争，其实，这是一场和自己的战争。所谓人生的胜利，就是战胜自己。对于战胜了自己的人来说，谁都不是他的对手。”[3]“最高贵的莫过于清廉的人生。”[4]有这样健康人生观的朴槿惠，必然为实现其关于解决朝鲜半岛问题思路竭尽全力的。

朴槿惠有正确的政治观。她的人生的最高目标确定为当政治人朴槿惠。在这个崇高目标下，她树立了一系列正确的政治观点。她的政治理念是“以促进国家发展，让国家更加民主化，并让更多的国民变得更加幸福为中心”[5]。她的政治哲学的核心是“政治不是为了某个个人利益，而是为了国家和国民的利益而存在”[6]。对政治家最重要的是无私的爱国心和遵守对国民的承诺，获得国民的信赖。她有正确的权力观。她说：“权力并不是个人的战利品，也不是可以随心所欲的挥舞的大刀。如果想要坐上这个位置，就一定要有为国民奉献一切的觉悟！权力过剩会让人变得丑陋，但是如果正确地行使权力，我们也能创造出奇迹。”[7]她认为政治领袖“必须站在国家利益层面，判断、观察、思考和解决我国和其他国家的关系……治理国家是……一门需要团结一切可以团结的力量从而显示综合实力的艺术”。[8]在政党和国民的关系上她认为：

[1]　《朴槿惠：嫁给韩国的女人》，第199页。
[2]　《绝望创造希望：朴槿惠的传奇人生》，第25页。
[3]　《朴槿惠：嫁给韩国的女人》，第155页。
[4]　《朴槿惠：嫁给韩国的女人》，第156页。
[5]　《朴槿惠：嫁给韩国的女人》，第45页。
[6]　《朴槿惠：嫁给韩国的女人》，第125页。
[7]　《朴槿惠：嫁给韩国的女人》，第133页。
[8]　《朴槿惠：嫁给韩国的女人》，第194页。

“民生政治不是为了执政党而是为了国民。”[1] 与李明博不同，她认为企业家和政治家是有区别的，“实业家是以追求最大利润为目标的，而政治是以追求如何聚拢人心为最大目标的”[2]。在正确政治观的指导下朴槿惠提出的解决朝鲜半岛问题的思路必然会有更多的科学性与可行性。

朴槿惠很重要的政治风格是千方百计兑现对国民的承诺。她认为：“政治人最应该遵守的原则就是，一定要履行对国民的承诺……建设先进国家和诚信社会的基本前提就是，领导者应该履行对国民的承诺，并为实现这个承诺付出全部的努力。”[3] 朴槿惠是非常重视理论和实际相结合、注重政策落实的人。她有“手册公主”的美誉。这是因为她在政治生活中把国民的意见要求记在本子里，并经常检查这些问题落实解决没有。她的理念有一条就是“人的使命只有一个：那就是学会做人的道理，并用千锤百炼的身心加以实践”[4]。她还有执著的心，她认为：“她所向往的人生最高境界是，不管碰到什么逆境都不停息，不放弃，反而将这些困难和考验视为成功的阶梯，一步一步踏实前进，最终实现飞跃发展。”[5] 她的政治风格加上韩国政治体制中总统的权力较大的特点更提升了其思路的可行性。

四、对朴槿惠解决朝鲜半岛问题思路的难点分析

1. 朝鲜能否接受半岛无核化问题

朝鲜半岛无核化是国际社会多年来的坚定的共识。朴槿惠解决朝鲜半岛问题思路中，半岛无核化是最重要的关节点。因为实现朝鲜半岛的和平与稳定必须从根本上做到半岛无核化。由中国主持的多年来的六方会谈也好，还是联合国通过的有关决议都是为了解决朝核问题。但多年来朝鲜采取“悬崖战术”不断推进核武开发，引发朝鲜半岛和东北亚紧张局势。朝鲜自称拥核国家，朝鲜劳动党中央全会通过了发展核武器和发展经济并举作为根本路线确定下来。最近给核科学家授军衔，裁减传统军事部队同时加强与核武有关的军事力量，都表明朝鲜和国际社会在半岛无核化问题上分歧越来越大。问题出在哪里？

笔者认为，原因从两个两方面寻找。第一个两方面是从朝鲜和美韩中等国际社会两方面找。第二个两方面是从思想和体制两方面找。朝鲜为什么到头来执意发展核武器？是否只是因朝鲜领导人的政治品质问题？笔者认为，朝鲜领导人过于迷信核武器。他们感到萨达姆、卡扎菲被推翻，命丧黄泉是因为没搞核武器。他们的这种看法不全无道理。但是他们没看到有了核武器，国家政治思想、领导力或经济搞不上去照样有失去政权的可能。苏东国家的先例已证明之。更为根本的原因是，他们感到一旦放弃了核武，在自身的经济力量很弱的情况下很有可能被推翻。

[1] 《朴槿惠：嫁给韩国的女人》，第 83 页。

[2] 《朴槿惠：嫁给韩国的女人》，第 194 页。

[3] 《绝望创造希望：朴槿惠的传奇人生》，第 141 页。

[4] 《朴槿惠：嫁给韩国的女人》，第 156 页。

[5] 《绝望创造希望：朴槿惠的传奇人生》，第 68 页。

自己的安全得不到保证，没有像韩国那样有人提供安全保证。现实情况时，根据韩美同盟和联合宣言，美国“调动传统武器、核武器等多方面的力量为韩国提供军事援助。”[1]在韩美军演中，美国的B-52飞机和航母都携带核武器，这与韩国实际拥有核武器没多大区别。因此要使朝鲜真正接受去核，实现无核化，国际社会，特别是美韩要保证朝鲜的体制安全和生命安全。这是关系到体制和人的生存权问题。

从韩美中国际社会一方说，急于实现半岛无核化，而对朝鲜的担心和顾虑考虑不够。另一方面，解决朝核问题的体制有缺陷，因此恶性循环。过去国际社会在解决朝核问题中给予朝鲜的补偿是必要的，但比给予经济上的补偿更为重要的是提供安全保障。对朝鲜的挑衅行为给予的回应是必要的，但是一味采取军事上的高压态势，接连不断地进行有针对性的联合军演，怎能使朝鲜放心呢？朴槿惠总统看到了体制上的缺陷，所以提出构筑东北亚和平与合作体制的构想。这里的关键是如何使国际社会达成的共识和决定真正得到落实，构筑有较强执行力的体制。笔者认为，要建构强有力的体制，必须是相关国家的领导人参与，还要联合国的高官参加，并且设立相应的执行机构。

笔者曾提出，在当前朝鲜核问题上的双方存在的巨大差距，处于难解难分的胶着状态，在坚定不移地坚持半岛无核化的目标前提下，第一步经过对话先确定较容易实现的近期目标，即朝鲜不再进行核开发，不扩散核武器及技术；第二步为朝鲜的安全提供国际保证，并实行无核化，并把这种无核化与全球无核化结合起来。这里的关键可能在于美国。即朝鲜半岛的无核化可分为限核和去核两步走。

2. 解决朝鲜半岛问题中的制度体制问题

20世纪40年代中期，朝鲜半岛被外国势力分割后，南北选择的是不同的社会制度。南方选择了资本主义制度，北方选择了社会主义制度。一开始双方都想用武力吞并对方并改变其社会制度，处于尖锐的军事对立中。朝鲜战争就是在这样的背景下发生的。朝鲜战争结束后，随着国际形势的变化逐渐地走到了互相承认对方，共同参加联合国，甚至提出把社会制度问题放一放，建立民族共同体。李明博上台以后，一是急于统一，二是多次强调用资本主义制度实现统一。这是使朝鲜半岛形势紧张的重要原因之一。世界发展到和平与发展的时代，继续强调不同社会制度的对立，是不合时宜的，是不利于缓和南北对立，不利于统一事业的推进。现在不同社会制度国家之间的关系越来越密切，而同一个民族的不同国家之间如此对立是不应该的。两种社会制度中资本主义比社会主义早，但发展到今天仍遇到了很多新问题，需要继续探索前进，社会主义在发展中曾经遇到过严重的挫折，但也在探索中前进，如中国特色的社会主义很有生机和活力，北欧的社会主义也表现出了很多优点，这是有目共睹的。如果无论是资本主义还是社会主义都以国民的幸福为最高目标的话，必然有其互相借鉴、学习、合作的东西。任何制度和体制都是不断变化着的，不应该因制度体制问题而尖锐地对立。

[1] 《纪念韩美同盟60周年联合宣言》，2013年5月8日，新华网。

朴槿惠总统在谈到朝鲜半岛统一时多次提到在自由民主主义原则下的统一，这就是说在资本主义制度下统一。笔者认为，目前条件下用资本主义制度统一朝鲜半岛不利于早日实现统一。因为朝鲜半岛南北两种社会制度对立已有六十多年，南北制度和体制差异很大，同样人们的观念和习惯的差异也很大，强调在某种制度下统一，就不利于拉近两国国家和人民之间的距离。现在应该强调民族利益的重要性，强调为了民族的共同利益削弱或放弃少部分人的利益，强调全体国民的幸福，放弃一切不利于民族团结和发展的东西。因此，笔者主张，朝鲜和韩国的统一开始不应强调某一种制度，可以像中国一样搞一国两制。在一国两制下和平共处，长期合作和磨合，南北经济和思想差距逐步缩小后用民主的方式共同选举统一机构，共同选举国家领导人，共同决定社会制度，这样较为稳妥，不至于引起新的危机和动荡。也可以考虑先搞个邦联，各自保持自己的社会制度和自己的国家，然后条件成熟了可搞联邦制，变成一个国家但制度不同。再经过长时间的交流、合作、磨合，最终实现一个国家一个制度。如果朝韩两国领导人都在强调国民的幸福，一切以国民的幸福为衡量政治、经济、文化措施的标准或试金石，将会得到更多的共识，越来越走近，最终实现真正的统一。正如朴槿惠总统所说，政治运营的重心要放在民生上，放在国民幸福上，而不是为了某个政党或集团等少数人的利益。社会制度体制的安排要服从国民的幸福。

3. 解决朝鲜半岛问题的程序和时间问题

解决朝鲜半岛问题需要怎样的程序和顺序，如何掌握时间进程也是需要考虑的重要问题。曾经有过各种不同的主张。如有全斗焕的成立民族统一协商会——制定统一宪法——民主议会选举——统一国会与统一政府的主张，卢泰愚主张共同繁荣——南北联合——单一民族国家三步走，金泳三主张“合作和信赖构筑——南北联合——民族国家”三阶段走，金大中的通过南北和解——裁减军力——合作共存——通过协商实现统一，卢武铉提出和平解决朝核问题——南北合作、奠定和平机制的基础——签署南北和平协定的“和平三阶段的方案”等。朴槿惠总统提出半岛三阶段和平统一方案是，第一步落实和平，第二步经济统一，第三步政治统一。她认为，通过经济统一形成的民族共同体，政治统一的那天自然到来。

笔者觉得朴总统的构想大体是合理的。因为在对立和争斗中，处在战争边缘上很难谈统一问题，所以首先是落实和平，即实现和平与稳定才能对话，才能有交流与合作。通过交流与合作发展经济，逐步缩小南北差距，为统一准备经济条件。当年东德与西德统一时经济差距只有三倍，当前南北朝鲜的经济差距在三十倍左右，这为统一事业带来了很大的困难。这就需要朝鲜真正把经济建设放在第一位，并进行改革开放以加快经济发展步伐，韩国要真心帮助朝鲜的经济建设，逐步缩小差距，才能组建经济共同体。在这一基础上逐步建立政治共同体。至于核问题的解决应争取第一步开始解决，但既不能解决核问题后再解决和平和稳定问题，也不能因为核问题放弃或放置经济交流与合作。

解决朝鲜半岛问题，实践上应该坚持和平稳定稳妥的方针，而在时间上应做长期打算，不应操之过急。朴槿惠在解决朝鲜半岛问题的时间上的考虑是，在任期内为半岛的和平与稳定打下坚实的基础，她“执政的目标是到2020年实现韩国国民收入3万美元的同时，开启统一的时代”[1]。因为战争、紧张、动荡对任何一方都没有好处，特别是对广大群众没有任何好处。现在有人急于统一，希望看到朝鲜很快崩溃，发生巨变。这是各国人民都是不愿意看见的。但这也不是说无限期延长解决朝鲜问题的进程。美国有些人现在不愿意看到半岛的统一，这是为了利用半岛某种紧张继续坚持其军事存在。中国政府的态度是明确的，“中方重申，支持朝鲜半岛通过对话增进信任改善关系，最终实现朝鲜民族所期盼的和平统一”[2]。

4. 解决朝鲜半岛问题的主导力量和核心力量问题

任何一个解决社会问题的方案都是需要社会力量来实现的。朴槿惠在解决朝鲜半岛问题上也考虑到了这一点。在这里首先涉及朝鲜半岛问题的直接当事国韩国和朝鲜起什么作用。当事国之间有了共识，问题就好解决了。这是众所周知的道理。“朴槿惠国政哲学的核心是先进化，终生定向型福利，主导型的对朝战略。”[3]这就是说在解决朝鲜半岛问题上韩国要起主导作用。韩国要起主导作用必须有几个不可或缺的条件。一是韩国的综合国力明显强于朝鲜。综合国力是由诸多要件构成的，它包括政治力、经济力、军事力、科技力、文化力、外交力等。目前可以说，韩国的经济力、外交力、科技力和文化力远远超过朝鲜，至于军事力至少核武方面朝鲜占据优势，在社会政治力量组织方面朝鲜没有韩国那么多的纷争，即在政治力上不能说韩国有明显的优势。二是韩国提出的解决半岛问题的方案符合朝鲜广大国民的利益，因而得到欢迎和支持。如果方案仅仅符合韩国的利益，不符合朝鲜的利益很难得到落实。三是，也是根本的，是韩国提出的方案是科学的，符合朝鲜半岛乃至东北亚实际情况的。目前上述第一、第三个条件基本具备，但没有完全具备，而朝方承认韩国的主导地位是有一定难度的。

解决朝鲜半岛的社会力量除了半岛内部的力量外还有外部力量或国际力量。在《韩美同盟六十周年联合宣言》中提出，“确保韩美同盟在维护亚太地区和平和稳定方面发挥核心作用”。那么这个提法是否可理解为韩美在解决朝鲜半岛问题上起核心作用或主导作用呢？该宣言的另一段话使人产生同样的想法。这段话是：“韩美同盟逐步发展成为全球合作伙伴关系，美国欢迎韩国积极参与国际事务，在世界舞台上发挥领导作用。”[4]朴槿惠在2007年发表的自传中写道，她与日本时任首相小泉讲，“构筑东北亚共同体的核心是韩日两国”。这句话现在有效还是无效？她在美国国会针对日本讲道，不承认历史的人是没有未来的。这是否意味着在东北亚日本有负面作用？

在解决朝鲜半岛问题过程中如何发挥中国的作用？中国作为六方会谈的召集和主持国，已

[1]　《朴槿惠：嫁给韩国的女人》，第81页。

[2]　《中韩面向未来联合声明》，2013年6月27日，新华网。

[3]　《朴槿惠：嫁给韩国的女人》，第80—81页。

[4]　《纪念韩美同盟60周年联合声明》，2013年6月27日。

经投入了大量的外交资源。现在要重启六方会谈，中国的作用更会显现。朴槿惠提升韩美同盟关系为世界性的合作伙伴关系是与美国重返亚太战略相呼应的。现在中美都希望建立新型大国关系，进行战略对话，探索合作共赢之路。但是美国在一些行动中，特别是东海和南海争端中选边站，联合日本、菲律宾等国家来压制中国，遏制中国的倾向比较明显。如果韩国在解决朝鲜半岛问题上乃至于东北亚和世界问题上过于依赖美国，和美国共同发挥领导世界的作用，会不会影响与中国的关系，会不会削弱中国应有的作用？这是需要慎重考虑的。在李明博当总统时期，韩美针对朝鲜的有的军事演习已经影响到了中国的国家安全问题。这是值得引起注意和警惕的问题。因此，在解决朝鲜半岛问题上韩国政府仍然面临着如何正确估价中国的作用，如何正确处理与中美的关系问题。韩国在解决朝鲜半岛问题过程中应该帮助中美建立新型大国关系，而不是单方面地帮助美国维持世界霸权的地位，这将有利于实现朴槿惠的思路。

参考文献：

1. 박근혜 『절망은 나를 단련시키고 희망은 나를 움직인다』——『박근혜 자전서』 지회의 집 (Wisdom House) 출판사，2007 년 .

2. 朴槿惠：《在美国斯坦福大学的演讲》（2009 年 5 月 6 日），载《朴槿惠——嫁给韩国的女人》，龙门书局 2013 年 3 月版，附录 1。

3. 朴槿惠：《在 2012 年韩国总统大选中的参选宣言》，载《朴槿惠——嫁给韩国的女人》，龙门书局 2013 年 3 月版，附录 2。

4. 姜尧植：《朴槿惠——嫁给韩国的女人》，扬帆、郭汉东译，龙门书局 2013 年 3 月出版。

5. 金炳完：《绝望创造希望——朴槿惠的传奇人生》，邢丽菊、陈超译，人民出版社 2013 年 3 月出版。

6. 《纪念韩美同盟 60 周年联合宣言》，2013 年 5 月 8 日，中国社会科学在线。

7. 《朴槿惠在美国国会的演讲》，2013 年 5 月 8 日，韩国新网。

8. 朴槿惠：《在韩国第十八届总统就职典礼上的讲话》，2013 年 2 月 25 日，凤凰网。

9. 《中韩面向未来联合声明》，2013 年 6 月 27 日，新华网。

10. 朴槿惠：《在清华大学的演讲》，2013 年 6 月 27 日，清华大学新闻网。

11. 《韩美同盟未来展望》，2009 年，美国白宫官网。

12. 张文江：《韩国的政治和外交》，北京大学出版社 2009 年 1 月版。

地缘政治研究视角下的朝鲜半岛问题

孟庆义 [1]

摘要：朝鲜半岛是北太平洋最有战略价值的地区之一，美国在该地区拥有地缘政治利益，同时，朝鲜半岛介于中俄日三大国之间，由于朝鲜半岛所显现出的独特地缘政治属性，便成为东北亚国际政治斗争的焦点。从地缘政治学角度来看：朝鲜半岛是亚欧大陆与太平洋之间的“边缘地带”，朝鲜半岛是日本列岛通往亚洲大陆之间的“天然桥梁”，朝鲜半岛是控制东北亚海上交通的“咽喉要道”。

关键词：朝鲜半岛　地缘政治　边缘地带

“朝鲜半岛问题”，是指冷战后围绕朝鲜半岛局势出现的各种问题。其中，既有朝韩各自的内部形势及其相互关系问题，也有中美日俄等周边大国与朝鲜半岛的关系，还包括这些周边大国之间围绕朝鲜半岛局势所形成的各种错综复杂的关系。地处东北亚的核心部位的朝鲜半岛，在地缘战略方面具有独特的地位。正是这种特殊的地缘战略意义，在历史上朝鲜半岛就成为大国势力竞相渗透和争夺的场所。朝鲜战争后，周边大国为各自的国家利益或国家安全，开始寻找维持半岛和平的安全机制，半岛战略结构经历了由两极到四角多方结构的演变过程。冷战之后，随着半岛上大国关系的变化及朝鲜北南双方力量的消长，冷战体制下的战略结构随之演化，建立新的和平保障体制迫在眉睫。[1] 因此，各政治力量纷纷从地缘政治利益或地缘政治安全角度出发，密切关注朝鲜半岛的统一进程，因此也加剧了半岛统一问题的变数。

一、地缘政治辨析

什么是地缘政治？地缘政治的内涵与外延究竟包含哪些内容？目前学术界对此都没有一个确切的定义。综合而言，要解读地缘政治必须从两个方面入手：一个是地缘政治理论，另一个就是地缘政治环境。

关于地缘政治的研究最早始于地理政治学，研究者侧重研究的主要是由于地理差异而导致

[1]　作者简介：孟庆义，烟台大学人文学院教授、博士，东亚研究所所长。研究方向：东北亚地缘政治及国际关系。

的政治差异。在西方对政治地理学进行研究则始于古希腊，前6世纪，赫卡托斯（Hecateus）在其著作中就有把世界分成两部分[2]的论述，前5世纪，古希腊哲学家帕门尼德斯（Parmenides）就把地球分成五个气候带[3]，因此亚里士多德（Aristotle）[4]就认为，处在温带的希腊人在政治权力方面具有天然的优势。与此同时，古希腊历史学家修昔底德（Thucydides）在分析古希腊城邦阿提卡（Attica）的兴起原因的时候也具体运用了地理政治学的理论观点。[5]到古罗马帝国时期，地理政治学得以进一步发展，斯特拉波（Strabo）提出了可供人类居住的四边形理论，并提出罗马帝国（欧洲大陆）是最适合人类生存和发展的一片区域。由于斯特拉波的理论在古罗马帝国被认为是一种最具权威性的理论，所以社会各界都无可非议地接受了这一理论。近代以来，在西方政治地理学方面最有影响的就是法国的让·博丹（J. Bodin）和孟德斯鸠（Montesquieu），特别是孟德斯鸠对自然环境对人类社会的政治和法律制度关系的论述，对后世产生了比较深远的影响，流行一时的自然地理环境决定论便是一个典型的例子。随着科技革命的发展和人类交往空间的扩大地缘政治学便应运而生，它大概经历了传统地缘政治学和现代地缘政治学两个发展阶段。

传统的地缘政治学的发展始于19世纪末20世纪初，帝国主义掀起瓜分世界狂潮之时。各个帝国主义国家之所以先后出现地缘政治理论，主要也是为了满足这些国家对外侵略扩张的需求。由于老牌殖民主义国家基本上已经把整个世界瓜分完毕，所以一些后起的帝国主义国家更加迫切需要一种新的政治理论作支柱来满足自己的扩张需求，从其他老牌资本主义国家手中抢夺更多的地盘，为本国资本家的“资本输出”寻求更广阔的海外市场。所以，新兴的德意志帝国的地缘政治理论的研究者们开创了地缘政治学研究的首度研究热潮。尽管德国的研究者们没有首先使用“地缘政治”（Geopolitik）这个词汇，但是著名的学者拉采尔[6]和豪斯浩弗尔[7]都相继提出了自己的地缘政治学说，但是由于他们所鼓吹的都是争夺“生存空间”等具有侵略扩张性的地缘政治理论，所以这一时期德国的地缘政治学理论遭到学术界的广泛批评。学术界所认知的传统地缘政治理论主要包括：阿尔弗雷德·马汉（Alfred T. Mahan）的海权论、哈尔福德·麦金德（Halford Mackinder）的陆权论、G·杜黑（Giulio Douhet）的空权论以及尼古拉斯·斯皮克曼（N. J. Spykman）的边缘地带论等等。这些理论的提出，适应了世界逐渐从分散走向整体的现实，因此地缘政治学者的研究视野也逐渐完成了由一个国家、一个地区，最后扩展到全球的飞跃。

现代地缘政治理论是第二次世界大战后出现的，虽然与传统的地缘政治理论在某种程度上存在者继承关系，但是现代地缘政治理论的出现则是对“冷战格局”和核武器、精确制导武器为代表的现代军事技术发展的积极应对。面对日益风云变幻的国际舞台上的各种力量之间的抗衡，传统地缘政治理论已经无法做出科学的解释，因此学者们积极探索新的地缘政治理论模式。主要派别有：索尔·科恩（Saul Cohen）提出的“地缘政治模式”[8]、缪尔·亨廷顿所提出的“文明冲突论”[9]、沃勒斯坦的“世界体系论”[10]以及布热津斯基的地缘战略思想[11]等。

最早提出“地缘政治”这一术语的是瑞典学者契伦（Rudolf Kjellen），他认为“地缘政治是把国家作为地理的有机体或一个空间现象加以认识的科学”[12]，因此学术界便产生了地缘政治学这门学科。《简明不列颠百科全书》认为地缘政治是“关于国际政治中地理位置对各国政治相互关系如何发生影响的分析研究。地缘政治指出某些因素对决定国家政策的重要性，如在获得国家利益，控制海上交通线，占据战略要地等”[13]。

在国内学术界，很少有人对地缘政治（Geopolitik）与地理政治（Geopolitics）这两个概念加以区别，学者们往往把二者等同起来通用。“地缘政治学是政治地理学的一个部分，它根据各种地理要素和政治格局的地域形式，分析和预测世界地区范围的战略形势和有关国家的政治行为，地缘政治学把地缘视为影响甚至决定国家政治行为的一个基本因素，这种观点为国际关系理论所吸收，对国家的政治决定有相当的影响。”[14] 当然在不同的历史时期，不同的学者在探讨地缘政治时会阐发出不同的概念界定和不同的学理分析。

正如叶自成而言，地缘政治有两个鲜明的特点：“一是它的开放性，任何一种地缘政治都把一个国家与周边国家和地区相联系，把一国与世界各国相联系，是两国和两国以上的国家之间发生的联系，不可能在一个封闭的环境中进行地缘政治的活动；它的第二个特点是，任何地缘政治都离不开地缘经济，地缘文化的互动影响，地缘政治并不是专谈政治而不谈经济和文化。实际上，任何地缘政治的变动都是与经济、文化的变动联系在一起的。”[15] 所以为了更好地认识地缘政治，我们必须要把它与地缘战略这个概念结合起来。

在国内学术界，很多人认为地缘战略即地缘政治学。其实无论从内涵还是从外延上看，二者还是有很多可以区别之处。程广中认为“地缘战略是利用地缘关系及其作用法则谋取和维护国家利益的方略”[16]，此处所指的地缘关系即包括地缘政治关系，又包括地缘经济、地缘军事、地缘文化等。布热津斯基认为，地缘战略主要是基于地缘政治考虑的战略性结论，即地缘战略是“对地缘政治利益的战略管理”[17]。因此，所谓地缘战略即地缘政治战略，是以维护国家安全利益为主要目标，是一个国家安全战略的重要组成部分。所以，我们不难发现，地缘战略是地缘政治的重要组成部分，也是地缘政治中最核心的概念之一。

地缘政治学对 20 世纪西方各国的外交政策实践都产生了深远的影响，几乎成为所有国家对外政策的一个基本出发点。从一般意义上而言，地缘政治学所探讨的地理环境对人类行为的影响，特别是强调考察对象应该是地理区域而不是一个国家，反对地缘政治在国际政治中的“决定论”，明确提出地缘政治是研究一个国家对外政策不可忽视的主要因素之一的观点越来越得到更多人的赞同，特别是“维达尔传统”[18] 所倡导的人文主义精神在学术界得到了广泛认可。所以认为地缘政治学是揭示国家行为的唯一的科学与彻底否定地缘政治学科学价值的观点都是错误的。很明显，地缘政治学为我们研究世界局势、地区冲突以及国家行为都提供了一个比较好的研究视角，所以我们要反对绝对肯定和绝对否定这两种错误倾向，树立一种科学研究的世界观，把地缘政治学作为一种进行科学研究手段而不是研究目的，从方法论上更多借鉴地缘政治学的研究方法。

二、朝鲜半岛问题研究的地缘政治因素

从近代以来，朝鲜半岛的地缘政治优势就在不断地凸显，被人认为是“亚洲的巴尔干半岛”[19]。从客观角度而言，朝鲜半岛之所以成为东北亚的核心，更多的原因是人为因素造成的。相对于广袤的亚太大环境，朝鲜半岛的确很像处于“鲸鱼群中的一只虾米”[20]，相对于领土广袤人口众多的亚洲整体而言，这样的比喻的确显得十分妥帖。亚洲有 40 多个国家，人口接近 40 亿，既有中国、印度这样幅员辽阔、人口众多的文明古国，也有日本、东盟等发达国家和发展中国家；既有伊拉克、沙特阿拉伯这样石油资源蕴藏丰富的产油大国，也有新加坡这样沟通两个大洋的是世界交通咽喉要道的国家。相比之下，面积只有 20 余万平方千米，人口只有 6 000 多万，在历史上又缺乏传统影响力的朝鲜半岛的确只是一个“不起眼”的弹丸之地。但是就是这样一个很多人认为不起眼的地方，自近代以来却成为兵家必争之地，究其原因正如韩国历史学家姜万吉而言，“朝鲜半岛在地理政治学上处于比较特别的地位——即处于大国的夹缝”[21]之中，所以地缘政治优势空前高涨。

从地缘政治的视角分析朝鲜半岛，国内外不乏研究先例，早期的代表性结论是，朝鲜的地位要么受制于一国强权的优势，要么由强权之间的均势来决定[22]。从地缘政治角度分析美国在朝鲜半岛的作用和意图，学术界的分歧主要有：一种观点认为，美国在朝鲜半岛并无直接和现实的重大利益，只有派生利益[23]；第二种观点认为美国在朝核问题上扮演的是国际警察角色，在朝鲜半岛同样需要维护既有权力格局和秩序，维护其既得利益，并握有谈判和动武等手段选择的主动权；[24]第三种观点认为，美国在朝鲜半岛的政策在形式上表现为两个相互联系的基本层面，一是针对朝鲜，目的是“规制”朝鲜，消除“朝鲜威胁”，其二是针对半岛周边大国，“规制”相关大国，这种政策不仅是维护它在东北亚的利益所必须，而且是其亚太战略的重要一环，最终是要把统一的朝鲜半岛纳入美国的全球战略轨道。[25]

朝鲜半岛一端背靠大陆，另一端伸向海洋，地处大陆与海洋之间，构成一个背陆面海的“丁”字形状。所以自古以来，大陆和海洋两大势力都力图在此扩大影响，图谋领土，或觊觎政治经济特权。历史上，朝鲜半岛或受陆权国家主导，或受海权国家控制，或呈现出陆海权国家间的竞争局面。受陆权主导的时期实际上主要反映在 19 世纪中后期以前中国在远东地区主导的“华夷体制”之中，其间虽然日本也欲建立与“华夷体制”针锋相对的、以日本为主导的“大君外交体系”，但终遭失败。[26]受海权控制的时期，一是被日本兼并，沦为日本殖民地；二是朝鲜半岛主要处在美国影响之下。总之，无论是海权与陆权之间的大规模对抗或竞争，还是陆权或海权各自内部的角逐，随着历史进程的发展一个大国要单独主导朝鲜半岛的可能性已经越来越小，这不但因为一个国家要单独控制朝鲜半岛将要面临其他大国的抵制和反对，而且也是因为伴随着朝鲜半岛两大自主性力量的日益兴起，朝鲜半岛上的海陆权力竞逐过程也越来越体现

出半岛自主性力量的能动性作用。从地缘政治学角度分析朝鲜半岛，我们至少可以得出以下几个结论：

1. 朝鲜半岛是亚欧大陆与太平洋之间的“边缘地带”

边缘地带论是美国著名的国际关系理论家尼古拉斯·斯皮克曼（N. J. Spykman）创立的一种地缘政治理论。尼古拉斯·斯皮克曼的边缘地带理论被认为是麦金德理论的变种，即他们都把陆上力量与海上力量的对抗看成是世界历史的主题。他认为：世界上存在三个力量中心（北美洲的太平洋沿岸地区、欧洲沿海地区和东亚沿海地区），在欧亚大陆上“边缘地带”是构成对海上力量的主要威胁，在海上势力（海权）与陆上势力（陆权）的冲突中，起着缓冲地带的作用。显然朝鲜半岛正处于这个地带，它面对海陆两个方面，水陆两面的性质是它安全问题的基础。[27]尼古拉斯·斯皮克曼并强调，只有边缘地带才是世界的政治中心地带。因而，欧亚大陆的边缘地带是各强国（Powers）力图占有和控制的核心地区，甚至认为只要控制了边缘地带可以此为基础进而控制全世界。

朝鲜半岛是最为典型的边缘地带，因而成为陆权和海权两大地缘政治力量相互作用的交接部位，它既是大陆国家东向防御的最后一道防线，也是海洋国家向陆地扩张的第一个障碍。所以两大势力都力图占有和控制这一地区。历史史实充分证明了朝鲜半岛在霸权争夺中的地缘战略，其中日俄战争就是海洋势力与大陆势力争夺这块边缘地带最好的例证。

明治维新后，日本在走上资本主义发展道路的同时也积极推行军国主义对外扩张政策——“大陆政策”，要想实现大陆政策，日本必须首先占领中国的台湾岛以及朝鲜半岛，并以此为跳板占领中国东北乃至全中国，最后达到征服亚洲和世界的目的。甲午中日战争后，日本为了达到独霸朝鲜的目的，就必须要排除清政府和沙皇俄国在朝鲜的影响力。首先在签订《马关条约》的时候就迫使清政府承认朝鲜的“独立自主”的地位，同时又割占了中国的台湾岛。由于日本在中国东北和朝鲜的扩张已经威胁到俄国在这一地区的利益，所以俄国与日本围绕朝鲜半岛在甲午中日战争后展开了新一轮的较量。1895—1896 年日俄双方为了控制朝鲜政局，两国先后发动宫廷政变，最终俄国取得暂时胜利，日本被迫承认俄国在朝鲜各方面的既得利益。但是推行大陆政策占领朝鲜是日本的既定国策，所以暂时的失败打击令日本人更加认识到要实现“富国强兵”必须要占领“日本的生命线”，推行大陆政策。1905 年的日俄战争，俄国战败，双方签定了《朴次茅斯和约》。俄国在朝鲜的势力被削弱，日本把朝鲜变成了自己的保护国，到 1910 年《日韩合并条约》的签署，日本完全占领朝鲜，俄国在朝鲜的势力及其影响彻底被排挤掉。

2. 朝鲜半岛是日本列岛通往亚洲大陆之间的“天然桥梁”

作为“天然桥梁”的朝鲜半岛，客观上具有双向沟通的战略交通地位与作用，只要扼守这一关键桥梁，向东亚洲大陆上的国家可以通过朝鲜海峡控制日本列岛，向西处于海上的日本可以把朝鲜半岛变为自己进攻中国东北的根据地，用它向亚洲大陆进一步扩张，日本曾利用自己接近朝鲜半岛这一便利条件，把朝鲜半岛作为进攻中国的“军事跳板”和“兵站基地”；同时朝鲜半岛也是亚洲大陆文明向日本传播和渗透的关键枢纽，在古代，中国的文化即由朝鲜传入日本。前苏联也曾把朝鲜半岛作为威胁和控制日本的重要方向，以及以此作为和美国进行冷战的缓冲地带。冷战结束后，半岛局势缓和，但在国家和地区安全上，其独特的战略意义并没有消减，它逐渐成为各方力量彼此进行经济、政治、文化交流的载体。如日本政府从地缘经济形势发展出发，开始重视日朝关系，希望在东北亚地区形成以日本为主导、兼顾周边国家的东北亚经济圈。可见，即使在和平年代，朝鲜半岛的地缘政治优势仍然是非常重要的。

3. 朝鲜半岛是控制东北亚海上交通的“咽喉要道”

朝鲜半岛向海洋延伸 3 000 余里（1 里＝ 500 米），与日本列岛之间的朝鲜海峡宽度不大，朝鲜海峡从东北向西南延伸，形势险要。朝鲜海峡是半岛东西海岸海上联系的必经之路，同时联系日本海、东海。成为东北亚海上交通的要冲，有“东北亚门户”之称。海峡以内是战略性海域日本海，它是美国、俄罗斯、日本等大国海军活动的重要区域，在美、俄的军事战略中占有重要地位，曾经是紧张程度十分高的、蕴育着战争危险的海域。朝鲜海峡作为日本海的重要出口，是联系日本海与黄海、东海的捷径，为东北亚海上战略要害。美国海军部于 1986 年 2 月宣布，将其列为在全球需要控制的 16 个海上航道咽喉之一。[28]

注释及参考文献：

[1] [朝鲜] 金炳洪：《朝鲜半岛建立新和平保障体制的紧迫性》，载《现代国际关系》1994 年第 11 期，第 38 页。

[2] 一部分是欧洲（包括西伯利亚），另一部分是亚洲和非洲。因为欧洲是寒冷地区，所以不适合人类生存。这与后来亚里士多德的观点大相径庭。

[3] 这与今天的地理学家对地球温度带的划分在名称上是一致的，即包括南北两个寒带，南北两个温带和一个热带。

[4] 亚里士多德（Aristotle）在他所著的《政治学》一书中指出，人和环境是不可分割的，同时受到地理环境的政治制度的影响。

[5] 修昔底德认为，阿提卡之所以能够兴起，关键因素是由特殊的地理因素而制约的，即阿提卡半岛是希腊城邦中比较偏僻和土壤贫瘠的城邦，没有卷入到诸城邦的政治斗争中去，从而得以休养生息，最终崛起。

[6] 拉采尔用人类地理分布的概念来表示地理学、人类学和政治学，并将其归纳为一门学科——政治地理。同时他认为任何一个国家都想尽力扩充自己的领土边界，因此国家的边界应该是“动态的”。

[7] 豪斯浩弗尔是拉采尔的追随者，他认为国家是一个有机体，受生物自然法则控制，一个国家有权确定自然边界。豪斯浩弗尔根据社会达尔文主义的观点所提出的“生存空间说”成

为纳粹德国对外扩张的理论基石。

[8] 科恩反对没有任何回旋余地的僵硬的两极对立模式，认为地区化的趋势对于世界的稳定来说是一种值得庆幸的趋势。科恩采用了两个不同的划分标准，即用所谓的地理战略性地区（Geostrategic Regions）和地理政治性地区（Geopolitical Regions）来对世界进行不同角度的划分。因此他将世界地缘政治划分为依赖贸易的海权世界和欧亚大陆世界以及一个破碎带（破碎带又分为南亚、东南亚和中东三个区域）。因此他认为乔治•凯南提出的“遏制政策”是没有意义的，也是不现实的。

[9] 塞缪尔•亨廷顿（Samuel P. Huntington）是美国哈佛大学教授，他提出：未来世界的冲突将主要表现为以宗教为主要内容的不同文明的冲突，亨廷顿只不过用“文明的冲突”替代了“地缘政治”，毕竟他所表达的不同文明之间的断层线也要具体化为一种地理的表述。这条断层线由北向南，沿着波兰和波罗的海三国与俄罗斯的边界，穿过白俄罗斯和乌克兰，向西把特兰西瓦尼亚与罗马尼亚的其余部分、克罗地亚与斯洛文尼亚和原南斯拉夫的其余部分分开。在巴尔干半岛这条分界线与历史上的哈布斯堡王国和奥斯曼土耳其王国的分界线重合。这张地图与地缘政治学家所绘制的反映大陆与海洋的对立、中心与边缘的对立的地图是非常相似的，可见亨廷顿的文明冲突理论仍然是建立在地缘政治理论的基础之上的。

[10] 所谓“世界体系”，就是把整个世界看作是一个由“中心”与“边缘”地区构成的整体。欧洲和北美处于中心地带，那些资本主义经济发展较为迟缓的国家和地区构成了“边缘”和“半边缘”地带。沃勒斯坦认为，由于中心地带的国家的持续发展依赖于对“边缘”地带的剥削与奴役，所以在现有的国际体系中，“边缘”地区的国家不可能获得政治意义上的发展，为了发展，边缘地区必须要通过社会主义革命摆脱现存的资本主义世界体系。正如美国人泰勒而言，沃勒斯坦的探讨方法是对麦金德“东西方对抗”进一步发展为南北对抗，并把南北对抗置于世界舞台的中心位置。

[11] 兹比格纽•布热津斯基（Zbigniew Brzezinski）指出了一个所谓的地缘政治上的“激烈动荡的漩涡”。实际上他所关注的是西方文明与非西方文明的冲突，其中最突出的就是可能存在的俄罗斯与西方的冲突。

[12] 引自[英]杰弗里•帕克：《二十世纪的西方地理政治思想》，解放军出版社 1992 年版，第 57 页。契伦在 1901 年出版的《国家有机体》一书中首创了“地缘政治学”这一术语。契伦的本意是希望建立一种全新的国家理论——国家有机体论，为此契伦提出了有关国家的 5 个重要变量：地缘政治、经济政治、人口政治、社会政治和法律政治。但是契伦又指出，最终决定一个国家命运的还是这个国家的民众，即“国家的生命最终操纵在人的手里”。

[13] 中国大百科全书出版社《简明不列颠百科全书》编辑部译编：《简明不列颠百科全书（第 2 卷）》，中国大百科全书出版社 1985 年版，第 596 页。

[14] 中国大百科全书编辑委员会《地理学》编辑委员会编：《中国大百科全书（地理学）》，

中国大百科全书出版社 1990 年版，第 118 页。

[15] 叶自成：《地缘政治与中国外交》，北京出版社 1998 年版，第 3 页。

[16] 程广中：《地缘战略论》，国防大学出版社 1999 年版，第 16 页。

[17] [美] 布热津斯基：《大棋局》，上海人民出版社 1998 年版，第 2 页。

[18] 维达尔传统（la tradition Vidalienne）即法国地缘政治学的灵魂，是法国学者保罗·维达尔·白朗士（Paul Vidal de la Blache）所倡导的地缘政治学说，主要包含两个方面的含义：一是在研究对象上强调地理研究的整体性，因此认为地缘政治学是一门具有最高综合性的科学，主张用社会地理景观（pays）来指代一种人与环境相互关系的地域单元，同时不把地缘政治学与国家、战争和冲突挂钩；二是在研究中强调人文主义精神，其核心内容就是欧洲联合与国际合作的构想。第二次世界大战后世界历史进程的发展在不断验证这一理论。

[19] [韩] 金大中：《建设和平与民主》，世界知识出版社 1991 年版，第 173 页。

[20] 这是朝鲜半岛广为流传的一个古老谚语，转引自：Myung Hyun Cho. Korea and the Major Powers: An Analysis of Power Structures in East Asia , Seoul: The Research Center for Peace and Unification of Korea, 1989, v.

[21] [韩国] 姜万吉：《韩国现代史》，社会科学文献出版社 1997 年版，第 3 页。

[22] [美] 汉斯·摩根索：《国际纵横策论——争强权》，载《求和平》，上海译文出版社 1995 年版，第 233—234 页。

[23] 叶自成主编：《地缘政治与中国外交》，北京出版社 1998 年版，第 385 页。

[24] 张琏瑰：《朝鲜的核武器与美国的警察角色》，载《战略与管理》2003 年第 5 期。

[25] 王传剑：《双重规制：冷战后美国的朝鲜半岛政策》，世界知识出版社 2003 年版，第 293—296 页。

[26] 吴木生主编：《东亚国际关系格局 1894—1945》，天津社会科学院出版社 2001 年版。

[27] [美] 尼古拉斯·斯皮克曼：《和平地理学》，商务印书馆 1965 年版，第 76 页。

[28] 陈峰君、王传剑：《亚太大国与朝鲜半岛》，北京大学出版社 2002 年版，第 18 页。

朝鲜半岛问题研究的理论困境

——基于国际关系的视角

刘会清[1]

摘要：朝鲜半岛问题既是历史问题又是现实问题，从国际关系理论的视角对朝鲜半岛问题进行研究往往容易陷入理论困境：一方面把朝鲜半岛问题的形成（历史问题）与朝鲜半岛问题的解决（现实问题）相混淆；另一方面在论述解决朝鲜半岛问题的时候所用的国际关系理论相对牵强，没有抓住朝鲜半岛问题的实质。要想最终解决朝鲜半岛问题，必须加强对朝鲜半岛内在机制的理论探索。

关键词：朝鲜半岛　国际关系　理论困境

在研究国际问题的时候，学者们总是喜欢用某种现成的模式或理论来对问题进行分析和阐述，他们所依据的要么是国际关系理论，要么是国际政治理论。正如马丁·怀特（Martin Wight）而言："国际理论的特征表现为，它不仅缺乏实质性内容，而且也忽视了理性与道德因素……最明显的内在原因表现在：第一，主权国家所强加的理性偏见；第二，人们对进步的信念。""国际理论与外交实践之间存在着不和谐，而且难以形成国际政治理论。"[1] 当然，怀特教授所说的国际理论带有理想化的色彩，也许他认为只有有关生存的理论才是国际理论。我们的确没有发现一种现成的国际关系理论能够彻底阐述清当今社会所发生的一系列国际问题。具体到朝鲜半岛问题，从成因角度而言，朝鲜半岛问题是由于美苏冷战人为分裂造成的，属历史范畴。朝鲜半岛问题的核心问题是朝鲜半岛以什么样的方式实现统一，以及在用什么样的机制确保现实中的朝鲜半岛和平与稳定，因此它又是一个现实问题，属国际关系的研究范畴。由于朝鲜半岛问题既是现实国际关系问题，又是历史遗留问题，所以试图用现有的国际关系理论来研究朝鲜半岛问题的前世今生，在研究模式上存在理论盲区，甚至容易陷入理论研究困境。

---

[1]　作者简介：刘会清，烟台大学人文学院副教授，烟台大学东亚研究所常务副所长。主要研究方向：东北亚政治、经济及国际关系。

由于篇幅的关系，本文旨在从与朝鲜半岛问题研究的主要国际关系理论进行概说，以期达到窥斑见豹的目的。

一、地缘政治学说的理论困境

地缘政治学是研究者研究朝鲜半岛问题常用的核心理论之一。从近代以来，朝鲜半岛的地缘政治优势就在不断地凸显，被认为是“亚洲的巴尔干半岛”[2]。摩根索教授认为朝鲜半岛是大国争夺“控制权的权力平衡的函数”[3]，甚至有学者把它认为是“东亚的巴勒斯坦”[4]。从客观角度而言，朝鲜半岛之所以成为东北亚地区被关注的核心，更多是人为因素造成的。相对于广袤的亚太大环境，朝鲜半岛的确很像处于“鲸鱼群中的一只虾米”[5]。就是这样一个很多人认为不起眼的地方，自近代以来却成为兵家必争之地，究其原因正如韩国历史学家姜万吉而言，“朝鲜半岛在地理政治学上处于比较特别的地位——即处于大国的夹缝”[6]之中，所以自近代以来朝鲜半岛地缘政治优势空前高涨。斯皮克曼认为：“欧亚大陆的边缘地区处在大陆心脏地带和边缘海之间，必须看作是十分中间区域，在海上势力和陆上势力冲突中，起着一个广大缓冲地带的作用……它的水陆两面的性质是它安全问题的基础。”[7]“如果说在旧世界的权力政治中有一个公式的话，那就是谁控制了边缘地带，谁就控制了欧亚大陆；谁控制了欧亚大陆，谁就控制了世界的命运。”[8]很显然，朝鲜半岛就是斯皮克曼所说的典型的欧亚大陆与太平洋之间的边缘地带，是亚洲大陆与日本列岛之间的桥梁，扼守东北亚海上交通要冲。由于朝鲜半岛这种政治上的特殊战略地位，长期以来一直是国际社会关注的地缘热点地区之一。

从地缘政治的视角对朝鲜半岛进行分析，国内外不乏研究先例，早期得出的代表性结论便是，朝鲜半岛的地位“要么受制于一国强权的优势，要么由强权之间的均势来决定”[9]。因此分析朝鲜半岛问题首先不能忽视美国因素的存在。从地缘政治角度分析美国在朝鲜半岛的作用和意图，学术界的分歧主要有：一种观点认为，美国在朝鲜半岛并无直接和现实的重大利益，只有派生利益；[10]第二种观点认为美国在朝核问题上扮演的是国际警察角色，在朝鲜半岛同样需要维护既有权力格局和秩序，维护其既得利益，并握有谈判和动武等手段选择的主动权；[11]第三种观点认为，美国在朝鲜半岛的政策在形式上表现为两个相互联系的基本层面，一是针对朝鲜，目的是“规制”朝鲜，消除“朝鲜威胁”，其二是针对半岛周边大国，“规制”相关大国，这种政策不仅是维护它在东北亚的利益所必须，而且是其亚太战略的重要一环，最终是要把统一的朝鲜半岛纳入美国的全球战略轨道。[12]的确，从历史发展的思维视野来看，朝鲜半岛在长期的政治进程中在地缘政治上曾呈现出这样特点，或受陆权国家主导，或受海权国家控制，或呈现出陆海权国家间的竞争局面。受陆权主导的时期实际上主要反映在19世纪中后期以前中国在远东地区主导的“华夷体制”之中，其间虽然日本也欲建立与“华夷体制”针锋相对的、以日本为主导的“大君外交体系”，但终遭失败。[13]受海权控制的时期，第二次世界大战前，朝鲜被日本兼并，沦为日本殖民地；冷战结束之初，朝鲜半岛主要处在美国影响之下。其余大部分时间则表现为东北亚陆权和海权大国在朝鲜半岛上的政治军事竞逐局面。从地缘关系上看，朝鲜半岛的特定地理位置，决定了陆权与陆权之间、海权与海权之间都还分别存在着一种相互阻隔性的问题，最终只有一个陆权国家和一个海权国家的力量能最后获得进入朝鲜半岛的“通道”。

恩格斯在《致约・布洛赫》中提出的“历史合力论”认为：历史是无数单个意志的相互冲突产生的，无数的相互交错的力量，有无数个力的平行四边形，由此产生出一个合力，即历史结果。[14] 同样，朝鲜半岛问题的出现是由内部因素与外部因素交互作用的结果。同样在解决朝鲜半岛问题的进程中，这两股力量也会交互作用，并产生重要影响。但是，我们必须要看到这样的事实，由于研究者过多强调环境因素的重要性，甚至认为环境决定了决策者的态度和决定。环境绝不是决定政治行为的唯一因素，我们需要了解决策者对环境因素的认知，以及环境因素对决策者制定决策的客观影响。胡柏（Hupé）认为，地理只是历史的重要背景，真正塑造历史的还是人类本身。[15] 但是，无论是马汉的海权论还是斯皮克曼的边缘地带战略，这些理论都是以全球的军事战略为核心的，都是为西方列强的侵略扩张服务的。用地缘政治的方法分析朝鲜半岛问题的历史发展脉络，不失为一种非常有效的方法，因为对于一个国家、地区而言，地理因素是不可以选择的，问题的关键是，一种用来回顾历史的有效方法不见得适用于展望未来，地缘政治分析的方法也不例外。况且，朝鲜半岛问题的解决恰恰还是一个必须要面对未来的问题，所以，力图用地缘政治的方法来终极解决朝鲜半岛问题的想法显然带有很大的局限性。

二、“国家利益原则”的二元悖论

美国著名历史学家查尔斯・比尔德（Charles A. Beard）在1934年出版的《国家利益的观念：对美国对外政策的分析性研究》一书中详细考察了国家利益概念的起源并追溯了国家利益概念在近代经历的演变。[16] 什么是国家利益？约瑟夫・奈（Joseph S. Nye, Jr.）认为：“在一个民主国家，国家利益就是关于与其他外部世界关系中一系列具有共识的重点。”阎学通认为国家利益是“为一切满足民族国家全体人民物质与精神需要的东西。”[17] 王逸舟认为是“民族国家追求的主要好处、权利或受益点，反映这个国家全体国民及各种利益集团的需求与兴趣”[18]。谈到“国家利益”就不能不提及美国著名现实主义理论家摩根索，摩根索认为，“国家利益”是一个政治方面的观念，并且应当用“权力”来界定。他谈到“现实主义认为，被界定为权力的利益这一关键概念是普遍适用的客观范畴。但是它并不赋予这个概念以一个永久固定的含义。利益的观念确实是政治的实质，不受时间和空间的条件的影响”[19]。中国社会科学院欧洲研究所研究员叶章蓉认为：“国家利益就是国家的安全与发展这两大问题。”正如沃尔兹所说：“在重要关头，国家最终所关心的并不是权力，而是安全。这是新现实主义对现实主义的重要修正。”[20] 总体而言，学者们对国家利益这一概念的认识还比较一致。因此所谓国家利益是指主权国家为其生存和发展而应当具有和获取的各种利益。它不但是满足主权国家，更是满足人民和社会的全部物质、精神和安全需要的东西。

用国家利益原则分析朝鲜半岛问题不可避免地陷入理论研究的二重悖论，一方面，从朝鲜半岛内在机制看，南北双方对国家利益的理解存在很大偏差；另一方面，周边相关大国在介入朝鲜半岛问题时，都站在各自民族国家的利益基础之上，从而忽略了自己介入这一问题的主旨。在国际关系中，国家利益往往是国家总体的利益，不是所有的局部利益，是国家、民族、人民基本和重大利益的提炼和浓缩。基于这个原则，朝鲜半岛南北双方本来是一个民族，一个国家，只是由于人为的外在力量导致南北分裂，并且建立了各自独立的两个国家。国家利益是具有民族性的，在国际社会中，主权国家是以民族国家的身份反映意志和要求的。对于跨越两个甚至多个国家的民族而言，同样会面临民族属性认同与国家属性认同的交错与矛盾，并表现为两种相对的民族情绪：一种是要求以国家属性为先为主，强化对国家的归属感与亲和力；另一种是要求以民族属性为本为重，保持对本民族的亲和力与忠诚，并往往演化为民族分离主义。无论对于有关国家抑或民族而言，合理的态度都应是鼓励前者，反对后者，否则国家难有安宁之日，民族的生存和发展也必然陷入困境。民族国家在维护主权和领土完整、维护生存和发展过程中实现民族利益和国家利益的统一，符合国家和各民族的根本利益。[21]

当我们利用国家利益原则分析朝鲜半岛的未来出路，我们仍然发现许多令人迷惑的问题。在朝鲜半岛问题上，周边大国与朝鲜半岛南北双方都坚持自己所认定的国家利益，然而这些利益究竟该如何进行分割？公平与公正的切入点又在哪里？况且，既然国家利益是统治阶级的利益体现，那么，什么因素制约统治阶级选择这样的国家利益？是国家主权还是国家安全？从一个较为宏观的视野来看，朝鲜半岛周边相关大国所持的所谓国家利益——维护东北亚地区秩序（和平与安宁），对国际秩序到底产生了积极的影响，还是消极作用？因为一个国家的国家利益应该从属于世界（全人类）利益，当然这样的理论和想法带有很明显的理想主义色彩。问题的关键是我们首先要弄清关于朝鲜半岛相关各方的真实意图，从而我们就会发现这样的一个基本事实，目前美国等相关国家仍然用冷战思维来处理朝鲜半岛问题，这是一个非常危险的信号。从根本上而言朝鲜半岛问题应该是半岛内部事务，朝鲜半岛问题之所以被国际化，很大程度上是以美国为首的西方国家打着维护国际秩序和国家利益的旗帜对朝鲜半岛事务的粗暴干涉，同时也有意识形态因素的推波助澜。所以用国家利益原则来分析朝鲜半岛问题，首要的立足点是站在同一民族的立足点上来维护半岛内部南北双方的共同利益，而南北双方在利益上的分割与妥协成功与否是朝鲜半岛未来能否走上和平之路的关键。

三、“国家主权”与“国家权力”的两难选择

国家主权理论是随着近代民族独立国家的建立而产生的。国家主权的概念源于法国学者布丹的主权学说。近代国际法学家格劳秀斯在他著名的《战争与和平法》中，接受了布丹的国家主权定义。英国思想家洛克、法国启蒙思想家卢梭进一步丰富和发展了主权学说的概念。根据他们的观点，主权是国家所具有的最高的、不可侵犯的、不可分割的和不可让渡的权力。让·布

丹最先提出，国家“必须有一个拥有最高权力的合法政府，保护着家家户户及其私有财产”[22]国家主权是国家权利体系中最核心的最高层次的权力，是一个国家的固有属性。国家主权包括两方面的内容，即对内的最高权，对外的独立权。[23]随着全球化进程的不断深入发展，国家主权变化最为突出的特点是从绝对主权向相对主权的转变，主权的限制和让渡成为不可避免的现象。从现代国际关系理论的视角出发，我们发现这里所说的国家主权是建立在 nation state 这一概念的基础之上，但是在现实中朝鲜半岛不存在两个 nation, 朝鲜半岛南北双方都承认隶属同一个民族，这就出现了国家主权理论的二元悖论：从国际法角度来看，朝鲜、韩国属于两个独立国家，二者应该具有各自的国家主权；但是从民族国家的视角来看，朝鲜半岛南北双方又隶属于同一个民族，理应具有同质的 national power，国家主权不仅仅是一个经济、政治概念，在单一民族国家它应该包括整个民族的最高利益。所以在国际关系体系中谁才能代表朝鲜民族？进而出现南北政权谁更具合法性？很显然，目前这个问题是无法很好回答的。

与强调国家利益原则一样，权力平等也是国际关系的现实主义研究者所关注的另外一个研究课题。权力（power）并不单指军事力量，许多现实主义学者认为，除了军事力量之外，科技水平、人口质量、自然资源、地理位置、政府形态、领导能力、意识形态和战略指导等因素都从属于权力范畴，也就是说，权力因素即包括量的因素也包含质的因素。摩根索认为国际政治就是国家间争夺权力的过程，而所谓的权力则是指对他人想法和做法的控制。摩根索认为国家追求权力的根源是由于“国家是对许多具有某种共同特征的个人的抽象，并且正是哲学特征使得他们成为同一国家的成员”，他还引用马塞尔·普劳斯特的话：“国家的生命在很大程度上几乎重复其构成单位的生命，那种连决定着个人活动的秘密、反应和规律都不能理解的人，更没有希望能够说出关于国家间斗争的值得重视的东西来。”[24]这就是国家追求权力的欲望。事实证明，并非一个国家的权力越大，它所追求的目标就越容易实现，否则就不会出现一个国家在一定的历史时期内在处理某些国际事务中是成功的，但是在处理另外一些国际事务却是失败的局面。因此，权力在国际政治中的作用是有限的。朝鲜半岛局势的发展也恰恰印证了这一点，如果仅仅用国家权力的原则分析朝鲜半岛局势，毫无疑问，美国的国家力量是最强的，但是实际上在解决朝鲜半岛问题时，美国所起到的作用是有限的。

对“国家主权”和“国家权力”等概念究竟应该如何定位才更准确合理？冷战结束后，相关各国逐渐认识到建构一个和平机制才符合各方的利益诉求。但是在解决朝鲜半岛问题的过程中，周边相关大国与朝鲜半岛南北双方对国家主权与国家权力的理解还存在较大出入。一方面，“9·11”事件以后，美国在全球推行单边主义外交，追求美国国家权力的最大化，再加之长期以来美国一直存在难以割舍的“朝鲜半岛”情结，但是由于美国推行的“大中东政策”现在陷入僵局，事实上这就决定了美国在解决朝鲜半岛问题上的热情与积极性大打折扣。另一方面，朝鲜半岛问题的最终解决要靠朝鲜半岛南北双方关系的改善，但是朝鲜半岛南北双方就统一的方式、时机、主体等核心问题存在严重分歧，所以导致“冷战的活化石”难以溶解，同时由于双方对国家主权和国家安全等问题的定位，以及对民族尊严等问题的思考与理解存在较大出入，这是解决朝鲜半岛最难跨越的“卡夫丁峡谷”。另外，由于韩国在推行所谓的竞选策略和竞选宣传时，为了取悦于选民，竞选者经常会“语出惊人”，这往往会直接或间接地伤害朝鲜脆弱的情感；由于统一费用巨大，韩国暂时没有能力达到独立承担这笔费用。这些难以分割的权力、主权问题是制约南北关系改善的症结所在，但是我们应当看到朝鲜半岛不存在宗教、民族、种族等棘手问题，所以改善南北关系并非没有道路可走，问题的关键是南北双方之间的信任和依赖程度目前还很脆弱，这是下一步双方应该着力解决的问题。

四、构建朝鲜半岛和平机制的理论思考

构建朝鲜半岛和平机制应该从两个方面入手：一方面，逐步建立朝鲜半岛南北双方彼此间的身份认同与认可；另一方面，应该从区域一体化的视角，构建朝鲜半岛新的和平安全机制。民族认同是一个既具有政治意义又具有文化意义的心理现象。“民族认同意识是民族心理特质的核心内容，它意味着某一民族共同体的所有成员，都感觉或意识到他们属于同一个民族”[25]。无论从朝鲜半岛民族的历史变迁来看，还是现实中朝鲜半岛南北双方的恩怨纠葛来看，朝鲜半岛南北都承认彼此之间是同一个民族，民族认同感非常强。既然朝鲜半岛不存在“民族认同问题”，为什么现实中的朝鲜半岛局势会风云巨变、阴晴不定？究其主要原因还是区域外大国——美国因素的制约。美国对“亚洲战略”的重新调整，高调回归亚洲，朝鲜半岛是美国关注的重点区域之一，从本质上而言，美国不希望东北亚出现一个和中国保持友好关系统一的朝鲜半岛大国，因此必须要“妖魔化”朝鲜，加大朝鲜对韩国的威胁，从而保持美国军事基地在韩国的存在。从美国国家利益的角度出发，美国的做法本无可厚非，问题的关键是美国的做法已经严重伤害到朝鲜民族的和平与和解，进而威胁到东北亚地区的和平与安宁。就目前的局势来看，朝鲜半岛南北双方都不具备一方“吞并”另一方实现民族统一的实力，同时南北联合组建统一国家的条件也不具备，南北继续长期维持对峙局面最终造成民族彻底分裂不但不利于朝鲜民族的利益，也会持续造成东北亚地区的动荡。为了破解这一难解的“斯芬克斯难题”，朝鲜半岛南北双方应该从朝鲜民族利益出发，摈弃冷战的“零和思维”模式，不能从国家利益出发，而是应该从民族利益出发重新认识彼此间的身份与相互关系。另一方面，周边相关大国应该从东亚一体化的视角出发，重新建构朝鲜半岛的和平安全机制。为什么朝鲜屡屡做出语出惊人之举，很大程度上是因为东北亚区域安全机制的缺失。在缺乏安全机制保护下的朝鲜半岛南北双方所建立的和解与信任都是极其脆弱的。

注释及参考文献：

[1] [美] 詹姆斯·德·代元主编：《国际关系理论批判》，浙江人民出版社 2003 年版，第 22、36 页。

[2] [韩] 金大中：《建设和平与民主》，世界知识出版社 1991 年版，第 173 页。

[3] [韩] 朴大中：《朝鲜半岛对苏联与中共的战略意义》，载《东亚季刊》第 8 卷，1976 年 10 月，第 92 页。

[4] Robert R. Simmons. *The Strained Alliance: Peking Pyongyang, Moscow and the Politics of the Korean Civil War*, New York: The Free Press, 1975,3.

[5] Myung Hyun Cho. *Korea and the Major Powers: An Analysis of Power Structures in East Asia* , Seoul: The Research Center for Peace and Unification of Korea, 1989, v.

[6] [韩国] 姜万吉：《韩国现代史》，社会科学文献出版社 1997 年版，第 3 页。

[7] [8] [美] 斯皮克曼：《和平地理学》，商务印书馆 1965 年版，第 76、43 页。

[9] [美] 汉斯·摩根索：《国际纵横策论——争强权》，载《求和平》，上海译文出版社 1995 年版，第 233—234 页。

[10] 叶自成主编：《地缘政治与中国外交》，北京出版社 1998 年版，第 385 页。

[11] 张琏瑰：《朝鲜的核武器与美国的警察角色》，载《战略与管理》2003 年第 5 期。

[12] 王传剑：《双重规制：冷战后美国的朝鲜半岛政策》，世界知识出版社 2003 年版，第 293—296 页。

[13] 吴木生主编：《东亚国际关系格局 1894—1945》，天津社会科学院出版社 2001 年版，第 5 页。

[14] 《马克思恩格斯选集》(第 4 卷)，人民出版社 1995 年版，第 478 页。

[15] Robert L. Pfaltzgraff Jr. James E. Dougherty, *Contending Theories of International Relations*，台北五南图书出版公司 1993 年版，第 48 页。

[16] Charles A • Beard, *The Idea of National Interest: An Analytical Study in American Foreign Policy*.Westport: Greenwood Press, 1934,1−29.

[17] 阎学通：《中国国家利益分析》，天津人民出版社 1997 年版，第 10 页。

[18] 王逸舟：《探寻全球主义国际关系》，北京大学出版社 2005 年版，第 105 页。

[19] [24][美] 汉斯·摩根索：《国家间政治——寻求权力与和平的斗争 (中译本)》，中国人民公安大学出版社 1990 年版，第 13、141—142 页。

[20] [美] 肯尼思·沃尔兹：《国际政治理论 (中文第一版)》，中国人民公安大学出版社 1992 年版，序言第 2 页。

[21] 金应忠、倪世雄：《国际关系理论比较研究》，中国社会科学出版社 2003 年版，第 90—93 页。

[22] 吴惕安、俞可平主编:《当代西方国家理论评析》，陕西人民出版社 1994 年版，第 317 页。

[23] 杨成铭主编：《人权法学》，中国方正出版社 2004 年版，第 385 页。

[25] 周星：《民族学新论》，陕西人民出版社 1992 年版，第 770 页。

韩美同盟与地区局势

龚克瑜 [1]

摘要：韩国总统李明博上台后，韩美同盟迅速回暖，2010年的天安舰事件和延坪岛事件更促使韩美同盟加强并逐步提升到新的高度。李明博时期韩美同盟出现了更强化、更宽泛、更全面、更战略的四大变化，逐步发展成为一个多元、全方位的同盟。虽然韩国和美国都强调两国的同盟关系是给朝鲜半岛、东北亚地区及亚洲的和平与繁荣做出了贡献，但是周边国家，特别是朝鲜感受的却是韩美同盟所带来的威胁、挑战和担心。韩美同盟的加强无法解决朝鲜半岛的安全困境难题。

关键词：韩美同盟　朝鲜半岛　李明博

2013年5月，韩国新总统朴槿惠出访美国，与美国总统奥巴马签署《纪念韩美结盟60周年联合宣言》，巩固两国友好合作并明确了今后的发展方向。与前几任韩国总统一样，朴总统的首次海外访问依然选择了美国。在韩国国内，朴总统成功的访美之行也被视为“继承了李明博政府恢复韩美关系的外交资产”[2]。

李明博总统任内的朝鲜半岛局势并不平静，朝核问题久拖不决，朝鲜2次核试验，金正日过世后朝鲜政权的更迭，南北关系更是因为天安舰事件和延坪岛事件急转直下，与此同时，韩美关系却成为李明博外交的一大亮点，不仅修补了金大中、卢武铉时期的韩美矛盾与隔阂，还将双边同盟关系提升到了一个新的高度。

本文通过从李明博时期韩美同盟出现的四大变化入手，分析韩美同盟如何提升为更强化、更宽泛、更全面、更战略的同盟关系，以及其韩美同盟的强化对周边国家和地区事务的影响。

一、对同盟的认识

关于“同盟”的定义，《现代汉语词典》解释为“两个或两个以上国家为共同行动而订立

---

[1] 作者简介：龚克瑜，上海国际问题研究院，亚太研究中心副主任，副研究员，博士，从事对东北亚地区，特别是朝鲜半岛国际关系问题的研究。

[2] 《韩美首脑会谈须向金正恩发出强力信息》，载《东亚日报》（韩国），2013年5月4日。

盟约所结成的集团”[1]，《朗文词典》中把同盟界定为“国际关系中不同国家进行联合行动的一个联盟”[2]。

在国际政治中，同盟一直是国际政治学界热衷探讨的问题之一。[3] 学者虽然从不同的角度具体阐述这个概念，但大多认同其所应涵盖的基本特征：

其一，至少由两个主权国家组成，而不是其他各种形式的行为体。

其二，主要考虑的因素是国家安全利益，通常针对其他某一或某些特定国家，这种来自外部的共同威胁可能是客观存在的威胁，也可能是一种假想威胁，这使得同盟有别于那些普遍性的集体安全组织，如国联和联合国等。[4]

其三，核心内容是成员国在安全和军事领域内的合作与承诺，它通常使成员国在特定情况下负有使用或考虑使用武力的义务。这使得同盟有别于那些纯粹的国家间的经济组织，如欧佩克；也有别于那些国家的政治组织，如英联邦等。

其四，同盟的成员国相信合作能够增加军事力量；在面对威胁的时候将做出共同行动而不是采取单独行动。

换言之，同盟可被归纳为，两个或两个以上的国家出于维护共同安全利益的需要，通过正式的（条约的）或非正式的（默契的）形式所结成的一种相对稳定的安全关系，同盟的主要任务是对付同盟以外的国家或国家集团的威胁。

“安全因素是同盟战略产生的最初和最主要的动机”[5]，的确，外部因素和外部威胁是同盟形成的最大驱动因素。韩美同盟作为美国在亚太同盟体系中有关法律最多、体制最为健全、作战指挥系统最完备的军事同盟[6]，就是因为存在着明确的军事和安全威胁。朝鲜战争的爆发促使美国改变“西太平洋环形防线”的范围，朝鲜半岛成为拱卫美日同盟的前哨。[7]

国内有人将韩美同盟看成是由“双重遏制”（遏制朝鲜、遏制共产主义）向“双重规制”（规制朝鲜、规制半岛周边大国）转变，[8] 也有人将韩美同盟的功能定位分为三重，即威慑朝鲜、控制韩国、遏制中苏，亦即韩美对朝鲜保持着强大的军事威慑，保护韩国免受来自朝鲜的“威胁”；控制韩国武装力量，防止韩国激化局势，避免美国被拖入第二次朝鲜战争；间接矛头则指向前苏联和中国，尽可能地阻止共产主义在东亚的“扩张”[9]。

---

[1] 《现代汉语词典》，商务印书馆 2003 年 6 月修订版，第 1152 页。

[2] Longman，*Longman dictionary of the English language*, Pearson ESL: Longman Group Limited, 1984，p. 39.

[3] 阎学通：《东亚和平与安全》，北京时事出版社 2005 年版，第 317 页。

[4] 孙德刚：《国际安全之联盟理论探析》，载《欧洲研究》2004 年第 4 期，第 41 页。

[5] 高金钿、顾德欣等：《国际战略学概论》，国防大学出版社 1995 年版，第 141 页。

[6] 王帆：《美国的亚太联盟》，世界知识出版社 2007 年版，第 11 页。

[7] 夏立平：《论美韩同盟的修复与扩展》，载《美国问题研究》2008 年第 1 期，第 72 页。

[8] 王传剑：《双重规制：冷战后美国的朝鲜半岛政策》，世界知识出版社 2003 年版，第 20—25 页。

[9] 何春超：《国际关系史（1945—1980）》，法律出版社 1986 年版，第 10 页。

韩美同盟的存在不仅为了防范朝鲜的进攻，也是为了防范韩国的冒进主义，这种“共同遏制”[1]，保证了美国将韩美同盟当作遏制共产主义威胁的工具，也将其作为遏制韩国武力统一半岛的雄心的有效手段。

历经50多年的发展，韩美军事同盟关系在结构和功能上已经经历了数次调整，发生了很大的变化。从冷战前期美国掌握韩美同盟主导权，全面影响和控制韩国军政，韩国对美国呈现高度依赖性“美主韩从”期，经历冷战后期美国逐步减少在韩驻军，韩国主体意识逐步增强，美国的主导性有所下降的“双边互助”期，再向冷战结束后，韩国逐步深化“自主国防”，韩美同盟以合作为主体的“对等伙伴”期。[2]

随着地缘政治的变化和韩国政府追求“独立外交”和“自主国防”的呼声日增，韩美两国逐渐在对朝政策、军事合作、驻韩美军、移交作战指挥权和双边贸易等问题上出现了各种各样的矛盾与分歧，特别在卢武铉政府时期，韩国强调“对等的同盟关系”，两国关系因“不和谐”出现了深刻裂痕，韩美同盟被比作“面临离婚的夫妻”[3]，有的甚至认为同盟关系将在未来10年内分崩离析。[4]

二、韩美同盟的四大变化

2008年，李明博政府上台，他大力推行“有原则的实用外交”，将对美外交看作韩国外交的核心，将修复韩美关系、巩固韩美同盟作为其外交的首要课题[5]。

李明博政府向美国一边倒的亲美政策，得到了“重返亚太”的美国奥巴马政府的支持，而对朝鲜核和导弹问题看法的一致更拉进了两国的关系。五年来，通过多次韩美首脑会晤和两国政治、外交、军事等多个层面的交流合作，韩美同盟非但没有像人们所预想的那样逐步弱化甚至消失，反而出现了不断巩固和强化的趋势。

（一）更强化的韩美同盟

韩美同盟的强化主要体现在以下几个方面：

1. 两国高层战略性接触的强化

2010年7月21日，美国国务卿希拉里·克林顿、国防部长罗伯特·盖茨与韩国外交通商部部长柳明桓、国防部部长金泰荣共同出席了两国历史上首次外长和国防部长的“2＋2”会谈。[6]

[1] Victor, D. Cha, “American and South Korea: the Ambivalent Alliance?” *Current History*, Vol. 102, Issue 665, 2004, p. 280.

[2] 宋莹莹：《美韩同盟从“美主韩从”到“对等伙伴”》，载《人民日报》，2011年1月22日国际版。

[3] 《韩美同盟60周年：从援助发展为互补关系》，韩国联合新闻社，2012年12月30日。

[4] 周辉：《超越传统：美韩倾力打造新型战略同盟关系》，载《现代军事》2010年第5期，第16页。

[5] 李拯宇、干玉兰：《韩国当选总统李明博阐述外交政策走向》，新华社首尔2008年1月17日电。

[6] 姬新龙：《希拉里称美将对朝实施新制裁，以阻止核扩散》，新华社首尔2010年7月21日电。

韩国是继日本和澳大利亚之后，第三个与美国举行这种会议的同盟国。2012 年 6 月 14 日，“2 ＋ 2”会议再度进行，两国就加强同盟关系和合作解决朝鲜问题交换意见。[1]

“2 ＋ 2”会谈议题十分广泛，不仅高度评价了 60 多年以来的两国关系，还提出了全面增进两国战略同盟关系的多项重要具体措施。对此，韩国国内舆论高度评价，认为“韩国取代日本，召开了原为美日同盟特有的‘2 ＋ 2’会议。这表示韩美同盟已经达到了美日同盟的水平，或是已经超越了美日同盟”[2]，“美国在东北亚地区的主要安保轴心将从‘美日同盟’移到‘韩美同盟’”。[3]

2. 两国联合军事演习的强化

韩美假设朝鲜半岛发生战争等情况，为提高联合部队的作战能力而举行的一系列联合军事演习，每年都会多轮进行，而每次朝鲜激烈的反应以及所引发的朝鲜半岛局势的紧张历来为国际社会广泛关注。

天安舰事件和延坪岛事件后，韩美双方在朝鲜半岛及附近海域多次举行联合军事演习，不仅包括既有的韩美双方例行军事演习“关键决心”、“乙支自由卫士”，还举行了多场针对性极强的功能性联合军事演习，其规模、频度、作战武器装备以及参与武装人员等均已超出历史水平[4]。

天安舰事件后，针对朝鲜可能的潜艇攻击，韩美在韩国周边海域进行反潜演习以提高韩美军队对朝鲜水下攻击的防御和海上射击的能力。[5] 金正日去世后，韩美又根据时局变化，不断更新对朝作战“作战计划 5029”[6]，通过应对假设的朝鲜领导人去世、军事政变、内战爆发、朝鲜出现难民潮、核生化武器和导弹外流等突发事件，通过演习来增强韩美部队的迅速反应，以及处置大规模杀伤性武器等的能力。

在频繁的军事演习中，美军派出包括“乔治·华盛顿”号航母、宙斯盾驱逐舰等最先进的武器，韩国也派出韩国最大吨位的军舰“独岛”号、驱逐舰、巡逻舰、护航舰、战斗支援舰等，集中展示强大精锐的军事力量，引起周边国家的高度关切和朝鲜的高度警觉。

3. 美国对韩国承诺的强化

2008 年 4 月，李明博总统和美国前总统布什达成“21 世纪战略性同盟关系”的协议[7]，一

[1] 《韩美“2+2 会议”14 日召开，对朝鲜发出警告主页》，韩国联合通讯社，2012 年 6 月 14 日。

[2] Im Minhyeok, “2+2 Meeting: ROK-US Alliance’s New Level.” *Chuson Ilbo*, July 22, 2010.

[3] 宋伟钢：《韩专家：韩美同盟超越美日同盟成东北亚安保轴心》，载《环球时报》，2010 年 7 月 22 日，第二版。

[4] 孙广勇、莽九晨：《亚洲成世界军演密度最大地区》，载《环球时报》，2012 年 3 月 22 日，第 1 版。

[5] 郑镛洙：《天安号两周年之际，韩美实施反潜军演》，载《中央日报》（韩国），2012 年 2 月 16 日。

[6] 美军有许多已公开的应对朝鲜局势变化的作战计划，有的计划细节已随国际形势变化而更改或废弃。作战计划 5029 就是其中之一，1999 年立案，是假设朝鲜内乱时美韩的介入方案。

[7] Kim Sung-han, “From Blood Alliance to Strategic Alliance: Korea’s Evolving Strategic Thought toward the United States.” *the Korean Journal of Defense Analysis*, Vol. 22, No. 3, 2010, p. 276.

年后的2009年6月，李明博总统与奥巴马总统再度发表以“韩美同盟未来展望”为题的联合声明。[1]

根据联合声明，面对来自朝鲜核武器等大规模杀伤性武器的威胁，美国将为韩国提供延伸威慑，即美国保证，若韩国遭到朝鲜的核攻击，将动用核保护伞与常规打击能力、导弹防御体系（MD）等一切手段，给予反击。必要时，将会调动驻扎在世界各地的美军战斗力，增派至朝鲜半岛。这是美国首次以书面形式明确给予韩国“核保护伞”，给韩国一个“定心丸”。

4. 美国对韩国全方位安保的强化

美国等在2003年发起“防扩散安全倡议”（PSI, Proliferation Security Initiative），当时的韩国政府由于顾及朝鲜的强烈反应，一直没有参与。但是，2009年5月26日，也就是朝鲜第二次核试验后的第二天，韩国立即宣布正式全面加入“防扩散安全倡议”。韩国得以在美国的帮助下，“以更大力度参与防止大规模杀伤性武器扩散”，在自己的领海和领空对“存在运输大规模杀伤性武器嫌疑的船只和航空器”进行检查。[2]

2010年6月，韩美首脑同意将战事作战指挥权移交的时间，由2012年4月推迟至2015年12月1日。[3] 这样，由于半岛安全形势的变化和韩国方面的再三请求，2007年卢武铉总统执政期间与美国达成移交战事作战指挥权被推迟了三年。

2010年10月，韩国国防部宣布决定强化“韩国防空与导弹防御”（KAMD, Korea Air and Missile Defense）体系与美国地域导弹防御体系的合作。[4]

2011年10月，美国国防部长帕内塔明确表示，“虽然美国将削减国防预算，但不会裁减驻韩美军”，“美国在条件允许的情况下，将力所能及地向韩国派遣美军，执行防御任务”[5]。

由此可见，“2＋2”会谈、联合军事演习、核保护伞、延伸威慑、PSI……无一不体现出韩美同盟的强化。

（二）更宽泛的韩美同盟

韩国认为，韩美同盟面临着三大挑战，即在朝鲜半岛层面，如何应对因金正日接班人体制而引发的不确定性[6]；在东亚地区层面，如何应对中国的崛起，建立既有安全性又有包容性的东亚体制；在全球层面，如何应对衰弱的美欧和崛起的新兴国家，建立全球治理及合作体制，

---

[1] The White House, “Joint Vision for the Alliance of the United States of America and the Republic of Korea.” Washington, D.C., June 16, 2009.

[2] 《韩国宣布正式加入防扩散安全倡议》，新华社首尔2009年5月26日电。

[3] 徐启生：《美韩达成推迟移交战时军控权协议》，载《光明日报》，2010年6月28日，第8版。

[4] Gim, Minseok, “South Korea to build an independent MD.” *Joongang Ilbo*, Oct. 25, 2010.

[5] 美国防长帕内塔称决不会裁减驻韩美军，中评社香港2011年10月27日电。

[6] Choi, Jinwook, and Meredith, Shaw, “The Rise of Kim Jong Eun and the Return of the Party.” International Journal of Korean Unification Studies, Vol. 19, No. 2, 2010, pp. 176-179.

共同应对气候变化、核扩散及恐怖主义袭击等问题。[1]

早在2008年4月16日，李明博总统访美时就提出，“21世纪面临新的国际环境，韩国和美国应制定新的战略总体规划，为朝鲜半岛及亚洲的和平与繁荣做出贡献”，并提议将韩美同盟定义为“价值同盟、互信同盟、构筑和平同盟”[2]。根据李明博总统的设想，韩美同盟的目的应该不仅仅局限于保障朝鲜半岛的安全，而要扩大到为维持国际社会的和平与秩序做贡献。

韩美两国在自由、民主主义和市场经济有着共同的认识，加上美国从全局考虑，也需要将韩美同盟引入更为广阔的视野，将同盟关系逐步提升到一种全球性的合作伙伴关系。为此，美国多名高官不断鼓励韩国发挥更大的作用，称“韩国要进行适当的投入和积极参与国际军事行动”，这“符合韩国的核心利益”、“符合韩国不断提升的国际地位”[3]。

2009年6月，在韩美两国元首共同签署的《韩美同盟未来展望》中，明确两国将在朝鲜半岛、亚太地区和全球三个层面构筑“全面战略同盟”。[4]

两国设想，同盟不仅能够缓解朝鲜半岛的紧张局势，实现东北亚和平，而且还能提高东亚各国安保信任及军事透明度，为建立多方安保合作机制打下基础；同盟共享自由民主主义和市场经济价值，也能够在更多的领域发挥更大的力量；同盟有着共同的东亚乃至全世界的战略利益，能够为建立世界和平做出贡献。[5]

两国设想，可能展开对话、合作与协调的议题将涵盖诸多领域，如：为建立开放的民主制度及增进人权而努力；加强反恐合作、防止大规模杀伤性武器和运载工具的扩散，遵守并履行国家安全合作体系；防治（禽流感等）跨国界的传染病；进行多边维和活动、应对危机及灾害管理等。[6]

这样，不仅韩美之间原本的军事合作得到了巩固，两国今后还将在更多的、更宽泛的领域积极开拓合作。

（三）更全面的韩美同盟

2011年10月12日，韩美自由贸易协定（FTA）履行法案相继在美国参众两院通过。[7]这距离2007年6月30日韩国的卢武铉政府和美国的乔治·布什签署协议已过去了4年零3个月。[8]

---

[1] Lee, Hye-Jeong, “Status Quo of the South Korea-United States Alliance: Centered on the Strategic Alliance Project”, *Contemporary Korea*, No. 3, 2010, p.6.

[2] 《李明博提出21世纪韩美同盟三原则》，韩国联合通讯社，2008年4月18日。

[3] 于青：《美国防部长盖茨出访日韩——试图探清虚实、强化同盟关系》，载《人民日报》，2009年10月22日，第13版。

[4] The White House, “Joint Vision for the Alliance of the United States of America and the Republic of Korea.” Washington, D.C., June 16, 2009.

[5] “2010 Defense White Paper”, Ministry of National Defense, Republic of Korea, 2011, p. 78.

[6] “2010 Defense White Paper”, Ministry of National Defense, Republic of Korea, 2011, p. 80.

[7] 《奥巴马批准韩美自由贸易协定》，韩国国际广播电台KBS，2011年10月22日。

[8] Ser, Myo-ja. “U.S. Speedily Ratifies FTA with Korea.” *Joongang Ilbo,* Oct. 14, 2011.

《韩美自由贸易协定》虽然历经多年的反复，直到2012年3月才正式生效，至今仅一年多的时间，但是其所具有的象征意义和未来的经济发展潜力不容小觑。

韩美同盟从建立之日起就具有显著的双边军事同盟的特点。但随着国际安全形势和格局的变化，这种以军事为主的同盟关系已经不能够满足双方更广泛全面的战略需求，两国之间一度还出现摩擦和分歧。

《韩美自由贸易协定》为两国同盟的进一步发展找到了一条很好的出路，正如美国总统奥巴马所指出的，“韩美FTA并非单纯的经济同盟，它将进一步巩固韩美间的同盟关系”[1]。

《韩美自由贸易协定》是美国与亚洲主要国家签订的第一个自由贸易协定，也是续1993年签订《北美自由贸易协定》后，美国签署的第二大的自由贸易协定。《韩美自由贸易协定》对韩国来说是《韩欧自由贸易协定》后，签署的第二大的自由贸易协定。据估算，《韩美自由贸易协定》将使韩美两国近3.62亿的消费者受益，5年内消减95%的双边贸易关税。[2]

通过《韩美自由贸易协定》，两国可以将多年来纷争不断的韩美经济关系纳入机制化的双边解决轨道，从而减轻其负面影响，为双边军事、政治关系提供动力。[3]

通过《韩美自由贸易协定》，两国可以使韩美同盟从军事安全同盟的“一条腿”走路变成军事同盟与经济同盟“两条腿”走路，[4] 韩美将在军事、经济乃至政治上牢牢地捆绑在一起，成为利益共同体。

通过《韩美自由贸易协定》，两国可以将同盟关系从以地理区域为取向的同盟转向以问题为取向的同盟，从以威胁驱动的同盟转向利益驱动的同盟赋予同盟新的活力。[5]

通过《韩美自由贸易协定》，韩国也可以在韩美同盟框架内，更多地发挥其在政治、经济、地区安全和国际事务中的作用，满足韩国国内“自主外交派”、“国家主义派”和“多边安全派”的政治与心理需求[6]。

随着《韩美自由贸易协定》的付诸实施，韩美同盟逐渐改变了过去单一的军事支柱性质。这种军事、经济两方面的融合给同盟带来重大的结构性变化，使韩美同盟出现新的突破和超越，成为名副其实的、集政治、经济、安全和文化等为一体的“全方位”同盟。

---

[1] 张小明：《美国与东亚关系导论》，北京大学出版社，2011年版，第183页。

[2] Liberto, Jennifer, Congress passes trade deals, CNN, Oct, 12, 2011.

[3] CSIS, the Report “Strengthening the U.S.-ROK Alliance: A Blueprint for the 21st Century.” the Center for Strategic and International Studies, the Edmund A. Walsh School of Foreign Service, Georgetown University and the Seoul Forum for International Affairs in the Republic of Korea. Sep 30, 2003.

[4] 崔荣伟：《体系、社会和国家：理解美韩自由贸易协定》，载《当代亚太》2010年第2期，第82页。

[5] 汪伟民:《联盟理论与美国的联盟战略: 以美日、美韩联盟研究为例》, 世界知识出版社2007年版，第226—229页。

[6] 王刚、詹德斌：《韩国对美国心态矛盾，主张自主国防却忧虑威胁》，载《环球时报》，2012年10月25日。

（四）更战略的韩美同盟

冷战的终结使东北亚安全形势发生了结构性变化，但是，朝韩与周边四大国的“交叉承认”却没有完成，半岛“停战机制”转化为和平机制也没有进展，朝鲜的核与导弹问题更是加剧了地区的紧张局势。

过去几年，由于日韩关系紧张，“（美日韩）三方对朝政策协调和监督小组”（TCOG, Trilateral Consultative and Oversight Group）几乎停止运作。但是，随着在李明博上台后与美国的大力撮合，美日韩“铁三角联盟”得以明显加强。

美国积极推动三边合作，美国参谋长联席会议主席马伦就曾明确表示：“希望进行韩国、日本和美国的联合演习”，“韩日两国应该克服过去的历史，构建安保合作”。[1]

2010 年 7 月 25—28 日，韩美联合举行的“不屈的意志”军事演习中，4 名日本海上自卫队军官受邀观摩军事演习，这是日本军官首次作为观察员参加韩美联合军事演习。[2]2010 年 10 月 13—14 日，韩国在釜山附近海域主导多国参与的“防扩散联合演习”，日本派遣驱逐舰以及反潜巡逻机参演，创造了日本在朝鲜半岛附近海域进行军事演习的先例。2010 年 12 月 3—10 日，日美在日本周边海域和空域展开规模大于以往历次的日美联合军事演习，韩国军队也首次派遣观察员观摩。[3]

2011 年 1 月 10 日，韩国国防部长金宽镇与日本防卫相北泽俊美举行会谈，双方一致同意强化彼此间的安全和防务合作，并决定今后每年交替主办国防部长级和副部长级会谈。双方还商定开始谈判签署《物资劳务相互提供协定（ACSA）》和《军事情报保护协定（GSOMIA）》。如果韩日军事合作协定得以签署，将是日韩之间首次达成军事协定。[4]

上述几个“首次”意味着美日韩三边军事关系正在逐步加强。虽然在韩国国内的强烈反对下，《韩日军事情报保护协定》最终没有签署，但是美日韩三边关系中，最为薄弱的一对双边关系，即韩日军事关系却得到了一定程度的推进。

在美国的不断努力下，其东亚的盟国，韩国、日本、澳大利亚等纷纷加强了相互之间的横向军事联系，过去盟国与美国之间的双边“辐轴”结构逐步发展为多边的、相互交织的以美国为主的军事同盟体系。

由此可见，在韩美两国领导人的精心打造之下，韩美同盟已经升级成为一个更强化、更宽泛、更全面、更战略性的多元全方位同盟。

---

[1] 中新网 2010 年 12 月 8 日转载美国《华尔街日报》文章《美日韩打造防卫统一战线》。

[2] 姬新龙：《韩美在日本海开始联合军演》，新华每日电讯，2010 年 7 月 26 日，第 5 版。

[3] 于青、莽九晨：《美韩、美日同日开练考验东北亚局势》，载《人民日报》，2009 年 2 月 28 日，第 21 版。

[4] 陈言：《日韩美抑制中国新策略：继续搅局东亚》，载《国防时报》，2011 年 1 月 26 日，第 11 版。

三、韩美同盟与地区局势

奥巴马曾经说过："韩国是美国最亲近的盟国之一，也是最伟大的朋友之一。"[1] 韩美两国首脑也一致认为，"韩美同盟对于韩国来说是'安保第一支柱'，对于美国来说是'确保太平洋地区稳定的基石'"[2]，两国将共同巩固"促进和平及繁荣的太平洋联盟"。

在韩美共同努力下，韩美同盟逐渐宽泛化和全面化，这种突破传统模式、超越陈旧概念的"新型"同盟关系，看似改变了过去单一性质的军事同盟，既不针对具体某个国家，也不再强调以地理位置、地缘政治为基础。但是，在东北亚地区，特别是朝鲜半岛，韩美同盟与朝鲜依然深陷"安全困境"。[3]

"安全困境"，又叫"安全两难"，在国际政治的现实主义理论[4]中，它是指一个国家为了保障自身安全而采取的措施，反而会降低其他国家的安全感，从而导致该国自身更加不安全的现象。一个国家即使是出于防御目的增强军备，也会被其他国家视为需要做出反应的威胁，这样一种相互作用的过程是国家难以摆脱的一种困境。

按照韩美的看法，韩美同盟的维系和加强很大程度上是因为朝鲜，由于朝鲜加强国防建设，发展包括核和导弹在内的进攻性武器，并不断进行挑衅，制造了类似天安舰事件和延坪岛事件，威胁韩国的人民和财产安全。

然而，对于朝鲜来说，其强调"主体思想"、"先军政治"的大政方针，同样是因为身处恶劣的周边环境，特别是韩美同盟加强后不断对朝鲜的威胁，朝鲜为维护国家安全和政权稳定不得不提高军事实力的结果。

冷战结束后，朝鲜因经济困难导致国力不足，无法维系与韩国在常规武器上的军备竞赛，另一方面也无法得到来自前苏联和中国的军事支持和安全保障，就将目光转向更有威慑力的核武器及远程弹道导弹。

在朝鲜看来，美国将朝鲜视为邪恶轴心、核打击对象国等，没有放弃对朝鲜的"政权更迭"，韩国也一直试图实现以韩国为主的吞并式的统一。伊拉克和利比亚的事例更让朝鲜领导人认识到拥核自保的重要性，将拥核写入宪法，坚定地发展核武器。

朝鲜的这些行动又反作用于韩美同盟，促使韩美同盟不得不更加靠拢，通过联合军事演习等高压措施来保持和维系对朝鲜的武力威慑，不容忍朝鲜的挑衅和威胁。

---

[1] Government of US. "President Obama Vows Strengthened U.S.-South Korea Ties." U.S. Embassy Seoul, April 2, 2009.

[2] 韩国认为，"linchpin"和"cornerstone"是有区别的，linchpin 指汽车或马车、牛车上用于固定车轮的车轴，外交上多用来比喻拥有共同政策目标的必要伙伴；cornerstone 指用来支撑房屋等建筑物的基石，外交上多用来比喻伙伴关系。在 2013 年 5 月 9 日签署的《纪念韩美结盟 60 周年联合宣言》的官方文件中用"linchpin"，说明韩美同盟重要性的提高。

[3] 龚克瑜：《美日韩强化联盟，有多少后患》，载《解放日报》，2008 年 6 月 16 日。

[4] Kenneth N. Waltz, *Theory of International Politics*, Waveland Press, Reissue edition, 2010, pp.132-135.

这样，韩美同盟和朝鲜就陷入了一种恶性循环，双方改善自身安全处境的行为会促使对手进一步增强实力，所以无法消除自身的不安全感。[1]

在李明博政府时期，2010 年重创朝鲜半岛南北关系的天安舰事件和延坪岛事件发生后，韩国深深地感受到来自朝鲜的现实威胁和自身国防能力不足的弊病，在拉拢美国，强化韩美同盟的同时，也不断加强自身的国防力量，在多个领域实现突破。

其一，拥有“先斩后奏”权利。2010 年 12 月 7 日，韩国国防部表示，如果遭到敌人的攻击，各级部队指挥官可以行使自卫权，根据“先采取措施后报告”的原则，对敌人的攻击源进行精确打击，以全力遏制挑衅行为。[2] 这是美国第一次赋予韩国先斩后奏、先打后报的权利。

其二，全面修改“交战守则”。根据美国领导的联合国军司令部在 1953 年制定的交战守则，“在遭到攻击时要以对等的武器体系进行 2 倍的应对”的限制，也就是严格规定了数量和质量，即受到炮击时要以炮击进行反击，还击的炮弹不能够超过对方的 2 倍。但是现在，韩国军方已经不用再遵守这条交战守则了。

其三，扩大导弹射程。根据韩美导弹协议的规定，弹道导弹射程限制在 300 千米以下，弹头重量限制在 500 千克以下。但是，韩国提出，在朝鲜已经拥有远程导弹并进行多次核试验的情况下，韩国也必须要延长自身的导弹射程。2012 年 10 月 7 日，美国同意将韩国弹道导弹射程从 300 千米延长至 800 千米[3]，射程 550 千米的导弹弹头重量增加到 1 000 千克，300 千米导弹弹头重量增加到 2 000 千克。[4]

值得关注的是战时指挥权的移交问题。长期以来，美方迟迟不肯交出军事行动指挥权，一方面是为了提高韩美联合防御作战的效能，另一个方面是为了对韩军的军事行动进行有效监控，以免韩国政府的任何军事盲动而导致半岛局势一发不可收拾。结果韩美多轮交涉后，美国方面称，2015 年后不再延长移交战时指挥权，届时将给予韩国军队绝对的自治权。[5]

根据韩美协议，今后在朝鲜半岛危机状况以及战争时期，韩美联合司令部的作战指挥权将让位于韩国军方，韩美在战时的沟通机制将发生重大的转变。[6]

这样，韩美同盟中的重要一环——美国对韩国的遏制和管控将大为降低，直接的后果就是朝鲜半岛局势不确定性和不稳定性的增加。

---

[1] 沈定昌：《李明博时期的美韩同盟》，载《第 12 届中国韩国学国际学术大会论文集》，2011 年 10 月，第 45—50 页。

[2] 姬新龙：《韩国军方允许各级指挥官应对挑衅可“先打后报”》，新华社首尔 2010 年 12 月 8 日电。

[3] 如果韩国 800 千米的弹道导弹部署在仁川等中西部地区，中国的北京、天津、山东、江苏等都将在其射程范围之内。

[4] 《韩美同意将韩导弹射程延至 800 千米》，韩国联合通讯社首尔 2012 年 10 月 7 日电。

[5] 徐启生：《美韩达成推迟移交战时军控权协议》，载《光明日报》，2010 年 6 月 28 日，第 8 版。

[6] Bruce Klingner, “Challenges to Transforming the Korean Armistice into a Peace Treaty.” *the Journal of East Asian Affairs*, Vol. 25, No. 1, 2011, pp. 80-82.

2011年6月17日，韩国爆出乌龙事件，凌晨4时左右，驻守在京畿道江华郡的两名韩国海军陆战队士兵，误将正在准备降落的韩国客机当作正在“入侵”的朝鲜战斗机，并用K-2步枪对空开火10分钟。所幸飞机不在步枪子弹的有效射程内，客机未受任何影响。[1]这个事件的发生更加增添了周边国家对朝鲜半岛局势动荡的不安。

由于朝鲜退出停战协定，从法理上来说，半岛南北双方仍处在“准交战状态”，朝韩双方的互不相让和互不信赖，都有可能导致矛盾的爆发和冲突的升级，使任何小小的擦枪走火都有可能造成无法挽回的后果。再加上周边大国在半岛的战略利益和核问题上所持立场的不同，韩美同盟的强化将会加剧大国间的矛盾和纷争，引发军备竞赛，进而破坏地区原有的脆弱的战略安全均势，给未来地区的安全和稳定增添更多的不确定因素。

事实上，韩美同盟所维系的地区安全和稳定，只是暂时和表面的，并非是一种有助于地区和平的战略框架，不过是目前状况下的权宜之计，无法从根本上防止问题或者解决问题。

周边国家期待的是一种真正意义上的地区多边安全机制，通过多边安全对话，增进相互了解与信任，推动合作安全理念，建立合理公正的关系准则，来真正实现地区的和平与稳定。

[1]　《韩国军方就误射客机道歉称不惩罚哨兵》，载《环球日报》，2011年6月20日。

朝鲜应对布什政府对朝政策：历程、特点与启示

王晓波[1]

摘要：朝鲜与布什政府执政的八年结下了数不清的恩恩怨怨。其间经历了布什政府两个任期对朝政策的五个阶段，各阶段的朝美关系又有其独特特点。以朝鲜的应对为视角，纵观朝美关系及朝鲜应对布什政府对朝政策的特点，在为我们展现朝美博弈“国际政治大剧”的同时，也给中国外交带来诸多的启示。

关键词：朝鲜应对　布什政府对朝政策　历程特点　启示

朝鲜自2001年1月布什执政起再一次拉开了应对美国对朝政策悬念迭生的大幕，演绎了一场场跌宕起伏的国际政治大剧。朝鲜针对布什政府两个任期中五个阶段的对朝政策进行积极应对，来捍卫国家利益，颇为引人注目，并且形成了独特的演变过程和朝美关系的互动规律。本文以时间为基轴，以重大历史事件为依据，以朝鲜的应对为视角，分析朝鲜应对布什政府对朝政策的历程和特点，以其对中国外交有所裨益。

一、朝鲜应对布什政府对朝政策的基本历程

朝鲜应对布什政府两个任期的对朝政策可分为五个阶段。第一任期大体经历了三个阶段，第二任期大体经历了二个阶段。第一任期中朝美关系总体上是呈现双方关系紧张、危机不断升级。

1. 第一阶段（2001年1月—“9·11”事件）是朝鲜应对布什政府对朝政策的调审与冷处理阶段

朝鲜应对的特点是以试探为主，在利益攸关问题上毫不让步。

布什政府在执政之初的对朝政策上表现出了混乱和相互矛盾的特点，但从其对前任克林顿政府对朝政策的重新评估中已经看出强硬的端倪。布什政府既认为“只要存在核查机制，他愿

[1]　作者简介：王晓波，博士，延边大学政治与公共管理学院教授，国际政治硕士生导师。主要研究方向为朝鲜半岛问题、东北亚各国关系、当代中国外交。（延吉，133002）

与朝鲜继续关于控制导弹生产、出口的谈判”[1]；又认为“克林顿政府的对朝‘接触’政策是软弱的，不可思议地帮助朝鲜走出了即将崩溃的困境”[2]。既称“美国准备在克林顿政府的基础上与朝鲜尽早进行对话”[3]，又称朝鲜仍属“无赖国家”，美国并未改变“朝鲜是支持恐怖主义国家的认识”[4]。既表示要与朝鲜建立“有条件的和严格的互惠”，又表示去“克林顿化”，即“ABC”。特别是6月6日出台的对朝政策评估报告，既指出，美国准备改变同朝鲜交往的方式，不再通过威胁或挑衅而是以坦率的方式同朝鲜进行对话，又强调布什政府“不再奖励不良行为”，“对朝鲜政权的意图和真诚仍表示怀疑”，提出了“不能与民主的敌人、独裁者握手”，“不和金正日统治下的北朝鲜做任何交易”，等“一揽子解决方案”。“这一政策与克林顿政府较为务实的对朝接触政策相去甚远，更加突出强制和打压的一面，鹰派的特征非常突出。”[5]确定了布什政府对朝政策的基调。

朝鲜起初对布什政府的对朝政策采取了“听其言、观其行”的态度。然而，布什政府连连发表对朝不友好的强硬讲话，以及所采取的“鹰派”的以“威慑”和“打压”为主调的“单边主义”做法引起朝鲜的激烈反抗，并在布什政府满月之际对其对朝政策予以严厉抨击。朝鲜认为，“朝鲜已经履行《核框架协议》中的义务，现在要谈的是美国尽快提供两座轻水反应堆和两国关系正常化的问题；美国单方面扩大谈判议题，是要解除朝鲜武装”[6]。并多次通过媒体、外务省发言人谈话等方式加以反驳和谴责，威胁恢复远程导弹试射，朝美对立开始加剧。此间朝美双方还都处于相互试探、观望对方举动的阶段，政策处于调整期。尤其是朝鲜，应对布什政府初现端倪的“鹰派”强硬政策攻势以防和试探为主，谨慎应对，在利益攸关问题上毫不让步。随着布什政府强硬态度的升级和矛盾的不断加剧，朝美关系开始恶化，拉开了新一轮较量的序幕。

2. 第二阶段（“9·11”事件—2002年10月）是朝鲜应对布什政府对朝政策的“鹰式接触”阶段

朝鲜的应对特点是两手抓。即一边争取和谈，一边做第二手准备。

“9·11”事件是布什政府对朝政策的一个关键转折点。布什政府不顾及朝鲜已经加入多个反恐协议的事实，出于对大规模杀伤性武器扩散的担心，在国务院发表的《全球恐怖主义形

[1] Heibert M. A Battle Brews in Washington. *Far Eastern Economic Review*, 2001(1):25.

[2] 胡明远：《以朝核问题为视角探析布什政府的对朝政策》，载《学理论》2009年第14期，第20—21页。

[3] Harnisch S. U.S.-North Korean relations under the Bush administration: from “Slow Go” to “No Go”. *Asian Survey*, 2002, 42(6):865.

[4] *A National Security Strategy of Engagement and Enlargement*. Washington D.C.: The U.S. Government Printing Office, 1994; Marquis C. U.S. Declares"Rogue Nations" Are Now "States of Concern". *The New York Times*, 2000-06-20(A8).

[5] 张业亮：《布什政府对朝政策与朝核危机》，载《美国研究》2004年第1期，第33—54页。

[6] KCNA. Spokesman of DPRK Foreign Ministry on Bush's statement on resuming negotiations with DPRK, (2001-06-18)[2010-09-12]. http://www.kcna.co.jp/index-e.htm.

势报告》中将朝鲜列入“支持恐怖主义”国家名单；在9月份的《国家安全战略》和第17号总统令中将朝鲜列为“先发制人”战略的重点打击目标。认为《核框架协议》是一种“敲诈”[1]，“不相信朝鲜会遵守该协议”[2]，在确认朝鲜完全遵守协议前，不会提供“奖励”，也不开展双边谈判。在10月28日公布的“28个恐怖集团和支持恐怖主义国家的名单，朝鲜仍然榜上有名”[3]。国防部长拉姆斯菲尔德认为，“朝鲜积极致力于发展大规模杀伤性武器并将导弹技术出售给别国，构成了对美国的真正威胁”[4]。2002年1月8日的《核态势评估报告》中声称，为维护国家安全美国可以对包括中、朝在内七个国家实施“先发制人核打击”。[5]1月29日，在布什上任后的首份《国情咨文》中，又将朝鲜列为与伊拉克和伊朗并列的三个“邪恶轴心”国家之一。称“伊拉克、朝鲜等这些国家和它们的恐怖主义同伙构成了一个邪恶的轴心，其目的是威胁世界和平。这些政权妄图获得大规模杀伤性武器，从而构成了日益严重的极大危险”[6]。意欲通过对朝施压，阻止朝鲜发展大规模杀伤性武器和参与恐怖主义行为，即实施了“鹰式接触”政策。[7]处于风口浪尖的朝鲜，不可抗拒地成为布什政府强硬政策首当其冲的目标。

朝鲜政府则以两手应对：一方面，向布什政府发出了一系列友好的信号。朝鲜外交部12日发表声明说“作为联合国成员国，朝鲜反对各种形式的恐怖主义和不管以什么方式支持恐怖主义的立场仍未改变”，对恐怖分子对美国的袭击给予了谴责。10月初，朝鲜驻联合国代表再次表明了朝鲜政府反对恐怖主义的立场。11月3日，朝鲜宣布它将签署冻结恐怖分子资金和反绑架的国际公约。同时，朝鲜改变了自布什政府执政以来对南北对话与交流较为冷淡的政策，转而期望通过南北关系、朝日关系的改善来取得朝美关系的突破。9月15日，朝鲜决定重开南北第五次部长级会谈，11月又举行了第六次部长级会谈。2002年8月在汉城举行的朝韩第八次部长级会谈达成了10项协议，9月底参加了在韩国釜山举行的第14届亚运会，朝韩关系进入了全面启动的新局面。同时，朝日开始在北京秘密接触，力图重开朝日邦交正常化谈判。特别是9月17日，日本首相小泉纯一郎访朝，与金正日会晤并发表《朝日平壤宣言》，为朝日邦交正常化谈判铺平了道路。另一方面，面对布什政府的敌视与施压政策，朝鲜感觉自身的安全处境正在走向危机的边缘，也在做第二手准备。2002年1月31日，朝鲜外务省发表强硬言论，称布什政府将朝鲜与伊朗、伊拉克一起称为“邪恶轴心”，是对朝鲜的宣战，是“企

---

[1] Laney J T, Shaplen J T. How to Deal with North Korea . *Foreign Affairs*, 2003, 82(2):16.

[2] 《极权统治的朝鲜是一个严重威胁》，载布什：《我不信任朝鲜》，(2001-03-09)[2010-10-22]. http://www.zaobao.com/special/korea/pages/korea090301.html。

[3] Jong-chun P. Impact of U.S. War against Terrorism on the Korea Peninsula . Korea Focus, 2002(1):61.

[4] Rumsfeld D. N. Korea' s Arms a Threat . *The Washington Post*, 2001-11-16.

[5] Perry W J, Scowcroft B, Ferguson C D. U.S. Nuclear Weapons Policy . *Council on Foreign Relations*, 2009:11.

[6] 《乔治 · W. 布什总统的国情咨文》，载傅梦孜主编：《反恐背景下美国的全球战略》附录四，时事出版社 2004 年版，第 505 页。

[7] Cha V D. Korea' s Place in the Axis . *Foreign Affairs*, 2003,81(3):79-92.

图通过颠倒黑白的手段，把国内外的一切责难归结为恐怖主义”，于8月7日举行咸镜南道轻水反应堆主体浇筑工程开工仪式。布什政府对朝肆意打压的强硬政策，致使朝美关系逐步恶化，促使了朝鲜更加注重核武器的实际能力发展，诱发了朝核问题的再度发生。

3. 第三阶段（2002年10月—2005年1月）是朝鲜应对布什政府对朝政策从单一施压到多边协调的转换阶段

朝鲜的应对特点是软硬兼施、挑战极限、斗而不破，以其实现朝美举行双边会谈和缔结和平条约的目的。

2002年10月3—5日凯利访朝，这是布什政府执政以来政府高官对朝鲜的首次访问。但是，凯利只关注朝鲜的铀浓缩项目，其他议题拒不讨论的做法让朝鲜非常恼火。于是朝鲜第一副外长姜锡柱说：“朝鲜不仅有权拥有核武器，还有权拥有比核武器更厉害的武器来保护国家主权和生存权，应对美国日益紧迫的核威胁”[1]。这一“表态”激怒了布什政府，引发了第二次“核危机”。11月14日，以美国为首的朝鲜半岛能源开发组织决定从12月起停止对朝鲜供应重油。从12月10日起布什政府还宣布停止向朝鲜运送粮食，同时终止了朝鲜半岛能源开发组织支援朝鲜轻水反应堆的工程建设。鲍威尔在东京表示：“除非朝鲜停止其核计划，否则不能指望得到任何好处。”“这不光是美朝之间的问题，而是事关整个地区的问题。”[2]与此同时，美国还加大了对朝鲜的军事威慑力度。美国太平洋舰队司令法戈要求五角大楼向关岛、日本和韩国等美国在东亚的军事基地增兵；国防部长拉姆斯菲尔德表示，即使美国兵力投入对伊拉克的军事打击，美仍然有能力阻止朝鲜展开核计划。此次爆发的核危机，使朝美关系进一步提升到全面对抗的处境。

第二次朝核危机爆发后，朝鲜一方面希望与美国谈判解决，强调核问题是朝美之间的问题，反对朝核问题“扩大化”，坚称解决核问题的最佳途径是朝美签订互不侵犯条约。同时表示，朝鲜也可考虑重新冻结核设施，但这将视美国的态度而定。25日，朝鲜外务省声明：“只要美国通过互不侵犯条约从法律上承诺不侵犯我国，包括不对我国使用核武器，那么我国也愿意消除美国在安全方面的疑虑。”[3]另一方面，朝鲜挑战极限，推崇“悬崖”战略。宣布由于美国停止供应重油，除了重新启动冻结的反应堆发电外别无选择，并要求国际原子能机构拆除其封条和监控设备。11月21日，宣布《朝美核框架协议》无效；12月22日，宣布开始启封被冻结的核设施，拆除了国际原子能机构安放在宁边的监视核冻结情况的监督装置，驱逐了国际原子能机构的核查人员，并接连试射导弹；1月10日，宣布退出《核不扩散条约》；2月5日，

[1] KCNA. Conclusion of non-aggression treaty between DPRK and U.S. called for. (2002-10-25)http://www.kcna.co.jp/index-e.htm.

[2] 石斌：《从强制外交到多边协调：析美国对朝核问题的政策》，载《国际观察》2004年第2期，第38—45页。

[3] 《外交部发言人称朝鲜半岛无核化符合各方利益》，(2002-10-25)[2010-12-23]. http://news.xinhuanet.com/newscenter/2002-10/25/content_608480.htm。

朝鲜启动了位于宁边的核设施，致使朝核危机全面升级。朝鲜外务省发言人表示，朝鲜的核活动完全是以电力生产为主，只限于和平目的。美国“却要强加给我们的核活动其他的性质，根本就是要给‘朝鲜问题国际化’寻找合理借口”。“国际原子能机构没有权力对既不是成员国又推出了核不扩散条约的朝鲜指手画脚”，该机构“已失去了公正性，成为美国的政治工具”。尤其是伊拉克战争对朝鲜震动很大，朝鲜认为美国打击的目标不仅限于伊拉克，下一步可能扩大到朝鲜，“妥协是危险的”。3 月 28 日朝鲜《劳动新闻》指出：伊拉克“悲惨的下场”是屈服于武器核查压力造成的。任何人不要指望朝会做“丝毫的妥协或让步”[1]。可见，在美国的压力面前，朝鲜步步紧逼以逼迫美国做出表态，这加剧了半岛的紧张局势，增大了朝核问题的解决难度。

但是，随着伊拉克战事临近尾声，朝鲜也改变了先前反对多边会谈的立场。4 月 12 日，朝鲜表示，“如果美国有意为解决核问题而大胆转变对朝政策，朝鲜将不会拘泥于对话的形式”[2]。在 4 月 23—25 日的朝、美、中北京“三方会谈”中提出了“大胆方案”，即“美国与朝鲜建立外交关系，在美国的支持下实现朝日关系正常化，尽快完成轻水反应堆的建设；相应的，朝鲜拆除其核设施并停止导弹的试验和出口”。2003 年 8 月，在中国的斡旋和召集下，“六方会谈”机制在北京正式形成，第一轮六方会谈于 8 月 27—29 日在北京举行。虽然朝美双方都强调一揽子解决问题，但双方立场相距极远。朝鲜要求先解决朝鲜的能源危机与安全保障，后谈核计划与导弹问题；而美国做出让步的前提是“全面、可核查、不可逆转地废除朝鲜的核武计划。”此次六方会谈虽未达成实质性成果，但参与会谈的各方代表都希望和平解决朝鲜核问题，不仅缓解了半岛紧张局势，也为今后进一步和平解决争端打下了基础。并分别在 2004 年 2 月和 6 月相继举行了第二轮和第三轮六方会谈。朝鲜采取了“既不让你找到我发展核武器的确切证据，又让你无法完全排除我发展核武器的可能”的“模糊战略”，来与美国周旋，最大限度地维护自己的国家利益。朝鲜认为，所谓朝核问题完全是美推行对朝敌视政策造成的，主要是朝美之间的事，因此应该通过朝美双边对话来解决。而布什政府在对朝政策上向多边协调迈出的重要一步，为第二任期的政策调整埋下了伏笔。

朝鲜应对布什政府第二任期对朝政策经历了后两个阶段。朝美关系总体上是朝美关系时缓时急、形成了一系列会谈成果。

4. 第四阶段（2005 年 1 月—2006 年 10 月）是朝鲜应对布什政府对朝政策由强硬变为缓和的转变期

朝鲜的应对特点是时急时缓，波浪式的前行。

---

[1] 鸣涧：《朝核会谈从三方到六方“朝核隧道”有多长》，(2003-08-12)[2010-12-05]. http://www.chinanews.com/n/2003-08-12/26/334457.html.

[2] Riechmann D. N. Korea Hint at Talks Interests U.S. [N]. The Washington Post, 2003-04-12.

2005年1月布什连任。一方面，为了国内政治的需要，新任国务卿赖斯不惜以损害朝美关系为代价，在1月19日的提名听证会上称朝鲜是“暴政前哨”和布什就职时的“结束暴政”的言论再次刺激朝鲜，朝鲜强力应对。2月10日，朝鲜外务省声明，“美国的言论表明其敌视朝鲜的政策没有改变，朝鲜决定无限期停止参加六方会谈，并第一次公开宣布拥有核武器”[1]。针对布什称金正日为“暴君”和“危险人物”的做法，朝鲜也公开称呼布什为“流氓”。4月30日朝鲜外务省发言人表示，“朝鲜绝不会容许任何人对朝鲜最高领导人进行一丝一毫的恶言攻击”。“只要布什仍在执政，世界就绝不会和平，朝鲜就不会期待核问题得到解决、朝美关系得到改善。”“朝鲜将沿着选择的道路一直走下去。”作为对美国侮辱朝鲜领导人的回应，双方针锋相对，陷入“口水战”中。5月朝鲜重新启动宁边核反应堆。

另一方面，为了打开局面，加快解决朝核问题，1月19—22日，中国中联部部长王家瑞访问朝鲜，金正日对到访的王家瑞表示，“朝鲜坚持朝鲜半岛无核化，以及坚持通过对话和平解决问题的立场没有改变。”[2]并表示，如果美国显示诚意，六方会谈将恢复。此时的布什政府受到多方掣肘，在对朝强硬政策上开始表现出松动的迹象。如：在就职演说和国情咨文中一改以前对朝鲜和朝鲜领导人的恶语攻击与指责，代之以“正在寻求各方努力，通过国际合作和外交手段和平解决朝鲜核问题”，并先后派出两批国会议员以个人和团体的身份访问朝鲜，明确转达其“无意变更朝鲜政权”和“无意对朝鲜实施军事打击”等意愿。3月，赖斯在首访亚洲时公开承认朝鲜是“主权国家”，表明美国无意对朝鲜发动军事攻击，愿意在六方会谈的框架之内举行美朝双边谈判；随后，希尔接替凯利担任美国六方会谈首席谈判代表，并于7月9日与金桂冠在北京秘密会晤，确定在7月底恢复六方会谈。可见，此时布什政府对朝政策做出顺势而变的调整的意图非常明显。

由于布什政府的这种政策松动，加之各方的大力协调，作为对美国一系列善意举动的回应，金正日在平壤会见中国国家主席胡锦涛的特别代表唐家璇时表示，实现朝鲜半岛无核化，是朝鲜所要努力的目标。“他希望六方会谈的机制能成为实现半岛无核化的重要平台。朝方期待下一轮会谈如期举行并取得积极进展。”[3]6月3日，朝鲜外务省发言人就布什总统在上月底会见记者时提到金正日总书记时使用了“先生”的尊称给予积极评价，称此举有益于朝鲜重返六方会谈。朝鲜在声明中也没有像以往那样对布什直呼其名，而是“礼尚往来”性地使用了“美国总统”的头衔。这些事态表明美国对朝政策的改善换来了朝鲜的积极响应，双方的互动有益于六方会谈的重启。经多方努力，7月26日—8月7日，第四轮六方会谈第一阶段会谈在北京举

---

[1] KCNA. DPRK FM on Its Stand to Suspend Its Participation in Six-party Talks for Indefinite Period . (2005-02-10)http://www.kcna.co.jp/index-e.htm.

[2] 李慧玲：《金正日：随时重返谈判桌》，(2005-02-23)[2011-01-19]. http://www.zaobao.com/special/korea/pages1/korea230205.html。

[3] 金正日：《实现半岛无核化是朝鲜努力目标》，(2005-07-14)[2010-09-23]. http://www.zaobao.com/special/korea/pages1/korea050714.html。

行，发表了主席声明。9月13—19日，第四轮六方会谈第二阶段会谈在北京举行，与会各方一致通过了六方会谈启动以来的首份《共同声明》（即“9·19”共同声明）。朝方承诺，放弃一切核武器及现有核计划；美方则确认，无意以核武器或常规武器攻击或入侵朝鲜；朝方声明拥有和平利用核能的权利，其他各方对此表示尊重。“9·19”共同声明的发表标志着各方朝着实现朝鲜半岛无核化的目标迈出了坚实有力的第一步。[1] 这一积极成果的达成，一个重要的推动因素是布什政府改善了对朝政策，而朝鲜也对这种善意举动表示了支持。

但是，好景不长，当各方还沉浸在欢庆之中的时候，布什政府对朝鲜实施了新的金融制裁，即“BDA事件”。朝鲜对此强烈应对，12月2日，朝鲜外务省发言人指出，美国对朝鲜实施的金融制裁将直接影响六方会谈。尽快取消对朝金融制裁是会谈重启的先决条件，如果美国违背六方会谈达成的协议，坚持对朝制裁，朝鲜将被迫采用一切相应保护措施。朝鲜以“行动对行动”原则为由拒绝履行任何“9·19”声明中达成的承诺。更甚者，朝鲜于2006年7月5日进行了导弹试射实验，称“发射导弹是关系到朝鲜自主权的问题”。“任何人都无权进行指责，也不受任何协议的约束”[2]。7月7日，布什表示，要以耐心和外交手段处理朝鲜导弹事件。称“问题不是一夜间产生的，也不能一夜间解决”，“用外交解决问题需要时间”。[3] 朝美之间新的冲突行为导致后来的两轮六方会谈也都无果而终，并引发了朝鲜的核试爆，给正在酝酿对朝政策转型中的布什政府敲响了警钟。

5. 第五阶段（2006年10月—2009年1月）是朝鲜应对布什政府对朝政策寻找软着陆与强调接触的阶段

朝鲜应对的特点是顺势调整，积极回应，形成相应成果。

2006年10月9日，朝鲜为了逼迫布什政府表态进行第一次核试爆，无核化进程遭遇重大挫折。对此，一方面，布什政府调动国际社会力量加大对朝鲜的压力和制裁力度，14日联合国安理会15个成员国一致通过制裁朝鲜的“1718号决议”，严厉谴责朝鲜悍然进行核试验。朝鲜拒绝接受有关制裁决议案。认为这“完全要归咎于美国的核威胁、制裁与压力”，“朝鲜是被迫证明自己拥有核武器，以保护本身的主权和生存的权利”。“如果美国持续增加对朝鲜施加的压力，朝鲜将视之为战争宣言，并将具体的做出反抗。”[4] 另一方面，布什政府也没有关闭谈判的大门，展开了恢复六方会谈的外交活动。10月签署《2007年国防授权法案》，授权委派一名协调员来评估对朝政策，旨在帮助白宫创制一条务实有效的政策路线，开启了对朝

[1] 向冬梅、徐德荣：《布什政府朝核政策探析》，载《思想理论教育导刊》2006年第5期，第59页。

[2] 《朝外交官员谈试射导弹　态度强硬》，(2006-07-05)[2011-02-05]. http://www.zaobao.com/special/realtime/2006/07/060705_21.html。

[3] 高弟、杨光：《论小布什政府以来的朝核问题与美韩关系》，载《东岳论丛》2010年第2期，第159—163页。

[4] 《联合国一致通过制裁决议 朝鲜拒绝接受制裁 要对话也恫言宣战》，(2006-10-16)[2010-12-18]. http://www.zaobao.com/special/korea/pages2/korea061016.html。

政策进一步调整的过程，基调更加务实；11月底，六方会谈代表团团长在北京举行非正式会晤，美国提出了对朝弃核后的支援方案，并表示要解除对朝鲜的经济制裁；12月，第五轮六方会谈第二阶段会议复会；2007年1月16—18日，朝美两国的首席谈判代表又在柏林进行了直接谈判。这一系列的举动给朝美外交创造了良好的外部氛围，双方在实质性解决朝核问题上更加迈进了一步。2月13日第五轮六方会谈第三阶段会议上，各方终于达成一致意见并签署了《落实共同声明起步行动》（2·13共同文件），朝鲜半岛无核化进程由此进入具有实际意义的初步阶段。

对于布什政府的主动态度，朝鲜也给予了积极回应。3月6日，金桂冠与希尔在纽约举行了朝美工作组首轮会谈。会后，希尔对朝美“弃核”换“补偿”的前景表示乐观。6月21日，金桂冠邀请希尔访问朝鲜，并表明它准备恢复停顿的六方会谈。随着资金问题的解决，7月14日，朝鲜关闭了宁边的核设施，并将其通告了布什政府。国际原子能机构的核查人员在时隔近5年后重返朝鲜，对其进行了正式确认。朝美双方开始履行各自的承诺，这些都是对“行动对行动”原则的重大肯定。10月六方会谈通过了《落实共同声明第二阶段行动》共同文件，将实质性解决朝核问题的行动又向前推动了一步。12月，希尔访问了朝鲜，与朝鲜就申报核计划问题进行了讨论。2008年，为了一鼓作气争取打开与美会谈新局面，6月26日，朝鲜正式向六方会谈主席国中国提交了核计划申报书，并于27日炸毁了宁边核设施冷却塔；9月，朝鲜跆拳道代表团首次访美。10月11日，美国国务院发言人麦科马克宣布，“由于美朝在朝鲜核设施验证问题上达成协议，美国决定将朝鲜从所谓‘支持恐怖主义国家’的名单中除名”[1]。同时，布什上台七年来第一次给朝鲜领导人写信称金正日为“亲爱的委员长”。[2]“朝核问题终因美国近期在对朝政策上所采取的灵活、务实、妥协的态度而取得了重要突破，朝鲜半岛无核化进程终于迈出具有实质意义的第一步。”[3]同月的“交响乐外交”，将朝美关系发展推向新高潮。

虽然此时的布什政府求功心切，不断加大对朝鲜的接触力度以求将朝核问题解决在任内，给后任留下改善朝美关系的遗产。但时间没有再给其机会，软着陆政策终究在一阵迟到的掌声中功败垂成。朝鲜由此也无法采取更大的举动，只能将希望寄托在美国下届政府身上。

二、朝鲜应对布什政府对朝政策的主要特点

纵观朝鲜应对布什政府对朝政策基本历程和各阶段特点可见，朝鲜经常超出国际惯例，采取一些令人难以预测和把握的行动，形成了独具特色的模式。故此有很多学者将其形象地概述

[1]　《美国宣布将朝鲜从“支恐”名单中除名》，(2008-10-11)[2010-09-19]. http://news.xinhuanet.com/world/2008-10/11/content_10180994.htm.

[2]　黄彬华：《布什称金正日“亲爱的委员长”》，(2007-12-15)[2010-11-29]. http://www.zaobao.com/special/korea/pages3/korea071215.shtml.

[3]　刘阿明：《从“挤压”到“接触”——现阶段美国对朝政策调整探析》，载《国际论坛》2007年第6期，第3页。

为“悬崖战略”、“切香肠战术”等。总体来看，朝鲜的应对具有以下自身的显著特点：

1. 充分利用大国分歧，力主平衡外交

大国战略平衡，一直被国际社会视为国际关系运行的基本规则，朝鲜也深谙其道。在处理朝核问题上，朝鲜充分利用东北亚各大国特别是中美之间的利益纠葛和战略分歧，在六方会谈的框架中游刃有余，不断深入核禁区。

朝鲜选用平衡外交，在大国间纵横捭阖，其实本无可厚非，这也确实让这个裹挟在东北亚核心的“神秘”国度收获了不少实实在在的好处，其中最大的收益就是令积贫积弱的朝鲜在国际政治斗争中立于不败之地。朝鲜总能在中、美、俄、日等四大国的战略分歧中找到政策运行的支点，利用各国在朝鲜半岛和朝核问题上的利益争端为自己创造发展的机会。一方面，朝鲜紧紧靠拢中国，极力利用中国这张“牌”打压美日韩的嚣张气焰。在朝核谈判上，朝鲜从来不惧各国的“经济制裁”，并在自己的固有观点和国家利益上从不轻易让步，即使布什政府祭出军事打击的危言也毫不畏惧。朝鲜的这份自信正是建立在自己的强大盟友中国的护持之上，它相信只要中国不愿开战，而又源源不断地为其供应各种用品，美国再叫嚣也无济于事。另一方面，朝鲜在需要争取与美国缓和压力和改善关系时，弃中国于不顾，径自走自己的独立路线。朝鲜深知布什政府“正是利用了朝鲜半岛不稳定局势与朝核问题，打造了制约和控制东北亚的‘问题楔子’”[1]，实现“双重规制”[2]的目的。充分利用中美之间的纠结和矛盾及寻求大国平衡的心理，将其深藏和运用在朝鲜的大国战略之中，游刃有余。每当朝美相互传递了修好的信息，不仅使朝美缓和了国家关系，在对话与合作上前进了一步，而且使受制并被冷落在一旁的中国的分量和作用就更为减少一分。朝鲜对大国平衡战略的娴熟应用，使其国际地位始终维持在不倒的地位。

朝鲜之所以如此青睐大国平衡外交，实则是源于对本国经济、军事实力及其与美日韩等国博弈中力量差距悬殊的深刻洞悉。冷战后，围绕朝鲜半岛的国际政治局势发生巨大转变，美日韩协同力量不断增强，相关各国交往日益广泛深入。与此相反，朝鲜却游离于国际体系之外，经济发展举步维艰，安全困境更加突显。为了打破困局，朝鲜不得不选择了“核武”之路，将所有民族希望寄托在既“经济”又更具威胁性的“核遏制力”上。可见，朝鲜若想以此之道走的更远，就必须细致地拿捏东北亚各大国间的利益分歧，游走于大国战略平衡之间，寻求自保与突破。

2. 挑战国际社会忍耐极限，推崇“悬崖”战略

长期以来，朝鲜半岛局势时常风云突变，牵动整个国际社会的神经。从布什政府对朝政策基本历程来看，朝鲜已习惯于通过制造危机的方式来渲染气氛，推行悬崖战略，挑战各国的忍耐极限，以此吸引国际社会关注来达到既定目的。其悬崖战略在几次朝核危机爆发中屡试不爽。

[1] 王晓波：《美国政府对朝政策的否定之否定和中国外交》，载《东疆学刊》2012年第2期，第75页。

[2] 王传剑：《双重规制——冷战后美国的朝鲜半岛政策》，世界知识出版社2003年版，第81页。

2002年10月，凯利访朝的意外结果是朝鲜承认其正在研制核武器，并由此引发第二次朝核危机。2006年，开谈几年以来的六方会谈始终没能满足朝鲜的要求和愿望，10月9日，朝鲜突然实施核试验，惊动了国际社会。正如朝鲜外务省发言人5月8日发表谈话所说，由于美国政府“丝毫没有改变敌视朝鲜的政策，朝鲜将按照业已标明的立场，进一步加强核遏制力”。果不其然，5月25日，朝鲜“悍然”进行了第二次核试验，又将朝鲜半岛局势推向风口浪尖。

客观分析朝鲜的“悬崖”战略和过度举动，包括极端言辞等，都具有其产生的一定国际政治复杂背景，都使朝鲜半岛处于无休止的危险之中，并且时常伴随突然性，令各国恐慌。同时，朝鲜实则也预留给了国际社会部分缓冲和反应时间，否则自身的利益诉求将无法在特定的博弈之中实现。这足以证明朝鲜的根本用意仍在“求和”，只不过选择了一种极端的表达和激发方式。此举与人们寻求需要时的本能反应相似，但受伤的确是包括朝鲜本身在内的半岛国家和所有半岛周边国家。这从侧面给东北亚各国敲响了警钟，朝鲜如此推崇此战略，是否各国对朝鲜的关切没有给予应有的照顾和体贴？因此，只是机械地从各自自私自利的国家利益出发的朝核政策，永远换不到当事国朝鲜的理解和认可，如此和平则无从谈起，深恶痛绝朝核的各国最终也只能是自食其果。

3. 超越国际常规，寻求朝美关系突破

朝鲜游离于国际体系之外，是国际社会早已普遍关注的事实。因此，在处理国际关系中，朝鲜通常摆脱国际惯例的束缚，以超越常规的方式探求自己的终极目标。这种操作方式，使熟于各种国际惯例和国际准则的国家眼花缭乱，打乱了他们的思维模式，使它们难以招架。这也便是我们经常看到，在国际社会的屡屡谴责和制裁之下，朝鲜始终我行我素的奇特国际政治场景。朝鲜对外政策的此种随意性和无规则化，让与其敌视的国家望而生畏，尤其是对美国，在表面声色俱厉之外却不敢随意“出牌”。

朝鲜不惜运用一切方式，突破常规应对美国挑战，反映了一个深陷孤立的国家在维护尊严与求得生存空间的无奈与纠结。无论是宣布“以超强硬对抗强硬” 也好，还是被美国指责为反复无度也罢，在寻求突破与美关系的切实利益面前，朝鲜已穷尽其战术所能。可以看出，在布什政府不断对朝鲜的“签约、保安、建交”等核心诉求做出否定和抵制之后，为扭转不利处境，朝鲜只能延续这种没有章法的章法，超越常规谋求与美国的直接对话和接近。朝鲜深知，只有打通美国这根主轴，才能解决经济发展、安全保障、民生关切等一系列议题，为达到这些目的，只能寻求唯一能让美国担心并愿意坐下来谈的核问题，即“拥核外交”，以达到一通百通的目的。因此，核武器在朝鲜寻求国家目标的过程中起到重要的媒介作用，朝鲜断然不会轻易放弃。

三、朝鲜应对布什政府对朝政策对中国外交的启示

综上分析可见，布什政府把加强国家安全作为其全球战略的“首要目标”，将恐怖主义和大规模杀伤性武器及其技术的结合确定为面临的“最严重威胁”，“最迫切的任务”是摧毁全

球范围内的恐怖主义组织以及恐怖主义分子或支持恐怖主义的国家。而维持朝鲜的政治体制，捍卫国家安全则是朝鲜的“首要目标”和面临的“最严重威胁”。打破外交孤立，与美国建立外交联系，以期获取更多的经济援助，为国内经济建设创造一个良好的外部环境则是朝鲜“最迫切的任务”。基于此，朝美之间的矛盾及其关系的转化将是一个持久的过程，中国在外交工作中更应该清醒地认识到以下几点：

1. 中国应该适当转换国家安全战略，以预防性战略取代应对性战略[1]

所谓“应对性防御战略”是指一国由于无法控制或制止别国对自己的威胁的产生，而只能根据自己的现有的或潜在的实力去对付即将到来的威胁。而“预防性防御战略”则是指国家面对可能会有的威胁，在其还未产生前，积极主动地采取各种手段将之化解在形成阶段。真正高手，则是树立未雨绸缪的意识，及早发现危机的端倪，通过事先分析、科学预测，将事件控制在酝酿、萌芽状态，防患于未然。中国作为一个陆地大国，自来就有保守性的传统。特别是新中国建立并选择了走社会主义道路之后，中国的安全环境更是一度趋于恶化，中国不得不选择隐忍，并囿于国力有限而被迫选择了应对性的防御战略。随着中国的崛起，一股新的“中国威胁论”浪潮也被美国炮制出来。美国政府常借助“富强的中国不会是一个维护现状的大国，而会是个决心要获得地区霸权的雄心勃勃的国家”[2]等各种理论言辞来抨击中国，渲染我们处于一个永无休止的安全竞争的世界和中国的威胁。这不仅恶化了中国的周边环境，而且也从理论暗示角度提高了国际安全竞争的压力。因此，中国应该适时调整过去的那种以应对为主的国家安全战略，转而以成本低、时效性好的预防性战略为主要支撑来应对安全环境的变化。如此，才能更好地维护中国的国家安全利益和应对未来崛起中的各种挑战。

2. 中国应该明确界定朝鲜半岛在中国发展战略中的地位

布什执政期间，美国全球战略有了明显变化，并利用朝鲜半岛问题成功打入东北亚地区，对朝鲜及其周边大国形成了“双重规制”，尤其是规制“战略竞争对手”中国。美国霸权的威胁时刻存在，除了创造花样百出的理论及舆论来恶化中国形象、牵制中国发展之外，还会不失时机地利用各种地区问题来消耗中国的实力，消磨中国的意志，以“朝鲜威胁”为借口推进其战略，朝鲜则首当其冲的成为其围堵中国的首选目标。因此，中国应该明确界定朝鲜半岛在中国发展战略中的地位，即朝鲜半岛向来是影响中国周边环境质量和发展状况的主要外部因素，是“中国制衡美国霸权的战略要地”[3]。为稳定计，中国现在执行了一种模棱两可的模糊战略。其特征是一边不与美国搞僵，一边又注意照顾朝鲜情绪。这从表面看起来虽然好像无懈可击，但实际上正在将中国陷入越来越被动的境地。当今，中国正处于高速发展的重要战略阶段，应

[1] 参见王晓波、朱世龙：《进攻性现实主义与中国外交》，载《东疆学刊》2006年第1期，第58页。

[2] 约翰·米尔斯海默：《大国政治的悲剧，王义桅、唐小松译，上海人民出版社2003年版，第421页。

[3] 陈峰君：《21世纪朝鲜半岛对中国的战略意义》，载《国际政治研究》2001年第4期，第7页。

该正确处理好眼前利益和长远利益的相互关系。从长远看，中国应该明确给予国际社会一个关于朝鲜半岛的地位阐释，给予世界一个透明和“负责任”中国的信号。在一个越来越相互依存的国际社会中，中国拥有更多的能力，在维护世界和地区稳定与和平，促进世界和地区经济发展，以建设性合作方式参与各种全球性和地区性问题的治理等方面，对国际政治经济的稳定与发展承担相应更大的责任。中国必须坚持奉行“与邻为善、以邻为伴”周边外交政策，积极推进与周边国家的睦邻友好与互利合作，推动并实践“和平共处五项原则”。要“积极稳妥地继续推进朝鲜半岛统一工作，着力从解决朝鲜半岛问题入手抵消美国的战略压力；要大力发展区域合作，树立中国‘负责任’的国家形象，在地区合作中促进东北亚地区的和合交融；要同世界各国一道努力抵制霸权，构建国际政治经济新秩序”[1]。中国积极斡旋并推动朝核六方会谈就已明示了朝鲜半岛的地位和以新的姿态及面貌塑造负责任大国的又一次努力。

3. 中国应该更加审慎地处理未来中美之间的全球竞争关系

中美是意识形态完全不同的国家，美国对华政策具有两面性。一方面，它要以国际宪兵的姿态对中国主权横加干预，在人权、贸易、军售、台湾、西藏等问题上对中国施加压力，不愿意看到中国的强大和统一；另一方面，出于全球战略和本国利益的考虑，又希望同中国保持关系，拓展在中国的市场，维护东北亚的稳定。美国经常毫不掩饰地将中国刻画成一个“修正主义”的潜在霸权国，将中国推向国际舆论的风口浪尖，这与中国稳定且快速增长的国家实力是分不开的。中国在国际社会经济发展不景气的大背景下，依然逆势而行，长期以来保持较高的经济增长速度，并且已经成为全球第二大经济体。相比之下，美国的整体经济状况却在经历了金融危机后每况愈下。美国要想方设法维护其全球霸主地位，只能通过夸大中国威胁和造谣中伤以达到遏制中国的目的。美国人相信“任何大国的理想局面是成为世界唯一的地区霸主”，并且这个“地区霸主不需要与之匹敌的对手”。“但如果一个地区霸主面对一个可与之匹敌的竞争对手，那么它就不再是维持现状的国家。无疑，它一定会竭尽全力削弱甚至消灭它的远方对手。”[2] 受这种根深蒂固的认识的影响，加之经济实力对国家各方面能力的连带效应，将来美国一定会继续利用“中国威胁论”来渲染中国威胁，破坏中国国家形象，未来中美之间的全球竞争也将不可避免。因此，正处于崛起中的中国，应该更好地制定好国家战略，力争杜绝一切美国可能利用的借口，同时避免与美国发生正面碰撞。只有以审慎的态度来处理中美关系，才能确保中国在未来的全球竞争中立于不败之地。在当今世界存在霸权主义和强权政治的条件下，中国首要的任务是坚持独立自主原则，维护国家主权和安全，维护国家利益。针对美国的霸权主义行径，我们一方面要进行针锋相对的斗争，在涉及国家主权和领土完整问题上，不做任何松动和让步；另一方面由于两国经济具有很强的互补性，各个领域的交流与合作有很大的潜力，应该本着相互尊重、平等相待、求同存异的原则，积极寻求双方共同利益的汇合点，扩

[1] 王晓波：《美国政府对朝政策的否定之否定和中国外交》，载《东疆学刊》2012年第2期，第81页。

[2] 约翰·米尔斯海默：《大国政治的悲剧》，王义桅、唐小松译，上海人民出版社2003年版，第43页。

大合作，缩小分歧。应该清楚稳定和健康的中美关系不仅有利于中美两国，而且有利于维护世界和平、亚太地区的稳定和促进地区经济的发展。

4. 中国应该坚持原则的坚定性和策略的灵活性的统一

坚持原则的坚定性和策略的灵活性的统一是马克思主义处理和解决实际问题的基本原则，也是中国外交的鲜明特色。原则性决定和影响灵活性，灵活性为原则性服务，是实现原则性的主要手段。在和平共处五项原则的基础上，建立和发展同世界各国的友好关系，在一切对外交往中讲原则，重信义，决不因一时得失或某些分歧而决定亲疏或弃取，决不因结交新朋友而疏远或抛弃老朋友，决不搞那种无视原则的“玩牌”。在当今相互依存的世界中，多极化使各国维护自身利益的意识在增强，但任何国家在维护自身利益的同时又不能为所欲为。邓小平指出：“考虑国与国之间的关系主要应该从国家自身的战略利益出发。着眼于自身长远的战略利益，同时也尊重对方的利益。”[1] 国家关系归根到底是围绕国家主权运转的利益关系，是相互的、对等的，应把维护本国利益和尊重对方利益结合起来处理国家之间关系，对抗将导致两败俱伤，相互合作方能共同发展。在充分国际化的世界，任何国家都不能脱离国际环境和国际社会独立进行经济建设，每个国家都必须面对现实的国际社会和国际环境，做出判断和选择，确立自己的国际战略。中国的发展离不开世界，要把中国现代化建设放在国际环境中来考虑，这是我们制定外交战略的基本出发点。1990 年，邓小平根据对国际形势的科学分析，提出了中国外交政策的具体策略原则，这就是“冷静观察、稳住阵脚、沉着应付、善于守拙、决不当头、韬光养晦、有所作为”的“28 字”方针。指出，中国要在国际事务中有所作为，怎么样作为，应该加以研究。中国在国际事务中要显示出自己的足够分量，对外要坚持独立自主的和平外交政策，自己不称霸，树立一个良好榜样，积极推动建立国际政治经济新秩序；对内要把自己的事情办好。我们要扎扎实实地抓好建设，抓住机遇，大力发展自己，尽快把中国经济搞上去，这是我们解决所有问题的关键，也是将原则的坚定性和策略的灵活性二者的巧妙结合。

总之，现今国际政治中充满了各国的合作和竞争。中国需要通过不断的实践和思考、行动和互动，摒弃保守的历史定则，顺应时代潮流的国际政治关系新思维，迈向一个更加理想的境界。需要警惕冷战思维的复发及其消极影响，在突破历史定则和创新国际政治思维的基础上，在促进世界的合作与全人类的和平共处，共同发展上做出我们应有的贡献。

[1] 《邓小平文选》第 3 卷，人民出版社 1993 年版，第 330 页。

第三编　历史·社会·文化

美国的韩国学与韩国学的世界化

申起旭[1]

大家好（中文）大家好（韩文）：

首先我非常感谢大会能在这样意义深远的韩国学学术研讨会上给予我这次进行主题发表的机会。

历史上，中国就与朝鲜有着紧密的联系并且留下了许多早期与朝鲜相关的史料记载。而在当今中国，看到如此众多的韩国学领域的学术研究在活跃地开展，我感到非常高兴。所以我相信也非常期待今天能成为一个向各位学习的好机会。

今天我以“美国的韩国学与韩国学的世界化”为主题，从一个在过去20余年间在美国研究韩国，为韩国学振兴而活动的学者的立场出发，就这个问题跟各位一起分享几点我的观点。

首先，我们先来分析一下“韩国学”这个名词指的是什么以及这个学术用语产生的历史背景是什么。虽然“韩国学”是以“Korean Studies”的英文翻译过来，但是我认为研究韩国的传统却远比这还要久远和深入。对于研究特定的近代国家或社会是与近代国家的成立有着密切的关系。尤其是国民国家和民族国家的出现使得以国家或民族为单位的研究逐渐开始。

19世纪末以后，在亚洲出现了以日本为中心的近代研究方式来进行研究，被称为“国学”。日本在对韩国进行殖民地化以后，出于殖民统治的需要曾对朝鲜的历史、文化、社会、传统等深入研究，直至今日日本也是对与韩国相关领域研究活动非常活跃的国家之一。虽然相对日本帝国主义的“殖民史观”朝鲜主张“民族史观”，又称为所谓的振兴 “朝鲜学”，但是基本上都受到了“国学”或“国史”的影响。

在中国，近代意义上的韩国学 / 朝鲜学的历史就没有那么长了。正如大家所知，直到进入1980年中期，研究韩国学的活力才开始高涨。1986年在北京大学召开“第一届朝鲜国际学术会议”后，“朝鲜学”这个学术概念才开始使用，这之后北京大学才开始设立“朝鲜历史文化研究所”。1992年，中韩两国建交以后，在中国开始广泛的使用“韩国学”这个概念，而北京大学的“朝鲜历史文化研究所”也更名为“韩国学研究中心”。

美国的状况是，在第二次世界大战以后，出于与前苏联的冷战和国家需要，美国不断促进

[1]　作者简介：申起旭（Gi-Wook Shin），美国斯坦福大学亚太研究中心主任，教授。

区域研究（area studies）的发展。韩国学、中国学、日本学等学科一起成为了区域研究的重要部分。

尽管太平洋战争时期，如同美国政府资助下写成的研究日本的鲁思·本尼迪克特（Ruth Benedict）的《菊与刀》一样在冷战之前也有一些区域研究。但在美国内部区域研究的发展在大体上是与冷战时期有着密切联系的。

1952 年，卡耐基财团的基金在哈佛大学设立了“韩国学研究所”以后在美国的大学第一次开设了韩国学的课程。1970 年中后期，伴随着韩国高速的经济发展和韩国移民数量的增加，开设韩国学课程的大学不断增加。

韩国学的状况是：大部分都不是以正式的韩国学系开设而是以作为与韩国相关的选修课程来开设，即以韩国语教育为主流。

如果看一下韩国学者们的谱系，那么韩国学的第一代主要是传教士或者是来自美国居住在韩国并开始研究韩国的学者。

在美国的第二代韩国学学者是作为美国的和平代表团团员进入韩国并被韩国吸引进而开始研究韩国的学者。

同时在美国留学的韩国留学生中也有继续留在美国并进行韩国学研究的状况也非常多。

如果李埰畛（이채진）、張潤植（장윤식）等学者称为第一代留美韩国学者的话，那么申起旭（신기욱）、金善珠（김선주）等可以称为这批人之后的第二代学者。

最近值得关注的特殊之处是韩国学研究中韩裔美国人的重要性和作用正在逐渐增加。与前文提到的学者群相比，韩裔美国人能够在语言或文化方面占据更有利的位置，所以未来他们能够在美国成为韩国学兴盛的重要力量。以 Victor Cha，David Kang（강영규）为首包括 Paul Zhang（장태영），Charles Kim 等少壮学者中韩裔美国人的数量正在不断上升。

曾经是冷战时期宠儿的区域研究学科，在战争终结后，其位置和重要性都有着巨大的下降。但韩国学的状况却是在 20 世纪 90 年代有了飞跃式的发展，1991 年的韩国国际交流财团创立成为了重要契机。特别是财团在美国的主要大学里设置了大量韩国学教授职位，为韩国学的发展的坚实基础做出了重要的贡献。

就看 90 年代初美国亚洲学会的年会，关于韩国相关的专题没有几个，其中的比重真的是非常之少。而如今状况学者数量大量上升，韩国学学者们的活动也有了让美国学术界瞩目的发展。而且在韩国与美国活动的韩国学者们的交流也有了非常大幅提升，与韩国学相关联的研究基金也有了不少的增加。

如今美国和韩国以韩美同盟为主轴签订了自由贸易（FTA）等协定，使韩美两国在政治、经济、军事部分的关系比以往任何时候都要紧密。也正如在这些方面表现的一样，虽然与中国学或日本学在研究的数和量上相比韩国学都还有一些差距，但韩国学研究也在蓬勃地发展着。

如果要说未来在美国的韩国学向前发展的困难或者挑战的话，有以下两点：

（1）由于语言问题，近代时前期专攻韩国的近现代学者数量逐渐减少。

（2）另一点在社会科学（经济学，社会学，政治学等）中如同韩国学一样的区域研究越来越难。

另外，直至今日，韩国学的主要研究领域都侧重于历史和文化，但我认为应该扩大社会科学以及政策相关研究的发展。比如：在美国虽然对朝鲜的关注以及美对朝政策的关心甚多，但是相比之下对朝鲜的研究却是不够的。

由于存在朝鲜半岛问题，美国和中国的重要性在不断增强，随之而来的是美国和中国的韩国学的持续成长，无疑是一件非常令人鼓舞的事情。更进一步说，美、中两国的韩国学专家学者们，通过在学术会议或共同研究过程中不断强化着相互间的交流合作，对于韩国学的发展有着更深远的意义。

虽然直到现在，韩国学在美国和日本等海外掀起了研究的热潮，但是能够如同中国一样将朝鲜和韩国包括在一起联系起来研究以及对韩朝近代前期都能研究的国家几乎是没有的。

近代时前期的记录几乎都是中文，所以正如前面所讲的，对于西方学者们来说是有语言上的限制的，即使是研究近现代史也没有一个国家能如中国一样全面均衡地研究韩国和朝鲜。所以从这一点上来说，我认为未来中国学者们对韩国学在数量和质量上的发展将会发挥更大的作用。

在座的各位，肯定也是感受到韩国的某一方面的独特的魅力并对韩国产生了兴趣，所以才会成为研究韩国学的学者。特别是官僚体制下的农业国家，殖民和开放，南北分治和战争，快速的经济腾飞，政治民主化等韩国的现象。

韩国拥有非常丰富的历史和文化，多样化的经历和民族特征。都可以成为社会学科的主要研究对象，经历过一系列历史事件的韩国可以说在世界史上是非常重要的国家。

作为一起研究韩国的过去，现在和未来的韩国学学者，我们应该拥有更普遍的问题意识，应该好好思考如何才能使韩国的经验理论化。

所以韩国学并不是只强调韩国的独特性研究，而应该从与中国、日本的比较史角度出发，更深入地探究韩国与各国在地域上的、历史上的、文化上的共有地带，现在更需要的是包含这些的学术研究。

当今大部分的人文社会学科领域里的理论都是以西方的经验理论为依据。那么现在应该形成以韩国等亚洲经验为理论基础。只有这时，韩国学的世界化才能真正实现。

希望这次学术会议，能够成为中国的韩国学发展的契机。也期待通过与美国、韩国以及其他国家的韩国研究学者们的交流，进一步促进韩国学的世界化进程。再次感谢主办方辽宁大学给我这次机会，希望下次还有机会与能跟各位学者见面。

谢谢（中文）感谢大家（韩文）！

东西方思想对话：为了地球的和谐

李光来 [1]

一

东西方比较哲学家孟德卫（D.E. Mungello）认为“轻蔑中国的时代已经结束，现在已经进入了新的时代。未来是难以预测的，但是中国和西方的未来不应该是第二时期（1800—2000）即傲慢的西方轻蔑中国的不均衡时期，而应该是第一时期（1500—1800）即中西方文化相互影响的互惠时期”。

至少在18世纪末之前，西方人认为中国文化更为先进，因此很多学者也争先学习并接受中国文化。16世纪法国的思想家蒙台涅和17世纪启蒙思想的先驱贝尔（1647—1706，法国哲学家及批评家）预测到中国礼赞论将影响西方。

M. de Montaigne为了开阔欧洲人视野，以开放的视角认知世界的多变性和道德观的普遍性，试图借鉴中国的思想来阐明自己的主张和信念。

P. Bayle也坚持反权威主义和怀疑主义，为了反对当时法国强制要求理性和宗教保持一致性的宗教专制制度，大力宣传中国的自由和宽容思想，促进和影响学术界的思维模式。

对历史怀疑主义持有批判性，并不是为某一历史事件而学习历史的，而是主张使思维观念不同的人通过历史领悟其中道理。

同培尔（P. Bayle）一样，Leibniz也是当时中国礼赞论表性人物之一。P. Bayle从宗教和形而上学的怀疑主义角度出发，把中国的历史和思想作为批判辩神论形而上学的杠杆，而Leibniz的主张与培尔有所不同，他为了改善道德观和宗教观，把中国的宗教思想灵活变通，并写了与中国相关的两篇重要的文章。其中一篇是《中国近事》（*Novissima Sinica*, 1697），这不是基于已在欧洲出版的书籍和资料写的文章，而是通过与在华传教士法国汉学大师若阿基姆·布韦（J. Bouvet）信件来往中所了解到的中国文化和道德作为第一手资料写出学术见解的文章。另一篇是有关中国思想领域的论文《论中国人的自然神学》（*Discourse on the Natural Theology of the Chinese*, 1713）。1697年出版的耶稣会传教士报告书和要约书翰集《中国的最

[1] 作者简介：李光来，韩国江原大学教授，辽宁大学荣誉教授。

近消息》，序文内容达 17 页之多。他主张欧洲的科学虽领先于中国，但在实践哲学方面尚不如中国，试图改变当时的伦理学和政治学。他在《中国人的自然神学论》一文中强调，中国形成了基于人类理性的自然宗教。

Leibniz 一生研究的哲学课题宗旨是探究欧洲宗教敌对感（天主教和耶稣教间的）与政治党派之间保持一致性的“普遍的和谐”。实际上他提出的预定的和谐 (pre-established harmony）也不过是维持现状的穷于之策。他竭力研究对中国的思想和文化，他的目标是西方的启蒙宗教与中国的伦理及自然神学同等交流，为世界范围内实现真正的普遍宗教而打好基础。因此，Leibniz 尤其关注代表中国自然神学的《周易》。第一个发现《周易》学术价值的人是传教士 J. Bouvet，他对原始语言和命理学有浓厚的兴趣，认为《周易》的符号也能表示语言。

Leibniz 把自己的二进法观点阐述给 J. Bouvet 后，J. Bouvet 在回信中介绍了与 Leibniz 二进法极其相似的《周易》八卦图。对 Leibniz 来说，《周易》不只是单纯的卜筮书，认为《周易》至少在日常生活中所需的实用性上或道德方面概括了事物规律和道理，并主张六十四卦的卦形符号与卦爻辞是解开所有象征体系的钥匙，即《周易》是中国传统文化中自然哲学与伦理实践的根源，是能够推翻启蒙宗教（基督教）的道德性和精神支柱的典型文本。《周易》代表着中国人普遍科学世界观，吸纳百川，追求国家间和谐发展，确立了永恒的哲学（philosophia perennis）的经典文本。同时也是与启蒙宗教和政治势力相斗争的“联合军”。

李约瑟（J. Needham）曾评价 Leibniz，称他是通过“普遍言语”，对宗教改革后依旧存在的欧洲宗教宗派提供普遍和谐理论的理想主义理念，进而促进亚洲和欧洲的思想统合做出了一定的贡献。

16 世纪和 17 世纪中国礼赞论者包括米歇尔 • 德 • 蒙田、派遣到中国的两位匿名传教士（出版两篇译著介绍孔子）以及 P. Bayle 和 Leibni，他们对 18 世纪启蒙运动的奠定了理论基础。之后通过法国传教士 P. Du Halde 撰写的《中国通史》，进一步把中国文化和历史详细传播给欧洲，1736 年译成英文出版，中国对欧洲的启蒙运动起到了积极深远的影响。

在 18 世纪的启蒙运动代表人物中，值得一提的中国礼赞论者是伏尔泰。他早于 1726 年撰写《哲学通信》，1748 年撰写描写哲学家 Zadig 的哲学小说集《查第格》；1755 年撰写戏剧集《中国孤儿》；1756 年撰写《风俗论》；1763 年撰写《论宽容》。借鉴中国和东方国家的先进理念，批判欧洲排他性的宗教观和不宽容的习俗。

伏尔泰尖刻抨击天主教会的黑暗统治，试图推行中国儒教思想。他所理解的儒教同莱布尼兹观点相似，就是理性基于自然的自然神论。认为中国儒教文化中的无神论和理性主义是“宗教宽容之花”。与欧洲天主教会繁琐的礼拜仪式、专制的信仰、腐败的内部制度相比，儒教更注重社会的道德秩序，能够有效维持社会和谐。

伏尔泰尤其反对基督教的有关宗教起源说的独断历史观。他试图从古代中国以及东方民族的历史长河中寻求宗教的起源。他认为中国是历史的起点，西方从中吸取了很多精华，甚至感叹中国历史的起源比旧约全书更悠久，更值得尊敬。他在《试论》中把犹太民族的历史视为残忍的、野蛮的，极力推崇中国的历史。他把孔子的画像挂在家里的礼拜堂里朝夕膜拜，视孔子为圣人。他主张基督教的历史是对他人专行独断的历史，认为中国的儒教发挥着共存秩序和宽容的理性。

西方的启蒙运动形成了两大思潮、两种文化，对人类和文明起源分歧较大。很多学者发现中国和印度等灿烂的文明和优秀的精神文化，重新审视古代文化，进而陷入了深刻的怀疑和反省，尤其对基督教的历史和特权的怀疑是最典型的表现方式。 在这时期出版的《有关世界真正的古代行》，挑战了圣经的起源。

中国的历史学家朱谦之在《中国思想对于欧洲文化之影响》（1940）一书上主张“18 世纪的欧洲迎来了所谓的哲学时代，但只表现在于宗教文化领域，事实上这是基于中国的哲学和文化。孔子思想只是用于反对西方宗教和文化的手段和理论工具”。

其实，对孔子哲学研究方面不止局限于宗教层面，而是当时的自由主义思想家都在研究孔子思想。如希腊文化是文艺复兴的土壤，那么中国哲学和文化就是 18 世纪欧洲文化的奠基石。

二

19 世纪，西方人对东方的认识与 18 世纪截然不同，对东方主义（Orientalism）有了重新的认识。从 18 世纪伏尔泰所推崇的“模范典范”之东方，到 19 世纪对东方形成了 “支配意识形态”，对此萨义德（E. Said）加以批判。若前者属于把东方文化作为治愈西方政治、文化、哲学、宗教等总体领域存在的问题而大力推崇，那么后者是出于统治东方并重新构建东方而提出的西方帝国主义“主导叙事”。

伏尔泰对东方主义的理解是主张积极学习中国意识，由此克服西方内部存在的矛盾。他高度评价中国思想，提出“欧洲的君主应赞扬中国，应感到羞耻，应学习模仿中国”。就是说 18 世纪中国的思想意识形态直接影响西方的学术领域，起到了划时代的作用。这种 18 世纪萌发的反省和融合意识上的态势，在 19 世纪支配欲望较强的时代依旧沿袭下来，鲜明地反衬于否定东方、歧视东方的现象。这些德国思想家尤其对 19 世纪的东方文艺复兴的成熟发展起到了积极作用。E. Said 称这些思想家是“被东方（Orientalia）流行病感染的人”。

1. 为自我治愈和克服而提出的应对方案——东方主义

当西方进入 19 世纪支配欲望较强的时代，对于提出自我治愈和克服应对方案的东方主义者来说，他们的寻求目标和对象仅仅是从中国国度改变到印度国度而已。例如赫尔德、歌德、施莱格尔、 叔本华、 尼采的观点更多呈现出来的是“印度人的色调”。其主要原因是信息资源的供给方式及传播渠道的变化而产生的结果，就是前期信息传播渠道主要是依靠派往中国的法国和意大利籍的耶稣会传教士，之后就转为英国为了统治印度殖民地而派遣的政治界人士、外交官和商人。

赫尔德强调“请大家关注人类和宗教的摇篮之地——东方”，施莱格尔也称“印度是所有语言的名副其实的源泉，同时也是所有理念的发源地”。

叔本华于1844年出版的《作为意志和表象的世界》第二版中提道：“有必要接受比其他宗教更优秀的佛教。”他对佛教有着极浓厚的兴趣，并且在此书里补充大量与佛教相关的参考资料。从中就能看出叔本华对古代印度所表现出的接受和学习的意志程度胜于伏尔泰对中国的关注和接受。

伏尔泰为了治愈欧洲蒙昧无知的基督教教义和法国混乱的政治局面，从宏观角度宣扬中国礼赞论，那么Schopenhauer是从微观的角度迷上了印度婆罗门教和佛教。

黑格尔的“东方国家只有一个人享有自由”如此贬低东方主义的世界观，只为了更新专心于欧洲中心主义的哲学观和思维方式，并为重新构建自我内心世界，因而成为了印度礼赞论者。

2. 主导叙事东方主义

卢梭在《新爱洛琦丝》中强调“没有中国人没犯过的罪恶，他们的犯罪是共有的”，即使中国礼赞论占主导时期也曾谴责中国及东方国家的“高尚的野蛮”、“野蛮的自然性”。到了19世纪这样轻视和谴责的导向进一步加剧。

对西方人来说，19世纪以后的东方不再是憧憬和礼赞的国度，对东方充满了支配和统治欲望逐渐呈现于表面化，这颠倒和改变了对目标自己他者化的理由和目的。

起初是为了调节和稳定内部混乱而积极学习和推崇东方的主观意志，转变成为侵略和支配意志，欧洲人对东方进行了排他的、歧视的、剥削的侵略，从中得到抚慰。

19世纪的欧洲赤裸裸地露出膨胀的野心。문젤로主张“过去的200年我们赞美中国文化，但是现在已成为了嘲笑和轻视的对象。中国人被视为只追求传统的存在，儒教被视为只反映昔日的剥制品”。19世纪的欧洲出现了人种主义、民族主义、殖民主义等各种意识形态，加深了宗教和政治内部的混乱，于是他们开始把矛盾转嫁东方。这与17—18世纪看待东方的态度出现了实质性的转变。从此主张西方统治东方的侵略史书也相继出世。例如黑格尔在《历史哲学》中主张：在东方国家只有君主一个人享有自由，在希腊和罗马只有少数人享有自由，相反，在欧洲每个人都享有绝对的自由。

在黑格尔之后，西方人每当强调西方是发明近代科学和资本主义发祥地这一观点时，总是归功于黑格尔思想，并认为东方人愚昧无知。20世纪前期，随着帝国主义的崛起，这种导向更是加深。

如今西方人能够把西方哲学定义为不论是从特殊性还是区域性都具有普遍的价值，就是深信只有西方哲学才具有衡量其他文化标准的合理性和普遍性。其实，这种思维方式是体现欧洲中心主义的典型事例。这是一种西方出现大循环时，经历了几次受东方的文化和思想影响而引起的冲击，是由东方强迫症所引起的后遗症。所以不论是黑格尔，还是海德格尔的哲学体系所再现的现象，其实质是更加强化欧洲中心主义的所谓“欧洲还原主义”。

如今的欧洲中心主义比任何时候更加伪善、更加独善。威廉·霍布森指出，西方强迫东方的过程中，汲取的精华其价值是无法估量的，认为欧洲中心主义只是幻想。但是他的良心宣言对西方哲学领域并没有起到任何作用。他们越想保持理性，越是潜意识地加强自我中心化。

萨义德以及萨米尔阿明批判欧洲中心主义为反普遍主义，认为“他们并不关注人类的进化法则，欧洲中心主义即使是最完整的体系，也不过是一种歪曲。大多数的社会理论导向和意识形态都因这种歪曲受到损害和影响”。但是欧洲中心主义的这种弊端不仅影响社会理论导向或意识形态领域，甚至影响到人类普遍思维方式，以及人类精神文化遗产的思想、哲学领域。逻各斯中心主义也类似于欧洲中心主义这样的中心思想或哲学领域的地域中心主义，这是西方为了歧视东方而提出的“合理性”和“普遍性”。

人的本性始终追求理性，况且谁也无法保持理性。只是“理性错觉”给人类一种希望。任何集权主义或中心主义绝不能理性的原因也在此。这是从黑格尔、海德格尔思维理性观点上的自我沉醉所产生的，从这一点来看，哲学思想的欧洲中心主义和理性中心主义也不例外。这是西方人把西方理性优势作为前提，只依靠自我审视标准，非理性判断事物、自我保护和偏袒所导致的产物。西方人强调合理性和理性是衡量事物的标准，但这种衡量不是针对自我的，而是用于对他人、对东方的衡量和判断的理论工具。

三

哲学家梅洛-庞蒂（Merleau-Ponty）认为，西方思想的普遍性尚未客观证明。并主张任何哲学家不能夸耀自我思想观点的根源绝对性。

哲学家梅洛-庞蒂在《东方哲学》一书中提道：“世界的任何地方都存在哲学的中心，没有边缘之说。”继而否认思想和哲学中心说，对东方哲学，包括中国哲学也明确了自己的学术立场。他认为只有中国哲学思想符合小宇宙和大宇宙间的道理，并赋予“仁礼”的寓意来教导，指出西方人只按照自己的意图抨击东方哲学，认为西方人批判中国哲学家没用认识世界的思维方法来寻求事物的起源。他曾警告：西方若以近代的理性和普遍性的名义排斥东方，其实质就是否认西方。进入近代，西方按照自己的政治需求与东方进行所谓的“交流与沟通”。

对东西方之间是否进行了真正意义上的交流与沟通持有疑问的，将视为哲学怀疑主义者的操之过急的偏见。尽管西方思想家当中出现了很多歪曲和夸大其词、隐瞒和伪装，但是毋庸置疑，东西方之间的确进行了或多或少的对话与交流。

알렉산드로스早在印度陷入一种“亚洲的冲击”，他憧憬着“欧洲与亚洲的结合”，强调对东西方哲学家来说最需要的是不只是双方的对话，而是谋求通过精神层面的相互学习和合作的渠道。

歌德也曾写过期盼东西方融合的一首诗：“东西方俩大陆，再也无法相离。博学的人啊！你应该了解。探究东西世界，即是我的希望！”

阿诺尔 •J• 德汤因比也曾预言，东西方的文化和智慧相遇，即将开启新的历史时代。若未来的历史学家提问现阶段社会最重要的时间是什么，他将会回答：“东西方相互的冲击，将结束陈旧、狭隘的意识，努力引导世界共同体。”

如今我们应该融合古今东西多样的哲学思想。在现代人的生活中，对共同的哲学主题抛出无数质疑。如今，在思想和哲学领域，地域差异和区别不再是“中心”和“边缘”问题，或者思想和哲学的“中心”将会不再存在。欧洲中心主义在历史长河中每一次面临危机时，西方都试图从东方寻求新的活力因素，因为东方哲学蕴含着上千年的精华。如今西方世界为了解决长期积累的矛盾，克服隐性危机，重新把目光投向亚洲，积极促进与亚洲的对话，从而再一次把亚洲具有创造性的思想和文化、宗教和哲学作为基本框架体系，谋求新生活力。

为此，我们走进世界哲学的“全球性管弦乐团”，唱出和谐，迎接东西方和谐与融合的时代，为全世界人民演奏美妙的“东西哲学融合”之音乐。

谢谢！

21 世纪全球化时代韩国学方向

郑永顺 [1]

一、前　　言

1997 年亚洲金融危机之后，韩国社会在迅速成长起来并带有新自由主义性质的全球化带动下发展迅速。其发展速度甚至超越了之前开发主义经济增长时期。社会阶层的两极化，非正规职业女性劳动力数量的剧增，以中产阶级为中心的社会结构解体，政治层面新自由主义观念的扩散，电子民主主义与网民、市民运动，公共管理（governance）等新型政治参与的现象大大超越了人们的想象。由此可见，全球化对韩国国家一级市民社会所产生影响之大。而韩国学的研究也应不断顺应变化着的韩国社会，致力于开发能够合理解释社会变化的研究逻辑，并对未来韩国社会的发展提供方向。本文首先回顾过去西方人眼中的韩国形象，在此基础上展望未来韩国学的发展方向。

二、西方文明野蛮想象力下的韩国 [2]

游历完韩国后，于 1903 年 10 月 10 日抵达釜山港，随后返回欧洲的波兰籍军人西艾鲁柴夫斯基（Waclaw Sieroszewski）将欧洲人对韩国的幻想一一记述在《韩国：为读者献上以亲身体验为根据写成的“韩国”与“韩国人”》一书的序文之中。

“韩国风光秀美，土地肥沃。犹如埃及尼罗河物产丰饶。韩国的大米生产量超过日本，不仅如此，一望无际的森林中生长着喜马拉雅杉树、侧柏、花曲柳、软木等珍稀木种。金、银、矿石等资源取之不尽，用之不竭，它们等着勤劳的欧洲人民前来开采。除此之外，煤矿与大理石的储藏量也令人叹为观止。山鸡、鸭子、鹅、天鹅等浮于江水之上，而梅花鹿、羚羊、山羊与野猪成群结队，这里无疑是猎人的天堂。但是要小心的是：这里还有老虎。

---

[1]　作者简介：郑永顺，韩国学中央研究院教授。

[2]　欧洲人虽然用 Korea, Corea, Corea, Cory, Cauli, Chaosien 等多种方式来代表韩国，都有韩国的意思，但是根据时代的不同可以翻译文高丽、朝鲜、大韩民国等。此书中的时间范围主要为朝鲜中期和后期，17 世纪到 1910 年。

草原上，香桃树林花朵盛开，树影倾斜，与那一片蓝色的大海相映成趣。国民谦虚有礼，欣然交税，尊敬在政府工作的官吏们。他们工作认真努力，一半是习惯，另一半则将自己的工作看作是乐趣。美中不足的是，卫生习惯上存在一些问题。但是，这里的女人身材窈窕，面容姣美……她们的美丽足以让极东地区的任何一个国家的女人自愧不如。终于，韩国的海岸进入了我的视野。与美丽的日本海岸相比，韩国的海岸看起来有些污浊不堪，也有些荒凉。”[1]

这里描述的韩国形象具有相当大的两面性：一边着将韩国描写成现实生活中的天堂，拥有富饶的自然资源、优美的风光、勤劳的人民，一边却又也指出了韩国的荒凉与贫瘠。这里出现的幻想中的韩国是既有可能是欧洲人对韩国与实际情况无关、一厢情愿的幻想，也有可能是实地观察后的感想，而更有可能是这两方面混杂在一起的。

壬辰倭乱之后，韩国逐渐被介绍至欧洲。到壬辰倭乱 300 多年后的 1910 年为止，单德国就已经出版了 1 200—1 500 本与韩国相关的资料。这一时期，大批的欧洲传教士、商人、探险家、学者、军人、外交官等前往韩国，并留下了许多记录。这些记录所呈现出的欧洲人的“韩国观”“形成于乙支条约（1905）与韩日合并（1910）前后，而这两件史实直接导致了大韩帝国的灭亡。法国插图画家真实记录了为什当时大韩帝国在国际舞台上陷入了鼓励，而欧洲列强、美国、日本、俄罗斯与中国又是如何随心所欲左右着韩国？不仅如此，在俄日战争中获取胜利，将朝鲜划为自己的属国后，日本又是如何露骨地垂涎于大陆，展开自己帝国主义侵略野心的以及其他国际局势也被一一记录在书内。

另外，出版于 1978 年的《在极东》（*Im Fernen Osten*）认为韩国是一个没有正体性的国家：它总是受中国影响，通过从属于日本实现了自己的近代化；由于地理环境上的封闭性，无论何时进入这个国家都并非一件易事。[2] 笔者认为，与其说这样的观点带着作者一种对韩国的敌意，不如说这种观点是欧洲人对韩国最基本、最普通的一种看法。[3]

上述欧洲人对韩国的基本认识可以归结为以下几个原因：第一，不同文化背景的人们拥有不同的“民俗形而上学（人们对世界本质的认识）”；第二，不同文化北京的人们的“思考过程”不尽相同；第三，思考过程与“思考内容”或者“民俗形而上学”无法分开，即，人们使用与自己要理解的世界内容相符合的思考方式，再换句话说，东西方自我概念上的差异以及社会构造上的差异与他们在思考过程与思考内容上发生的差异是一致的。东方社会所具备的集体主义与相互依存特征与东方人的思考方式相吻合：他们尽可能更为广泛地、更为综合地理解世界，分析任何一个事件的时候也总将其与无数原因错综复杂连接在一起。而西方社会所基本的

---

[1]　WaclawSieroszewski, 1906, *Korea, Land und Volk nacheigenerAnschauunggemeinverstaendlichgeschildert (*Berlin : Continent Verlag), 李志恩：《被歪曲的孤独韩国：300 年间欧洲人眼中的韩国》，书世界 2006 年版，第 11—13 页。

[2]　Georg Adolf Narciss (Hg.), 1978, *ImFernenOsten, Forscher und Entdecker in Tibet, China, Japan und Korea zwischen 1689-1911*(Tuebingen und Basel : Horst Erdman-Verlag, 306 쪽，李志恩：《被歪曲的孤独韩国：300 年间欧洲人眼中的韩国》，书世界 2006 年版，第 15—17 页。

[3]　李志恩：《被歪曲的孤独韩国：300 年间欧洲人眼中的韩国》，书世界 2006 年版，第 17 页。

独立与个别则与西方人的思考方式相符合：他们将个别事物与整体分离然后再进行分析，致力于发现经纬天下的共同法则。不同文化背景的人们在思考与理解世界过程中所表现出来的态度、信念、价值、喜好等文化层面上的差异是理解世界时使用的思考工具差异的结果，[1]同时也深深地影响了西方人的“韩国观”。

这种认识基于西方的东方学（Orientalism）认识，并于19世纪后半叶得以正式流传开来，可以说是西方人在侵略非西方诸国时，对其侵略对象的一种描述，这也正是人类学。人类学逐步发展为一门很难与其他学问区分的综合性学问，日帝时期所谓的“朝鲜文化”便是其中的一例。东方学基于西方优越主义的土壤之上，基本主张如下：第一，东西方之间存在明显而不易逾越的分界线，而韩国更是如此。第二，东方（非西方）虽然有无数个独创性文化，但笼统地将东方看作一个整体，抹杀个体的独创性。第三，西方是一个具有能动性、理智性、理性性、男性性、合理性、主体性、进取性等肯定特性的主体，而东方则是作为一个别动接受西方影响的客体，具有被动性、感观性、非理性性、女性性、非合理性、客体性、停滞性等否定特性。第四，既是东方达到自知自觉的水平，但也仍然没有自我表述的能力，因此，需要依靠西方人进行叙述与说明。第五，停滞与被动的东方无法自我发展与变革，因此需要西方的介入与支配。但是，作为“西方化了的东方”或“外东内西”的日本将自身的帝国主义侵略解释为把东方从西方中解放出来的一种行动。[2]

从上述的观点出发，我们可以看到西艾鲁柴夫斯基游记内容中出现的韩国形象大多都是趋向于上述被动性、感观性、非理性性、女性性、非合理性、客体性与停滞性的。这一时期的韩国虽然仍然是一个神秘国度，但已经与17—18世纪时在虚构与想象基础上所构建的童话国家相比是一种进步。该时期欧洲对韩国认识的最大特点在于：欧洲人想透视韩国内部社会却仍然没有进入韩国社会内部观察，而是停留在国境附近，带着殖民主义倾向的野心，眺望“墙那边”的韩国。虽然他们有要全面理解与分析韩国的想法，但又非常不确定。在这个问题上，我们需要新颖而准确的分析。

为了解决该问题，权熙英在解释韩国历史中的近代性是如何出现时指出：韩国近代性的出现主要分内因论与外因论两种说明方式，其中以内因论解释该问题的代表性主张当属北韩史学的立场。[3]即，在引入西方近代性之前，韩国内部已经出现了近代性。但这种主张仍未被有效地证明。另一方面，主张外因论的学者作为学界强劲的一派认为近代化是“带有外向性与模仿性”的，其方法也是“垂直性的近代化”的，展示出来的也是“原始的移植性的发展”[4]。因此权熙英认为在解释韩国历史中的近代性出现问题时，需要从内因论与外因论互相对立的格局

[1] Richard E. Nisbett, 2004, “The Geography of Thought: How Asians and Westerners Think Differently...and Why”, 金永设, 第17—18页。

[2] 朴洪奎外：《韩国文化和东方主义》，报告社2012年版，第15—21页。

[3] 权熙凌：《朝鲜对于近代史认识问题》，载《朝鲜的lgksrnrgkr研究成果分析：历史艺术篇》，韩国精神文化研究院，1991年，第223页。

[4] 任贤近：《通过“近代化”看东亚的发展》，载《精神文化研究》1998年第70号，第53—54页。

中走出来。[1]

因为朝鲜被迫纳入日本的殖民系统之中，所以韩国的历史学者过去的研究中主要集中于日本殖民史观是如何歪曲过去历史的，而忽视了欧美的领导作用。这一点在韩国学的研究中也有所体现。但是不仅是日本，西欧在历史事实的叙述上的技巧也是不可忽视的。因此有必要在叙述方法上下功夫，力图使韩国学发展历史的持续性与西方时间概念相温和。

近些年来，韩国的迅速发展成为世界范围的一个话题。在这种情况下，韩国学也日益成为一个重要的研究领域。但是截止到现在为止，韩国学受其特有的纯学科特征以及微观的文化特征影响，国文学、历史学、哲学、政治学、经济学、社会学等细分学科间未能形成积极交流。不仅如此，更令人感到遗憾的一点是，韩国学久久只停留在韩国语的研究与教育上，迟迟没有能发展成一项综合性的学问。[2]

三、信息化时代韩国学的变化

随着全球化的发展，21 世纪初期以市场为中心的新自由主义改革浪潮给以发展国家为代表的东亚政治经济体制带来了长远而深刻的挑战。市场作为占据支配地位的社会组织原理正在向经济体制、企业运营、行政、政治等领域扩散。在这一过程中，韩国社会面临着各种各样的危机，如何解决好这些难题成了各个领域学者们义不容辞的任务，韩国学也并不例外。在全球化的过程中，信息化进展速度惊人，而 IT 产业也取得了飞跃性的发展逐渐成为经济发展的重心，随后，美国经济迎来了复兴，而美国式的市场主义制度成为一种世界标准。在这种框架下，我们有必要思考韩国国家性质的变化。

近些年来，在全球化与信息化的时代，国家的概念发生了变化。比起将国家看作一个统一的、单一的行为体而言，有多重中心主体构成的“谈话结（discursive formation）后现代视角为更多的人接受。除此之外，网络上不断更新自身界限的“自生国家（autopoietic state）”的后现代视觉也备受人们瞩目。[3] 这些理论大多从国家的衰退与弱化入手，在信息化的过程中，国家权力逐步开放为非政府、非国家、市民社会；而原本的有序品级权力关系也在信息化的洪流中被逐步分裂，进而转化为一种多中心型的新模式。从这种观点出发再进一步，主导社会变化的不再是阶级矛盾或组织革新，而是信息通讯技术。不仅如此，这些理论还主张信息化不断利用全球化经济（global economy）等弱化与消除独自执行综合宏观政策的国民国家的功能本身。[4]

---

[1] 权熙凌：《韩国史的近代性研究》，白山书堂 2001 年版，第 66—68 页。

[2] 亨利任、郭准赫编：《近代形的逆说：逾越韩国学与日本学的界限》，Humanitas，2009 年，第 199 页。

[3] Everard, Jerry, 2000, *Virtual States: The Internet and the Boundaries of the Nation-State*, New York: Routledge(『国家 @ 网络』，允凌民译，汉阳大出版社，2002。孙胡哲 . 金英淑、全在湖：《世界化，信息化，南北韩》，李梅近，2007，第 21 页。再次引用。

[4] 孙胡哲、金英淑、全在湖：《世界化，信息化，南北韩》，李梅近，2007，第 21 页。

公共管理理论的核心概念在于随着信息化的发展组织的分段化（disaggregation）、网络化（network）、混合统治（heterarchy）等。在迈向IT社会的过程中，信息量剧增，信息也更为全球化、迅速化，品级秩序下的单位组织则从须逐步变化为带有网络连接的小组织上受到压力。如此发展的全球化打破国家、市场、社会领域的界限，扩大灰色地带（grey area）从而造成国家机构管辖领域与经济、社会组织利害关系领域间的不和谐。在这种情况下，国家有必要重新定义国家功能的概念。以发展国家论、限定国家论等国家中心理论疏忽了信息通讯技术全球话所带来的国家网络化特征，因此备受批判。[1] 由此可见，如何重新规定国家概念显得非常重要，而在这一过程韩国学该何去何从也是一个重要的问题。

IT产业与国家信息化领域中韩国学处于世界的领先地位，而这一部分应该看作是发展主义留下来的宝贵遗产。在推动信息化的过程中，有许多研究都致力于解释说明产业化过程中政府主动政策的作用。[2] 特别是洪圣杰指出：在强力国家主导下，体制性的政策得以很好实施，这也促进了在非常短的时间里，最终达成了信息化。他主张韩国在该过程中主要起到了以下几点作用：第一，最高统治者的强大支持。即朴正熙总统的领导力，金泳三总统提出的“小而强的政府”等历届政府提供了强大的支持。第二，由政府主导也是一个非常重要的原因。第三，与产业化过程中经济企划院拥有企划与编组预算权一样，信息通讯部也通过信息化促进基本企划树立权与信息化促进基金，实际掌握着资源分配权。[3] 这样一来，国家的功能与通过IT政策来激活信息化长夜的政府战略相关联，而这里所谓的IT政策则与产业化时代强化国家竞争力的政策目标紧密相关。

进入全球化时代，伴随着东西方冷战的结束，国际社会超越意识形态的地区联合以及国家间的合作与联合成为研究对象。特别是互联网和信息通信技术的急速发展更进一步促进这种趋势的发展。[4] 随着全球化的不断深入，近来，超国家共同体现象也不断形成。超国家主义是指超越民族国家国境，与人、机关以及制度相连接的复合性关系的相互作用。同时，超国家主义现象涉及的问题主要有移民和难民、散居在外的犹太人问题、他国籍持有者和旅行者、他国籍企业和金融资本、NGO和INGO、消费和大众文化、互联网和网络文化、疾病、恐怖与战争、犯罪等，形式多种多样。[5]

即使这样，在全球化、信息化时代跳过国家衰退和维持问题的争论，仍需要展现国家的存在样态和机能变化的具体样子。国家担负着地区、国家、国际性、全球性网络的形成以及相互

[1] 孙胡哲、金英淑、全在湖：《世界化，信息化，南北韩》，李梅近，2007，第33页。

[2] 允平准·郑无权：《韩国情报政策的制度性特征和发展方向》，韩国行政学会电子情报研究会学术大会，2002年。

[3] 孙胡哲、金英淑、全在湖：《世界化，信息化，南北韩》，李梅近，2007，第39页。

[4] 任在元、李丹：《超国家民族经济网实例分析》，载《构造韩半岛和平体制和世界韩民族共同体的发展》，统一问题研究协会，大韩政治学会等共同学术会议，2005年。

[5] 郑颖纯：《为形成全球主义和南北共同体的韩人分散》，载《在外韩人研究》，2011年第23号，在外韩人会，第64—65页。

交往时知识和权力资源的动员与组织的重任。也就是，国家的作用在于协调组织企业、市民社会等各种各样知识主体活动，使之网络化。随着信息化进程的不断深入，在国家作用和机能弱化的现实面前，韩国一直以来强力促进超高速信息化的主导地位。国家相对于地位的衰退和弱化，正在向国政管理的转换和国力构造的网络化转变。因此，孙湖哲和李原太这样分析：信息化时代的韩国国家性质应定性为“发展中国家”，为了展示这样的发展中国家的历史性、制度性面貌，依据韩国社会的民主化过程，依次为金泳三、金大中、卢武铉政府等，在评价他们促进信息化的政策时，这些信息化政策的性质与之相对应政府政治上民主主义在制度上、政策上的透明化努力紧密相关。[1]

韩国学是以韩国国家为对象的学问。因此，韩国学的研究应该是研究韩国国家是怎样产生发展，以及今后要怎样发展，并研究提出的这些发展方向建议。关于韩国的政治、经济、社会、文化等，通过有机的阐述方式，相对于笼统的说明更加能够阐释出韩国历史文化的多样性与活力。

[1] 孙胡哲、李元泰：《信息化时代韩国国家性质的变化：以信息化为重点》；孙胡哲、金永书、全在书：《世界化，信息化，南北化：南北韩的国家市民社会和停滞性》，李梅近，2007年，第76页。

韩国发展慈善事业的基本经验探析

麻陆东[1]

摘要：长期以来，慈善事业在韩国社会中一直发挥着重要的作用，尤其受到1998年经济危机冲击以后，韩国民众越来越认识到发展慈善事业的重要性。无论是韩国政府还是民间力量，在推动社会慈善事业发展中做出了重要贡献。在政府层面，通过创设或完善相关法律以合理规范社会慈善发展，充分发挥宗教团体在慈善事业中的功能，对公民进行慈善教育以强化公民慈善意识以及积极扶持民间公益组织等；在民间组织层面，民间公益组织不仅严格按照法律规范运作，而且长期秉承透明与负责的运作方式；此外，韩国社会名流也积极参与与以身示范等。这些多重因素共同推动了韩国慈善事业的稳步发展。

关键词：韩国　政府　民间公益组织　慈善事业　经验

因为众所周知的原因，最近几年，中国慈善事业的发展遭遇挫折，民众对一些慈善机构出现信任危机，参与慈善募捐的积极性有所降低。但作为东亚邻国，与中国有着相似的文化传统与发展经历的韩国，其社会慈善事业的发展却能够继续得以稳步推进。到底是什么原因造成两国慈善事业发展上有不同效果？这是笔者考查与挖掘韩国发展慈善事业基本经验的初衷，这样不仅可以丰富相关领域的研究成果，也能够为我国发展慈善事业提供决策参考。当然，针对这一问题，中国有关部门与专家学者与韩国的同行也做过这样的交流[2]，这也是中国慈善事业发展遭遇挫折之际，尝试广泛借鉴各国经验，推进中国慈善事业发展的具体举措之一。但笔者目前尚未看到相关交流成果的公开发表。

慈善文化在韩国民族文化中具有重要地位，与中国一样，自古就有着乐善好施、扶贫济困、尊老爱幼、扶弱助残的传统美德。20世纪50年代以来，韩国经济实现了飞跃式发展，经济上的成功也带动了韩国慈善事业的长足发展，成为韩国救助弱势群体获取救助善款的主要资金来源。尤其是受到1998年亚洲金融危机冲击以后，韩国民众越来越认识到改善社会福利、发展

[1]　作者简介：麻陆东，河南项城人，副教授，山东大学亚太研究所博士后。

[2]　2012年12月31日，“中韩慈善事业发展研讨会”在北京举行，来自中国民政部、北京市民政局、中民慈善捐助信息中心等机构的39名中方代表和来自韩国保健福祉部等机构的19名韩方代表参加了此次会议。这是中韩之间举行的首次关于发展慈善事业的经验交流会。

慈善事业的重要性。根据笔者看到的一项调查中显示，接受调查的家庭中有 63% 曾在过去的一年中有过慈善捐款的经历。慈善募捐在韩国社会中起到越来越重要的作用。[1]

一、韩国政府通过法律规范与鼓励慈善事业发展

20 世纪 60—70 年代，由于当时韩国公益组织活动的内容主要是帮助在军人独裁政权下受到迫害的公民伸张正义，导致民间公益组织与韩国政府的关系一度非常紧张。到了 20 世纪 80 年代后期，伴随韩国民主化进程的加快，韩国政府开始逐步意识到市民社会的作用的重要性，开始研究政府和市民社会的关系，整顿和市民社会有关的法令制度。政府和民间公益组织的关系从对峙走向合作。而真正促使韩国公益组织摆脱政治色彩向改善民生的方向发展，则是 1997 年的亚洲金融危机。在当时金融危机的冲击下，韩国大量企业倒闭、群众失业，政府无力解决势若溃堤的所有社会问题。于是，民间公益组织迅速投入到解决金融危机带来的一系列社会问题当中，而政府也给予公益组织积极鼓励的政策和发展空间，由此催生出大量的民间公益组织。[2]

在这些民间组织的发展进程中，政府通过宪法与一些基本法律，对民间公益组织活动范围、地位、基本原则等做了相应的规定。韩国关于慈善的立法分属于两个不同的层面：其一是关于慈善机构的组织立法；其二是涉及慈善机构税收优惠的立法。在韩国宪法当中，可以找到对有关非营利性机构规定的最高法律依据。韩国宪法第 21 条明确规定[3]，对公民自由结社和机会的权利进行保护。作为宪法中公民的权利与义务的一部分，成立与发展非营利性机构的权利也得到类似的保护。为了弥补民法典一般规定性的不足，1975 年 12 月颁布韩国《非营利性机构成立与运作法案》，专门详细规定了从事慈善活动的非营利性机构的成立和运作细则，补充了民法典一般性规定的不足。[4] 韩国《非营利性机构成立与运作法案》从社团的宗旨章程的规定，批准成立的条件，组织机构，理事会的组成、职责、召集、议事、审计、资产、预算决算、剩余资产归属、减免税、撤销等进行了全面的规定。另外，韩国也颁布了不少解释该法律的法规和命令，这些法规和命令也具有法律效力。尽管早期也有许多对非营利性机构成立和运作产生影响的税收方面的法律，但是该法案通过对其法律地位做出规定，直接影响非营利性机构的成立和运作。

---

[1] 江汛清、丁元竹等：《构建诚信友爱的和谐社会》，中国经济出版社 2005 年版，第 256 页。

[2] 韩国公益组织与政府良性互动，http://www.redcrossol.com/sys/html/lm_4/2011-08-19/104145.htm.

[3] 第 21 條 ① 모든 國民은 言論•出版의 自由와 集會•結社의 自由를 가진다. ② 言論•出版에 대한 許可나 檢閱과 集會•結社에 대한 許可는 인정되지 아니한다. ③ 通信•放送의 施設基準과 新聞의 機能을 보장하기 위하여 필요한 사항은 法律로 정한다. ④ 言論•出版은 他人의 名譽나 權利 또는 公衆道德이나 社會倫理를 침해하여서는 아니된다. 言論•出版이 他人의 名譽나 權利를 침해한 때에는 被害者는 이에 대한 被害의 賠償을 請求할 수 있다.

[4] 民政部政策法规司：《中国慈善立法课题研究报告选编》，中国社会出版社 2009 年版，第 167 页。

此外，对此法案进行补充的还有其他一些以《税法》为主的法案，它们直接或间接对基金会和社团产生广泛影响。韩国的税法规定了对慈善组织和慈善活动的税收优惠。以韩国《法人税法》为例，它明确规定非营利组织用于公益目的的非营利活动收入免税。根据《减免税法》第三部分第61条，对按照《私立学校法》建立的教育机构和按照《社会福利活动法》成立的社会福利机构以及总统法令中规定的艺术与文化社团而言，当营利性收入被保留下来用于非营利机构相关条款规定的公益活动时，这些组织可以把所有营利性收入当作亏损，即予免税。除此以外的其他非营利组织，依《法人税法》，其营利活动的收入均须纳税。但仅对其被动的投资收入（如利息、租金和包括版权费在内的特许权使用费）中的利息收入予以减免优惠。只要应税收入留用于经过批准的非营利活动，则可从应税收人中减去利息收入的50%。[1] 此外，韩国的《私立学校法》、《企业所得税法》、《消费税法》、《增值税法》和《地方税法》等等，都一定程度上给予非营利性机构以优惠税收待遇，已达到鼓励非营利性机构从事商业活动。

目前，韩国政府在行政自治部下专门设有一个市民协力科。这个科根据韩国法律，资助民间公益组织的活动。由于民间公益组织的服务效率很高，在市民中有很好的反应，政府愿意将一些公共服务交给民间公益组织承担。韩国政府从1999年起开始启动资助民间公益组织的活动，有35%—40%的民间公益组织都申请到过政府的资助。2007年，韩国正式发布了《社会企业促进法》，根据相关规定，社会企业有两个要求，第一是可以实现营利，第二是愿意将利润的1/3继续投入到公益事业中。认定的社会企业将获得政府一至三年的资金支持。三年后，社会企业可以继续以公益目标存在，也可以转为普通企业。今天韩国的社会企业数量在亚洲名列前茅，5 000万人口的国家，目前已被政府认定和正待认定的社会企业达到1 401家。[2]

二、韩国宗教团体在慈善事业发展中扮演关键角色

根据笔者掌握的资料，韩国宗教团体在韩国慈善事业发展中扮演了关键角色，宗教信仰成为影响民众参与慈善活动的重要因素。[3] 相较宗教信仰，个人年龄、受教育程度和地区差异等方面的影响力较弱。而且，许多韩国信众，除了将善款捐赠所属的宗教团体支持公益活动外，还积极地向非宗教组织捐款。[4] 据有关机构统计，除去韩国普通民众捐献给宗教组织的“香火”钱以外，超过44%的捐赠者曾向宗教机构组织捐款支援他们组织的扶贫助困活动，超过23%的捐赠者曾向福利组织捐献。而且大多数捐赠者通过社会福利组织或宗教组织把善款捐给了社

[1] 吴洋：非营利组织税收征免的国际比较，http://blog.sina.com.cn/s/blog_3f278e070100nzs2.html。

[2] 韩国美丽基金会：用透明运作方式打造公信力，http://news.sohu.com/20080617/n257554441.shtml。

[3] 在此特别感谢韩国留学生孙成旭，洪瑛媄两位博士提供的一手资料及对韩国慈善事业状况的直接感受。

[4] 江汛清、丁元竹等：《构建诚信友爱的和谐社会》，中国经济出版社2005年版，第284页。

会福利事业。其次是教育组织，然后是环保组织。[1]

1. 韩国基督教团体在慈善事业发展中作用

韩国国内有25%—39%的人信仰基督教。近些年，基督教发展迅猛，目前基督徒已占总人口4 900万的26.3%，其中包括19.7%的新教徒和6.6%的天主教徒。也有说法称，韩国的基督教新教人数已达1 800万，占总人口的39%，加上天主教徒，则已突破50%，基督教成为韩国第一大宗教。韩国基督教中最大的教派是源于美国灵恩派的五旬节派。如今韩国全国大概有5万所教堂，仅首都首尔一地就有1万多所。在首尔，基督徒约占总人口的1/2。[2]与中国情况一样，基督教是一种外来宗教，是西方传教士传播而来，使其在某种程度上与西方国家有着较为密切的联系。据有关资料显示，从韩国建国到20世纪60年代，韩国教会的慈善活动主要依靠外国援助。而且韩国基督教徒在各种社会慈善机构中承担了重要职责。韩国基督教会也相继开设了涉及范围广泛的福利设施。据1979年报社部的记载，对所有登记的设施按宗教类别进行分类的结果显示，妇女、儿童福利设施以及养老院的87%、91%、67%属于基督教系统的组织建立的。[3]1990年前后韩国教会为了恢复社会的信任开始展开教会内部的改革，并大规模地传播教会应该为邻居和地区社会服务的意识。现在人们越来越认可韩国教会的社会慈善互动。韩国教会的“社会福祉化”使命也因此而得到具体的实现[4]。到了20世纪末，韩国教会开始意识到社会福利责任，大部分地区的教会开始从事社区福利事业。另外，基督教会还针对儿童、老人、青少年、贫困家庭、单亲家庭展开各种各样的社会福利活动。大教会组织成立社会慈善机构财团从事大型福利事业，部分教会受政府委托负责管理地区社会慈善馆并开展专门的社会慈善活动。[5]许多教会团体的领导人开始讨论关于社会传教政策，也开始针对自愿者从事服务的人员进行培训。大学社会福利学科的教授中3/4的人员以及专门从事社会福利事业的1/2以上的人员信仰基督教，他们明确表示教会的社会福利更为体系化、组织化、专门化。[6]

---

[1] Park, Tae-Kyu Park, Su-Bum:“韩国个人慈善捐款的经济研究”，见江汛清 丁元竹等：《构建诚信友爱的和谐社会》，中国经济出版社2005年版，第258—259页。

[2] 戴琳剑：《韩国基督教和民族文化之间的结合》，载《赤子》2012年第2期，第35页。

[3] 劳相鹤:《基督教与社会福音》(汉城: 社会福音协议会1979年版)，第26页。转引【韩】任成彬:《关于基督教对韩国社会发展的影响的思考——以现代化过程为中心》，石源华、洪军：《韩国研究论丛》2002年版，第254页。

[4] 【韩】朴综三：《教会社会福音及实践》（汉城：人与福音2000年版），第25—26页。转引【韩】任成彬：《关于基督教对韩国社会发展的影响的思考——以现代化过程为中心》，石源华、洪军：《韩国研究论丛》2002 年版，第254页。

[5] 【韩】朴综三：《教会社会福音及实践》（汉城：人与福音2000年版），第25—26页。转引【韩】任成彬：《关于基督教对韩国社会发展的影响的思考——以现代化过程为中心》，石源华、洪军：《韩国研究论丛》2002 年版，第254页。

[6] 【韩】朴综三：《教会社会福音及实践》（汉城：人与福音2000年版），第25—26页。转引【韩】任成彬：《关于基督教对韩国社会发展的影响的思考——以现代化过程为中心》，石源华、洪军：《韩国研究论丛》2002 年版，第254页。

2. 韩国佛教团体在慈善事业发展中影响力剧增

佛教作为韩国社会的第一大宗教，其社会地位和影响是有目共睹的。历史上韩国佛教所有的宗派、教团、寺刹都以各种不同的形式开展社会公益事业。然而，佛教界积极从事现代意义的社会福祉事业则起步较晚。20 世纪 80 年代以曹溪宗为代表的佛教诸教团才开始积极投身社会福祉事业，与韩国社会天主教和基督教相比其劣势较明显。经近 20 多年的努力，目前佛教福祉事业，无论设施，还是经营规模皆不逊色于其他宗教。仅 2000 年以后增加的规模较大的佛教社会福祉设施就多达 70 余处。目前佛教福祉设施从业者达 2 700 多人，并能够不断培养社会福祉士的教育机构有东国大学、中央僧伽大学、尉德大学等三所高等院校。据 2004 年的统计正式注册的佛教福祉法人就有 50 家，专门福祉设施有 500 多处，此外还有 100 多个活跃于佛教福祉领域的各类佛教相关的民间团体。佛教社会福祉设施总体分布来看，曹溪宗占 117 个，真觉宗占 10 个，天台宗占 4 个，总持宗占 3 个。[1]

曹溪宗作为韩国佛教代表性宗派在社会福祉方面开展了内容丰富，形式多样的活动。1995 年 2 月曹溪宗总务院为进一步积极开展社会福祉事业，成立曹溪宗社会福祉财团，以这一财团为中心，曹溪宗各个寺刹、僧侣、信徒们更加积极开展社会福祉活动。其社会福祉不仅涉及各个年龄层（儿童、青少年、女性、老人、残疾人），还包括不良设施的改造，如葬仪、咨询、自愿者、社会体育、学术等相关其他设施。另外还为生活困难的青少年提供奖学基金的 30 多个奖学会。韩国佛教的慈善机构通过政府相关部门认可来使其专业化和正规化。这不仅使得广大人群可以信赖和接受，也有利于机构的运行。这对于慈善事业开展有专业深远的启发意义。作为韩国佛教代表性宗派，曹溪宗在社会福祉方面开展的各项活动的规模占佛教社会福祉事业的 90% 以上。以上组织和设施都是得到政府相关部门认可后经营的佛教社会福祉团体。此外还有为数不少的没有正式注册的规模不等的各类团体活跃于这一领域。韩国佛教的慈善机构（社会福祉）通过政府相关部门的认可来使其专业化和正规化。这不仅使得广大人群可以信赖和接受，也有利于机构的运行。

三、韩国民间公益组织透明与负责的运作方式

在韩国，民间公益组织资金能否透明与负责任的运行是其发展壮大的基石，只有如此才能获得广大民众的信任，进而能够得到更多的社会捐助，既扩大了扩大公益事业的规模，也增强了公益组织自身的社会影响力与获取更多的政府支持。

以韩国美丽基金会为例，该基金会是由韩国著名学者、人权律师、公民运动领袖朴元淳先生于 2000 年创建的社区慈善组织。目前，韩国美丽基金会是韩国影响最大的慈善组织，同时，也是公信力最高的非营利组织之一。韩国美丽基金会成功的秘诀就在于其透明与负责的运作方

[1] 金勋：韩国佛教的社会福祉理念与实践，http://www.fjnet.com/fjlw/200903/t20090330_ 114832.htm。该论文出自《第二届世界佛教论坛论文集》，2006 年 9 月由台湾华梵大学出版社出版发行。

式。朴元淳先生有一个美丽的梦想：创造一种市民文化，激发市民自觉、自愿地支持市民社会和市民运动，因而美丽基金会定位在专为民间组织筹款，扶持民间组织成长，促进地方社区的复兴。[1] 美丽基金会的筹款目标是 1 兆亿韩元，之后便可以用利息来支持 NGO 的活动。美丽基金会成立以来，在筹款一事上举办了不少项目，诸如开办美丽商店，发起 1% 运动 [2]，为捐款者建立丰功碑等等。在美丽基金会成立初期，其捐款的主要来源是韩国一些企业，很多企业家捐款主要出于对他的信任和崇拜。后来，伴随美丽基金会不断发展壮大，韩国很多普通民众也加入到捐款行列，公民个人的捐赠逐渐成为美丽基金会的常态捐赠来源。美丽基金会始终做到让每个捐款者甚至每个想了解基金会的公众了解到善款使用信息，并将此作为美丽基金会工作的首要任务。美丽基金会的公开透明的行动实践赢得了公众的信任。作为美丽基金会的领导者，朴元淳个人已经超越了党派和政治界限，得到韩国社会各界的广泛支持。

民间公益组织成功的运作经验，不仅受到政府的肯定与支持，而且一些政府机构官员也主动到一些民间组织学习充电。“希望制作所”是成立于 2005 年的致力于公共政策研究的独立智库，拥有 40 多名各领域专业人士。针对韩国长期的政府集权政策造成社区自治能力缺失，制作所将“通过市民社会的力量帮助地方社区的复兴”作为第一目标。由于制作所对韩国民情有充分掌握和研究，其开办的“县市长学院”吸引了大批官员和公务员，很多官员刚刚当选，就前来报名学习。官员在培训时所缴纳的费用，被持续用于社区公益项目的运营。[3]

四、韩国社会名流的积极参与与以身示范

在韩国，上至国家领导人，下至普通百姓，各尽所能帮助弱势群体已成为共识。如果社会名流不参加慈善活动，反而会成为异类。以政界为例，2009 年 7 月，韩国总统李明博决定向财团法人清溪捐赠 3 314 200 万韩元。这相当于李明博总统将自己全部财产 3 804 800 万韩元（鉴定价格）中的 87.1% 捐献了出来。[4] 李明博出身贫寒，为了上学曾经勤工俭学。他曾说，自己不会忘记那些曾经对自己伸出援手的好心人。李明博被视为韩国工薪阶层的“神话”。他凭借杰出的经营才能，从普通职员升至现代建设公司社长。他后来投身政界，于 2002 年当选首尔市长。任首尔市长及任总统至 2013 年，李明博将自己月薪全额捐献，用作低收入家庭子女的助学金。2013 年 2 月 27 日，韩国新任总理郑烘原就职当天就前往福利组织捐赠了 1 亿韩元。

---

[1]　《韩国美丽基金会：用透明运作方式打造公信力》，http://news.sohu.com/20080617/n257554441.shtml。

[2]　即号召每个人将每项收入的 1% 捐给基金会。

[3]　《韩国公益组织与政府良性互动》，http://www.redcrossol.com/sys/html/lm_4/2011-08-19/104145.htm。

[4]　《韩媒披露韩国总统李明博捐赠资产明细表》，http://www.chinanews.com/gj/gj-yt/news/2009/07-07/1764236.shtml。

总理室就郑烘原捐赠表示，这是为了推动分享和捐赠的文化。郑烘原在世宗政府大楼举行记者会时说："我认为，创造更多的工作岗位，让国民享受工作的快乐，使创造的财富得以公平分配，形成善性循环的福利，这就是我的目标。"[1]

1. 以韩国商界为例

2011 年 8 月，现代汽车集团总裁郑梦九捐出 5 000 亿韩元（约合人民币 4 亿美元）私人财产，创下韩国个人捐款史上的最高纪录。[2] 郑梦九平时总说："任何人都应有平等的受教育机会。只有这样社会才能健全。"郑梦九希望将这笔捐款重点用于低收入阶层子女的教育。他认为，在韩国社会，教育是提高在社会阶层中位置的最重要途径。

2. 以韩国体育界为例

韩国前足球运动员洪明甫于 2002 年建立了洪明甫奖学金基金会，向出生于贫困家庭但具备足球天赋的儿童提供奖学金，并运营一所青少年足球学校。他每年圣诞节都组织慈善足球赛，将利润捐给受癌症或贫困折磨的儿童。多年来他累计捐赠了 120 万美元。[3]2009 年 4 月，韩国的"花滑女王"金妍儿向 World Vision 城南综合福利馆捐赠了价值 1 亿韩元的乳制品。这是为了帮助少男少女家长们而做的善行。金妍儿把为每日乳业拍广告所得收益中的 5 000 万韩元捐赠出来，另外 5 000 万韩元则由每日乳业捐出。她曾把参加 *Angels on Ice* 演出所得的 14 000 多万韩元作为治疗患有罕见病和小儿癌症儿童的手术费等等。[4]

3. 以韩国演艺界为例

韩国歌手金长勋被评为韩国最热衷慈善的明星，他从演唱会和专辑销售所得中拿出 1 020 万美元捐给多项慈善事业。他曾为韩国科学技术院等科研机构捐款，还曾号召全国志愿者在 2007 年泰安原油泄漏事件后从事清理工作，并为贫困家庭的儿童设立了紧急手术基金。[5]2006 年 12 月，韩国影视明星李英爱向峨山医院捐 1 亿韩元，并要求医院方面将这些资金用于那些经济困难的患者。这笔捐款将用于帮助 13 名因为没有手术费而推迟肝移植、骨髓移植、癌症治疗的患者，每人得到的支援金额从 500 万韩元到 2 000 万韩元不等。[6]2012 年 2 月，韩国节目主持人姜虎东将自己拥有的一块价值 20 亿韩元（约合人民币 1 100 万）的土地捐赠给了慈善

---

[1] 《韩国总理上任第一天捐赠 1 亿韩元 乘车购普通票》，http://gb.cri.cn/27824/2013/02/28/2805s4033808.htm。

[2] 《韩国现代汽车总裁郑梦九捐逾 4 亿美元股票》，http://www.chinanews.com/auto/2011/08-31/3296613.shtml。

[3] 《亚太慈善英雄榜》，http://www.forbeschina.com/review/201107/0010712_8.shtml。

[4] 《韩"花滑女王"亿元做慈善 美丽天使心地善良》，http://sports.ifeng.com/huaxu/200904/0421_4686_1117957.shtml。

[5] 《亚太慈善英雄榜》，http://www.forbeschina.com/review/201107/0010712_8.shtml。

[6] 《韩国影视明星李英爱向贫困患者捐款 1 亿韩元》，http://www.chinanews.com/yl/yrfc/news/2006/12-21/841878.shtml。

机构。当年4月，他又决定将自己手中持有的某餐饮连锁店股份（33.3%，约合8 300万元人民币）和相关收入也全部捐献出去。[1]

在这些榜样的伟大力量引领下，热衷慈善事业已经成为韩国社会很多人的共同愿望，甚至不少韩国人通过匿名的方式捐出巨款。2012年12月3日，某慈善机构负责人在清点捐款时赫然发现一笔1亿韩元的银行汇款，这是该基金会通过银行汇款方式收到的最大一笔捐款。[2]然而，对于更多的韩国人，则是通过身边的便利捐赠方式实现了自己的慈善愿望。

五、韩国政府与民间公益组织通过慈善教育强化公民慈善意识

在韩国，慈善意识已根植于全民意识之中。韩国学生从小就被接受培养爱心教育，接受奉献爱心和帮困济贫的熏陶，从而形成蔚然成风的社会风气。韩国进行慈善教育主要由政府和一些民间公益组织共同承担。

1. 在政府层面

通过教育改革方案的设计，将人性教育与道德教育纳入学生日常教育重要一部分，为了实现这一目标，韩国先后在学校里推行过“公民科”和“生活教育科”的教育，并强调在低年级阶段着重个人修养、个人与家庭、个人与社会方面的教学，而在高年级阶段则扩展到个人与社会、个人与国家、世界方面的教学。为了鼓励韩国大学生参与公益，韩国教育行政部门专门制定政策，学生通过公益活动可以换取4个学分。

2. 在民间

民间公益组织进行的慈善教育。与公共教育进行的慈善教育不同，民间公益组织的慈善教育更有组织性。在民间公益组织实施的慈善教育中最具代表性的例子是韩国美丽基金会进行的分享教育。美丽基金会致力于在韩国国内外倡导慈善文化，并希望通过鼓励分享和循环再利用来提升社区的慈善本性，在韩国社会培养建立一种“关爱”与“分享”的文化，这种活动每年持续举行，分享教育的对象与范围也在逐渐扩大。以美丽小店为例（美丽基金会下属的一个项目），它特别重视对儿童的心灵教化，强调慈善环保教育，从专门为孩子开班的儿童跳蚤市场，到全家运营日等活动，都强调为孩子做事情，以实际行动培养他们的爱心、同情心、慈善意识与环保理念，这是有利于慈善事业持续发展的一项重要的基础性工作。此外，韩国未来国际财团在韩国开展的“春芽教育辅导”项目，其主要活动内容就是通过向低收入家庭优秀大学生提供奖学金，并由受资助大学生给贫困家庭的初、高中学生进行学习辅导与品德教育。目前，韩国已有18所国立、公立大学的2 000名成绩优异的低收入家庭大学生参与了“春芽教育辅导”

[1]　《韩国笑星姜虎东向慈善机构捐赠价值8 300万股份》，http://ent.sina.com.cn/s/j/2012-04-09/11083 600224.shtml。

[2]　《国外到处都有“活雷锋”》，http://paper.people.com.cn/smsb/html/2013-03/08/content_1207722.htm。

项目。大学生通过获得资助，进而传递爱心，向更多的弱者播撒关爱和希望，可以从小培养他们关心弱者的意识，提升大学生的责任感和自豪感，培养与强化他们的慈善意识。

从以上的论述中，基本上能够清晰与准确地把握促进韩国慈善事业发展的主要影响因素，无论是韩国政府还是民间力量，在推动社会慈善事业发展中做出了重要贡献。在政府层面，通过创设或完善相关法律以规范与鼓励社会慈善发展，积极扶持民间公益组织，充分发挥宗教团体在慈善事业中的作用，对公民进行慈善教育以强化公民慈善意识等等；在民间组织层面，民间公益组织不仅严格按照法律规范运作，而且长期秉承透明与负责的运作方式；此外，韩国社会名流的积极参与与以身示范等等。这些多重因素共同促进了韩国慈善事业的稳步健康发展。然而，同为东亚国家且在文化上具有诸多相似之处的中国，在慈善事业的发展上却遭遇严重的信任危机。因此，探究韩国慈善事业的基本经验，是反观中国存在的问题与不足，进而寻求应对之道的重要步骤。

韩国国家形象战略发展特点及其启示

武　鹏[1]

摘要：从20世纪70年代开始，随着韩国经济的快速发展，社会文化生活的不断提高，韩国国家形象也逐渐从“宁静的晨曦之国（The Land of Morning Calm）”向“动感韩国”（Dynamic Korea）发生转变，特别是通过奥运会、世界杯等大型国际性活动，韩国国家形象得到了大幅提升。韩国国家形象战略经过几十年的发展，在理论研究、组织建设、渠道拓展和效果评估四个方面呈现出了显著特点，这不仅对塑造和提升韩国国家形象起到了重要作用，同时也具有一定的启示作用。

关键词：韩国　国家形象　国家形象战略　国家品牌　软实力

从20世纪70年代开始，随着韩国经济的高速发展，特别是“汉江奇迹”的出现，位于朝鲜半岛的韩国一跃跻身于“亚洲四小龙”之列，备受世人瞩目。然而，韩国作为曾经以农耕文化为主的半岛国家，在经历了数次外敌入侵、殖民统治、朝鲜战争、国土分裂以及军权政府独裁之后，为摆脱自身负面形象，凭借着经济的高增长和教育的高投入将国家形象逐渐扭转。如今，韩国国家形象形成了“国家—企业—个人”三位一体共同发展的局面，国家构建“动感韩国”、“活力韩国”的整体形象；企业塑造“跨国企业”、“世界名牌”的企业形象；个人打造“勤勉、诚实、团结，并且具有成熟市民意识”的国民形象。

国家形象代表了国家的综合实力，是国家硬实力和软实力的综合体现。国家形象也是国家的文化表现形态，代表着国家的价值理念和价值诉求。“国家形象是一个综合体，它是国家的外部公众和内部公众对国家本身、国家行为、国家的各项活动及其成果所给予的总的评价和认定。”[2]主要具有客观性、主观性、复杂性、历史性和民族性等特征。国家形象战略则是主权国家为了实现国家利益而综合运用各种手段和战略资源来追求和塑造国家理想形象的艺术。国家形象战略主要包括三个基本要素：国际形象战略资源、国家形象战略实施和国家形象战略效

[1]　作者简介：武鹏，西南大学政治与公共管理学院政治系讲师，国际学博士，研究方向：朝鲜半岛问题研究。

[2]　管文虎：《国家形象论》，电子科技大学出版社2000年版，第23页。

果评估。[1] 韩国国家形象战略的发展对韩国国家形象的提升起到了关键性作用，并在相关方面呈现出了显著特点。

一、韩国国家形象战略发展的过程

事实上，从朴正熙军事政变夺权以后，韩国社会的整体发展相对稳定，特别是经济方面，还出现了描述其发展状况的专有名词“汉江奇迹”，这为韩国之后的国家形象建设奠定了坚实的经济基础。然而，军权政府的独裁统治却成为韩国政治民主化进程的挡板。关于韩国国家形象战略的发展过程，1988 年奥运会和 2002 年世界杯作为韩国国家形象的转折性事件，可以清楚地将其划分为三个阶段。

（一）20 世纪 70 年代到 1988 年奥运会

从 20 世纪 70 年代到 1988 年奥运会期间，国家形象战略发展主要体现在两个方面。首先，经济高速增长下，孕育了一批具有国际影响力的品牌企业。特别是在朴正熙总统时期，韩国政府主导经济开发，本土企业日渐活跃，现代、三星、LG 等一大批后来跻身世界 500 强的跨国企业诞生或发展，涉足造船、机械、电子和化工等高端领域，也标志着韩国经济从简单加工业向高技术制造业转型。以现代集团为例，1965 年现代集团下属的现代建设成为韩国最早开拓海外市场，走出国门的企业；1972 年现代集团建立造船厂，现代重工业宣布成立，当即就接下海外第一单。虽然，在一定时期内，世界并不认可“韩国制造”，但事实证明，“韩国制造”已经开始被更多人认可并接受。这些企业的成长和发展，成为了韩国走向世界的新名片。

其次，国家民主转型下，政治民主化进程有利于美化韩国国家形象。朝鲜战争后，韩国一直是“分裂国家”、“独裁国家”的负面形象。（见表 1）然而，政治民主化使韩国政府强化了民主化的正面形象。一方面，1968 年，韩国政府设立文化公报部，并于 1971 年以海外宣传为目的，在其下设“海外文化弘报院”，负责国家形象宣传、国际文化交流、海外宣传用网站运营等工作，起到了一定积极作用。另一方面，1987 年，在新的宪法下进行了总统直接选举，赋予了人民选举权和被选举权，政府的透明度和公信力增强。这些都对韩国国家形象战略的发展起到了推动性作用。

（二）1988 年奥运会至 2002 年世界杯之前

1988 年奥运会、1997 年金融危机、2000 年朝鲜半岛南北首脑会晤以及 90 年代末吹起的“韩流”旋风对韩国国家形象的转变和发展意义重大。（见表 1）

韩国政府将奥运会作为免费宣传韩国的有利契机，提出了相关改善国家形象的现实课题。首先，要在办好大会的基础上展现具有先进文化和成熟国民性的韩国国民、韩国社会的发展状

[1] 刘艳房：《中国国家形象战略与国家利益实现研究》，河北师范大学 2008 年博士学位论文，第 24 页。

况、秩序井然和干净整洁的文化城市，以及市民明朗而充满活力的生活状况。其次，要向来韩访问的外国游人展示具有历史和传统的国家风貌。最后，扩充和整理生活基础设施和国土环境，创造一种文化、舒适的生活环境。[1] 从最终效果来看，1988 年汉城奥运会在韩国上下的精心准备下，取得了良好的效果，基本改变了韩国“冷战前沿国家”、“战争边缘地带”的负面形象。

1997 年，韩国遭受金融危机侵袭，虽然在此期间社会矛盾突出，经济下滑严重，但依然于 2001 年提前还清了 IMF 的贷款。通过这次危机，不仅有效增强了国民的爱国意识，也让世界，特别是亚洲国家感受到了韩国的向上精神。另外，几乎同时出现的金大中访朝，不仅令金大中总统获得了诺贝尔和平奖，这次具有划时代意义的南北首脑会晤，也让世界对朝鲜半岛问题的和平解决充满了信心，更对韩国“分裂国家”的国家形象有了很大转变。在文化领域，韩国通过音乐和舞蹈等元素，向外输出韩国文化，韩国明星大行其道，韩国电视剧也由此开始风靡亚洲，从而产生了颇具影响力的“韩流”。一方面，拉近了普通外国民众与韩国文化的距离，使韩国民族文化生活深入到了外国人民的日常生活当中；另一方面，在兴趣爱好的驱使下，外国民众也开始主动地去了解这样一个传统与现代并存的东亚半岛国家，这无疑对提升韩国国家形象做了免费而又无形的宣传。

表 1　韩国国家形象战略的时代变迁

时间	重要历史事件	正面形象	负面形象	国家形象建设目标
20 世纪 70—80 年代	政府主导经济开发 新农村运动 参与越南战争 政治民主化	寂静晨曦之国 （The Land of Morning Calm） 致力于发展经济民主化	朝鲜战争 分裂国家 独裁国家	提升韩国在其他国家的认知度
1988—2002 年 世界杯之前	举办奥运会 金融危机 2000 年南北首脑会议 韩流的对外传播	快速的经济发展 奥运会 克服危机的“模范生” 南北和解 韩流	分裂国家 暴力示威 经济发展受挫	介绍经济发展后的韩国，提高国家竞争力，降低外界对韩国安全局势的担忧
2002 年 世界杯至今	2002 韩日世界杯	动感韩国 （Dynamic Korea）	分裂国家 暴力示威	提出明确的国家形象定位：Dynamic Korea，IT 强国、奇迹般的韩国，树立发达国家形象

资料来源：《韩国国家形象的变迁及其启示》[2]。

（三）从 2002 年世界杯至今

2002 年世界杯，虽然称为韩日世界杯，但由于发展程度等现实原因的影响，此次世界杯对于提升日本国家形象的效果并不明显，反而韩国借此机会进行了积极的对外宣传。具体来看，韩国展现“IT 强国”形象，处处显示高科技；“红魔”市民展现“活力韩国”形象；各种文

[1]　朴光海：《韩国塑造国家形象的渠道、方法及策略研究》，载《韩国学论文集（第二十一辑）》，2013 年第 3 期，第 198 页。

[2]　王晓玲、董向荣：《韩国国家形象的变迁及其启示》，载《当代韩国》2010 年夏季号，第 43 页。

化活动展现“文化韩国”形象；树立旅游观光目的地形象；借世界杯展现经贸环境；企业利用世界杯树立企业形象等。通过世界杯，韩国明确了国家形象定位——“动感韩国”（Dynamic Korea）脱颖而出，这些都使韩国国家形象建设逐渐走向成熟。（见表 1）

2008 年 8 月 15 日，李明博总统在光复节庆祝典礼上说：“如果想成为发达国家，就要大幅提升我们国家的总体形象和国际声望。”这是韩国总统首次强调国家形象的重要性，并宣示将致力提高国家形象。2009 年 1 月，李明博总统直接成立了由总统直属的“国家品牌委员会”。2012 年底，韩国执政党新国家党总统候选人朴槿惠接替李明博，以高达 51.6% 的得票率当选新一届韩国总统。2013 年 2 月 25 日，朴槿惠在就职演说中宣布，韩国新一届政府将通过经济复兴、国民幸福、文化昌盛三大梦想的实现开创一个新时代。特别强调了“文化兴盛”的重要性，认为韩流文化在全世界的传播，是促进韩国经济发展的另一大动力。除此之外，朴槿惠总统也通过女性总统形象的塑造，不仅颠覆了韩国社会男性掌权的固定思维，也通过政治、外交等手段缓和了前总统李明博的强硬态势，向世界树立了一个崭新的“朴槿惠时代”的国家形象。

二、韩国国家形象战略发展的特点

通过了解韩国国家形象战略的发展过程，韩国国家形象建设在很多方面都取得了一些成绩，也在发展中形成了一些特点，主要体现在以下四个方面。

（一）理论研究方面，注重质与量的效率性提高

从韩国国内关于国家形象的相关研究现状来看，主要涉及国家形象（Country Image）、国家品牌（National Brand）、原产地形象（Country of Origin Image）三个主要关键词。2009 年设立国家品牌委员会之后，主要研究关键词以国家形象和国家品牌为主。本文以 2002—2012 年韩国教育学术情报院提供的学术研究情报服务（RISS）中已登载的韩国国内学术期刊论文为总体研究对象，以国家形象、国家品牌和原产地形象为主题的论文作为样本进行内容分析（Content Analysis），得出以下结论。

1. 研究数量方面，总体数量不断上升，个别年份呈跨越式增长

通过将国家形象、国家品牌和原产地形象作为关键词进行搜索（见表 2），从 2002 年至 2012 年，经过去重处理后，韩国国内学术杂志中共发表论文 301 篇。其中以国家形象为研究对象的论文在数量上占据绝对优势，约 239 篇，占全部搜索结果的 79.40%；以国家品牌为研究关键词的论文为 42 篇，占总体的 13.95%；以原产地形象为研究关键词的论文最少，仅为 20 篇，占到论文总数的 6.65%。

另外，通过按年度划分研究论文的频度分析结果可以发现（见表 3），2002 年发表研究论文总数为 9 篇，而 2012 年发表研究论文总数为 59 篇，总体增长了约 7 倍。除了 2008 年在数量上有短暂回落现象以外，几乎每年的研究成果都呈上升趋势。特别是在 2007 年和 2010 年，

出现了两次较大幅度的增长。因此，从数据上来看，涉及韩国国家形象的理论研究在数量上还是一直能够保持增长态势。

表 2　按研究关键词划分研究论文频度分析结果

研究关键词	频度（篇）	比率（%）
国家形象	239	79.40
国家品牌	42	13.95
原产地形象	20	6.65
总计	301	100.00

资料来源：RISS。

表 3　按年度划分研究论文频度分析结果

研究对象	频度（篇）	比率（%）
2002 年	9	2.99
2003 年	11	3.65
2004 年	11	3.65
2005 年	12	3.98
2006 年	16	5.32
2007 年	27	8.97
2008 年	18	5.98
2009 年	34	11.30
2010 年	52	17.28
2011 年	52	17.28
2012 年	59	19.60
总计	301	100.00

资料来源：RISS。

2. 研究内容方面，专业涉及广泛，注重研究发展国际化

全部 301 篇研究成果论文中，涉及的专业领域十分广泛，但基本都属于人文社科类文献成果。按韩国专业类别设置归纳整理后，从数量上来看，以新闻传媒类为主的研究成果最多，其

次依次为贸易学、人文学、观光学、政治外交学等共涉及约 16 个相关专业。

另外，如果按照研究国别进行划分的话，除韩国以外，中国位居第一，第二为日本，第三为美国，其中对东南亚国家的关注和研究发展尤为迅速。而且，通过内容分析发现，2002 年以“中国”作为题目关键词的研究论文为 1 篇，而 2012 年以“中国”作为题目关键词的研究论文已达到 17 篇，由此可以看出，与“中国”相关的研究成果呈上升趋势，研究对象主要集中于中国消费者以及中国留学生。

（二）组织建设方面，整合设置相关职能机构

为了及时有效的提高韩国国家形象，促进韩国国家形象战略发展，韩国政府机构及相关组织也进行了较为细致的职能划分，一方面明确了工作内容和工作目标，另一方面也建立了专门性机构进行资源整合与调度。在组织建设过程中，主要分为一般机构设置和特别机构设置。

1. 一般机构设置

一般机构设置主要包括行政机关设置及事业单位设置。国家通常会根据工作及发展需要进行行政机关设置，同时规定其工作内容和职能范围。国家形象战略的发展，主要涉及国内外的宣传与交流、合作与沟通。因此，在与外国政府、国际机构组织、国外文化机构或国外媒体机构等进行对接过程中，韩国行政机关根据对接渠道和业务类型进行划分，主要包括外交通商部文化外交局、文化观光部、财政经济部经济宣传计划团、国情宣传处和海外弘报院等行政机关。（见表 4）

表 4　按照对接渠道韩国行政机关对“国家形象”相关业务的管理现状

交流对象	行政机关	与“国家形象”相关业务内容
外国政府 / 国际机构及组织	外交通商部文化外交局	1. 裁决交涉文化协议及国家间的合作业务 2. 参加文化相关国际机构的活动（UNESCO 等） 3. 支持世界杯、奥运会等国际大赛的举办和参与
	文化观光部	1. 负责与外国政府在文化、艺术、体育、青少年、观光、言论等领域的合作 2. 负责 UNESCO 文化领域的人力派遣 3 负责与国际观光机构合作
	财政经济部经济宣传计划团	负责国内外经济宣传相关的总体计划与实行
	国情宣传处	负责强化与亚洲国家有关宣传机关的交流
国外文化机构	外交通商部文化外交局	1. 负责在海外博物馆内设置“韩国馆（室）” 2. 支持民间文化交流活动（民间团体或企业） 3. 负责海外演出及展览活动
	文化观光部	1. 支持海外韩国文化院的活动 2. 借助重要契机强化宣传韩国文化 3. 促进韩国文化国际交流 4. 支持优秀文化商品的进出口

续表 4

交流对象	行政机关	与“国家形象”相关业务内容
国外文化机构	海外弘报院	支持海外演出和展览活动
国外媒体机构	外交通商部 文化外交局	1. 负责设置韩国媒体驻海外记者并支持国内外媒体间交流 2. 支持国内媒体采取海外素材及国外媒体采取韩国素材
	财政经济部 经济宣传计划团	1. 对外新闻发言人 2. 处理外媒采访 3. 处理外媒错误宣传
	国情宣传处	1. 在外宣传官的现场记者说明会 2. 促进重大契机下的宣传活动 3. 外媒分析与处理错误和歪曲报道 4. 与外媒共同完成采访、摄影、特辑等节目（美国 PBS）
	海外弘报院	1. 支持外国常驻记者站的报道活动 2. 支持访韩媒体在韩取材

资料来源：《한국의 국가이미지 제고활동 현황과 인식에 관한 연구》[1]。

另外，除了行政机关以外，其他事业单位的设置也对韩国国家形象战略的发展起到了重要作用，其中包括韩国国际协力团、韩国观光公社、韩国国际交流财团、韩国学术振兴财团和海外同胞财团等。这些单位或组织，同样也担负着与国外政府及国际组织、海外学术机构、文化机构、海外同胞相关机构以及领养机构间的合作与交流，是韩国国家形象战略发展过程中的重要组成部分。

2. 特别机构设置

2009 年 1 月 22 日，前总统李明博在充分考虑韩国品牌评价低于整个发展水平的情况下，为了更加系统地管理国家品牌，推动国家形象战略发展，成立了由总统直属的特殊机构——韩国国家品牌委员会（Presidential Council on Nation Branding）。国家品牌委员会是一个综合协调部门，委员会下设企划、国际合作、企业和 IT、文化观光和全球市民 5 个分科委员会，以及政府和公共机构政策协商会和事业支援团。成员包括政府各部部长、知名企业总裁、首尔市长、国家旅游组织主席、贸易促进社社长等 40 余人，历届委员长中还有原高丽大学和梨花女子大学的校长，这为委员会提供了丰富的人力和学术资源。[2] 通过发挥其三大职能（对国家品牌相关事业发挥政府指导性作用；支持国际品牌政策性事业的有效执行；扩大民间合作，加强全民参与），韩国国家品牌委员会希望以国际威望和民族自豪感为基础，建设深受信任、国格高尚的大韩民国。[3]

[1]　염성원，오경수 . 한국의 국가이미지 제고활동 현황과 인식에 관한 연구 [J]. 홍보학 연구，2003(7-2):112.

[2]　季萌：《韩国国家品牌委员会的启示》，载《对外传播》2012 年第 11 页，第 54 页。

[3]　韩国国家品牌委员会：《韩国国家品牌委员会的职能、前景和战略》，http://www.koreabrand.net/gokr/kr/index.do。

（三）渠道拓展方面，充分利用资源的多样化

整合并拓展多种渠道，充分利用资源的多样化，联合打造国家形象，是发展韩国国家形象战略的另一大特点。

1. 企　　业

企业，特别是跨国企业和涉外企业，对于韩国国家形象的提升与发展起着深远而重要的影响。国家形象对于任何人而言都是抽象的，但是一个国家所生产的产品却能够将国家形象具体化。当国外消费者拿到某国制造的产品后，使用过程中的舒适度和满意度，直接影响着对生产产品企业的判断，进而影响对企业所在国的印象，这就是原产地形象与国家形象之间不可分割的关联性。

以三星电子为例，三星电子中国官方网站的企业宣言为“做中国人民喜爱的企业，贡献于中国社会的企业”，这句话非常能够拉近与中国消费者间的距离，当消费者真正选择了三星产品，势必会受到产品当中韩国元素的渗透，进而加深对韩国国家的了解。另外，三星电子在中国推出其新款 S4 手机时，也利用韩国具有优势的“韩流”文化，将韩国当红人气组合 CNBLUE 于 2013 年 9 月 7 日在广州的演唱会门票和纪念品作为营销手段，反作用于自身企业的发展。由此可见，企业不仅是国家形象战略的推动者，也是受益者，同时企业也成为了国家形象战略发展中的关键角色和重要资源。

2. 活　　动

尝过奥运会和世界杯对韩国国家形象大幅提升的甜头，韩国非常重视利用各种节日、地方特色或国际知名度举办大型活动，或者直接申办具有成熟品牌效应的国际性活动。通过开展各类赛事和活动，使更多的人去了解并参与到活动中来，从而加深对活动的体会，同时也是对韩国国家形象了解的过程，正所谓“耳听为虚，眼见为实”。因此，利用举办活动或在活动中专门设立宣传韩国历史和文化的展台来宣传韩国国家形象，不仅节约了额外的宣传开支，还使韩国国家形象战略能够利用多种资源来进行丰富和发展。

以釜山市为例，2013 年釜山广域市活动安排中，仅“国际”或“世界”级的比赛、会议和庆典等就约为 55 项。[1] 其中，作为釜山市标志性活动之一的釜山国际电影节，迄今已经举办了 17 届，目前已经成为世界重要国际电影节之一，是韩国进行对外宣传的重要渠道。据统计，2012 年 10 月举办的第 17 届釜山国际电影节，共有 75 个国家的 304 部电影参映，观众总数为 221.003 人。截至 2011 年，釜山市常住人口数约为 358.9 万，相比之下，此次活动仅观众人数，就占到了釜山常住人口数的 6% 以上。[2] 另外，对于外国人而言，绝大多数的大型活动都可以

[1]　釜山广域市政府：《釜山广域市活动月历》，http://chinese.busan.go.kr/01about/06_01_02.jsp?nSelected=6,2013-08-30。

[2]　釜山国际电影节：《第 17 届釜山国际电影节统计报告》，http://www.biff.kr/Template/Builder/00000001/page.asp?page_num=4946,2013-08-30。

免费申请参加，或缴纳少许门票费用，这更有助于提高活动的参与性和宣传性。

3. 旅　游

韩国作为亚洲东北部朝鲜半岛上的国家，国土面积约为10万平方千米，并且陆地70%为山地，是世界上山地最多的地区之一。然而，韩国却将旅游业打造成了韩国经济的支柱产业之一。除了以自然景观著称的济州岛外，韩国的旅游景点几乎都是人造景观，即便是济州岛也是挤满了各式的博物馆。然而，人性化的设施建设、完善的服务管理、正规合理的价格体系以及各式各样的优惠政策等原因，使韩国的旅游业蓬勃发展，也让更多的人对韩国有着向往和期待。因此，旅游业使韩国实现了双赢，不仅能够实现经济上的丰收，也推动了韩国国家形象战略的深化与发展。

韩国旅游发展局又称韩国观光公社，是管理和运行韩国旅游产业的政府事业性部门。目前，担任韩国旅游发展局局长的是1978年来到韩国的德国人李参，现在已经转为韩国国籍。在其管理和领导下，韩国旅游产业日趋人性化和国际化。以韩国观光公社门户网站为例，共有13国语言可供网民选择，进入网站后，涉及韩国旅游相关的旅游景点、活动安排、交通、住宿、饮食和购物等内容十分丰富，特别是为了鼓励海外游客来韩，还专门设置了优惠券专区，提供了很多颇具吸引力的优惠活动，有时还会提供免费来韩旅游的机会。韩国旅游业作为韩国对外宣传的窗口产业，已经成为了促进韩国国家形象战略发展的重要渠道之一。

（四）效果评估方面，建构科学有效的测评模式

国家形象战略效果评估是国家形象战略的基本要素之一。能否进行科学有效的效果评估，对于国家形象战略的反馈和发展至关重要。针对韩国国家形象战略效果评估，从2009年起，韩国国家品牌委员会联合三星经济研究所共同开发了国家品牌指数模型（SERI-PCNB NBDO）[1]，综合实体和形象两方面进行调查评估，建立了相对科学有效的测评模式。

以2012年国家品牌指数调查报告为例，三星经济研究所结合实体与形象两方面，将50个国家作为研究对象[2]，形成了包括综合结果、韩国详细分析、改善战略、综合提案和报告说明共计5部分内容在内的调查报告。其中，实体测评是将125个统计数据进行综合比较，例如WB（World Bank），NBI（The Anholt-GfK Roper Nation Brands Index）等数据，经过研究分析后得出相应结果，并以此作为国家品牌指数实体排名的依据。形象测评是通过36个分析项目，对26个国家中的13.500名意见领袖（Opinion Leader）进行问卷调查，并将最终结果作为国家品牌指数形象排名的依据。实体与形象测评相互独立，但均作为模型中所涉及八个部分的评价

[1]　国家品牌指数模型是指国家品牌委员会（Presidential Council on Nation Branding）和三星经济研究所（Samsung Economic Research Institute）开发的NBDO（Nation Brand Dual Octagon）模型。Dual是指实体与形象两方面，Octagon的8个部分分别为经济 / 企业，科学 / 技术，基础设施建设，政策 / 制度，传统文化 / 自然，现代文化，国民，名人）。从2009年开始，每年出版1份报告。

[2]　50个国家 = OECD（经合组织）国家 +G20（非OECD国家）+ 其他11个国家（拥有被测数据的国家）。

基础，再根据研究目标将内容整合后，最终形成完整的国家品牌指数调查报告。2012 年报告结果显示，总共 50 个被调查国家中，韩国的实体排名为第 13 位，比 2011 年上升了 2 位；形象排名为第 17 位，也较前一年上升了 2 位。

表 5　2012 年 SERI-PCNB NBDO 国家品牌综合排名

2012 年国家排名	实体			形象		
	国家	2011 年排名	2010 年排名	国家	2011 年排名	2010 年排名
1	美国	1	1	美国	3	4
2	德国	2	2	德国	2	1
3	法国	3	4	英国	5	5
4	英国	4	3	日本	1	3
5	日本	5	5	瑞士	9	6
6	瑞士	6	6	瑞典	7	8
7	澳大利亚	7	7	加拿大	4	2
8	瑞典	8	8	法国	6	7
9	荷兰	10	10	澳大利亚	8	10
10	加拿大	9	9	荷兰	11	11
* 备注	韩国（13 位）	15	18	韩国（17 位）	19	19

资料来源：《2012 年国家品牌指数调查结果》[1]。

三、韩国国家形象战略发展的启示

近些年，由于韩国经济的持续疲软，韩国国家形象战略的发展也受到了一定影响。虽然，韩国国家形象战略还不尽完善，与世界其他国家相比，有其特殊性和局限性，但从这几十年的发展经验来看，还是具有一定的启示性作用。

1. 注重理论研究的实效性

利用 CNKI（中国知网）中国国内学术期刊库，仅对 2012 年以“国家形象”作为关键词的论文进行搜索后，得出的论文数量结果为 678 篇。虽然，韩国自 2002—2012 年 10 年间所发表论文还不到中国 2012 年所发表论文的一半，但韩国关于“国家形象”的学术论文，大多数都

[1]　三星经济研究所：《2012 年国家品牌指数调查结果》，http://www.koreabrand.net/gokr/kr/pcnb/gokr_pcnb_polnews_list.do,2013-01-10/2013-8-31:1。

针对实际问题以实证性研究为主，建立在调查研究的基础上，有大量的数据分析和模型研究，这就使其实效性明显增强。

理论研究的实效性决定了研究问题的具体化和生活化，从而使韩国国家形象战略的目标设定越来越具体、越来越贴近生活，并且根据不同主体特点设置相应目标。国家、企业和个人作为三个独立而又并存的实施主体，应该有着各自不同的任务和角色，和统一的奋斗方向，这样进行分级设定以后，不仅有利于明确各自任务目标，而且有利于总体战略目标的理解和实现。

2. 加强相关机构设置和管理

加强相关机构的设置和管理，有利于将理论研究成果落到实处，有利于更好地进行对外交流与合作。针对国家形象战略发展这一国家性课题，韩国通过行政机关和事业单位等组织机构的设置和管理，将国家形象战略发展融入到各相关机构部门的实际工作中，在相互配合和推动的基础上，合理、准确、高效地进行对外交流与合作。

另外，通过设立特殊机构，不仅提升了国家形象的战略意义和地位，而且有利于整合相关资源，起到纽带连接的作用。从实际工作而言，韩国国家品牌委员会更多的是扮演支持和促进国家形象战略发展的角色，协调和组织与国家形象战略发展相关的活动与工作。所以，为了促进国家形象战略健康完善的发展，需要建立和设置相关组织或领导部门，发挥穿针引线的作用。

3. 充分整合有利资源和渠道

韩国通过利用企业、活动和旅游等方面的优势资源与渠道，为国家形象战略构建了良好的发展体系，成为了韩国国家形象战略发展的重要特点之一。国家形象战略由于涉及国家的方方面面、各行各业，所以不能够仅仅靠政府单方面的力量去推动和发展，应当打开窗户，放宽眼界，充分整合各种有利资源和多种发展渠道。将社会上有利于科技发展、生产力提高，有利于弘扬国家传统和现代文化，有利于团结和调动广大人民群众，有利于对外交流和媒体宣传的力量和资源有机的整合起来，形成推动和发展国家形象战略的合力，配合国家政府的管理和实施，才能更有效地达到预期目标，实现最终梦想。

4. 强化评价与监督环节

强化评价与监督环节能够有效保障国家形象战略健康、稳定、持续的发展。韩国国家形象战略评估环节对于韩国国家形象战略的发展而言，是终点又是起点。一方面，它是对过去一年国家形象战略发展的考核；另一方面，它又通过对过去一年的总结，寻找问题和缺陷，为下一步的发展提出对策和建议。这种阶段性的“体检”，有利于国家形象战略保持正确的发展方向，有利于国家形象战略取长补短，有利于国家形象战略保持科学高效。

另外，韩国国家形象指数调查报告书的主要内容是由三星经济研究所负责，国家品牌委员会主要负责组织和配合。由第三方非政府机构独立进行调查与评估，保证了结果的相对客观性和公正性。内容方面，通过对实体与形象两方面进行测评，一方面从硬实力角度，另一方面从软实力角度进行综合考量，再加上相对科学的研究方法，也保证了结果的相对科学性和合理性。

韩国住房年金制度的现状及改善[1]

宋海连[2]

摘要：韩国随着经济发展、生活水平的提高和医学技术的发展，老人的平均寿命也得到延长，韩国的老龄化速度明显加快，是世界上最快的。随着韩国人口老龄化问题的不断显现，养老问题越来越受到社会各界的高度关注。在现有养老保障制度和体系背景下，迫切需要寻求新的方法来应对社会老龄化现象。住房反向抵押贷款作为发达国家解决老人以房养老的重要金融工具，逐渐受到学界的高度关注。本文主要分析韩国实施住房年金制度的背景及其现状，并且探讨韩国住房年金制度的社会效应及其改善方案。

关键词：韩国　住房年金　反向抵押贷款　社会效应

一、韩国实施住房年金的背景

住房年金，是60岁以上的老年人将房屋房产抵押给金融机构，并从金融机构获得借款，按月或按年支付给借款人，一直延续到借款人去世，为有房低收入的老人提供住房安全和生活保障。

韩国随着经济发展、生活水平的提高和医学技术的发展，老年人的平均寿命也得到延长，韩国的老龄化速度明显加快，是世界上最快的。根据韩国统计局统计，2000年65岁以上的老年人口已经达到总人口的7.2%进入了老龄化社会[3]，预计2018年将达到14.3%进入老龄社会，2026年将达到20.8%进入超老龄社会[4]。伴随着老年人平均寿命的延长引发了一系列老人问题，即老年人贫困问题。设立住房年金制度是对现有养老方式的补充，可大大缓解国家和个人面临的养老压力。

---

[1]　本文为辽宁大学朝鲜—韩国研究中心2012年度项目“韩国住房年金制度的效果分析”（LNUCKS2012-01）的阶段性成果。

[2]　作者简介：宋海连，辽宁大学国际关系学院韩国语专业讲师。

[3]　根据UN，65岁以上老年人口占总人口7%以上的社会称老龄化社会，比例超过14%的称老龄社会，比例达到20%以上的称超老龄社会。

[4]　[韩]统计厅：《高龄者统计》，2011年，第8页（http://dl.nanet.go.kr）。

韩国受传统儒家文化的影响很深，抚养老人一直是由家庭来负责。但是都市化、核家族化、女性进入社会、离婚率增加等现象逐渐减弱了家庭抚养老人的体制。根据韩国统计厅调查，独居的老人2000年为11.9%，2010年为17.4%增加了5.5%。2010年老人抚养率为生产可能人口（15—64岁）6.6人抚养一个老人，到了2030年由3个人抚养1个老人[1]。由家庭抚养老人的比率下降及老人独居家庭的增加必然导致老人贫困的增加。所以必须提倡老人自我养老。

工业化进程的加快伴随着人口老龄化已成不争的事实，未富先老开始成为经济社会快速发展的重大障碍，加之社会保障体系不健全，养老问题的严峻性日益凸显。从韩国大多数老年人的生活现状来看，仅依靠现行养老保障制度和传统的家庭养老模式难以应对老龄化趋势，所以必须应该积极推动住房年金制度。

二、韩国住房年金制度的概念

“住房反向抵押贷款”作为韩国住房年金的“住房担保养老年金保障制度”，它是由政府主导的老人能够得到住房年金贷款的公共保障制度。2005年政府的“老龄亲和产业活性化战略”选定“住房反向抵押贷款活性化”为主要课题，通过两年制定相关法令，开发商品等准备过程，2007年由政府部门韩国住宅金融公社正式出台住房年金制度。

住房反向抵押贷款是指，已经拥有房屋产权的一定年龄的老人将房屋产权抵押给金融机构，并从金融机构获得借款，金融机构对借款人的年龄、预计寿命、房屋现值、未来增值、折损情况及借款人去世时或彻底搬出抵押房屋时房产的价值进行综合评估后，按其房屋的评估价值减去预期折损和预期利息，并按老人的预期寿命计算，将其房屋的价值化整为零，分摊到预期寿命年限中去，按月或年支付给借款人，一直延续到借款人去世。反向抵押贷款使借款人终生可以提前支用房屋的销售款，在获得现金的同时继续享有房屋的居住权并负责维护。当借款人去世，相应的金融机构就获得抵押房的产权并将其销售、出租或拍卖，所得用来偿还贷款本息，并享有房产升值的部分。

住房反向抵押贷款最早起源于荷兰，发展最成熟最具代表性的当属美国。作为一种成熟的融资途径，其在增加养老途径、弥补社会保障资金不足、改善老人经济状况和提高老人生活质量和消费水平、促进社会整体效用提高等方面起到了积极作用。

三、韩国住房年金制度的现状

韩国的住房反向抵押贷款是1995年国民银行和2000年朝兴银行最先开发的项目，但是因为销售的滞缓一度被中断。之后2004年初有一些金融机构相继实行住房反向抵押贷款，但还是普遍出现问题。2007年由政府部门韩国住宅金融公社正式出台住房年金制度，即住房反向抵押贷款。

---

[1]　[韩]统计厅：《高龄者统计》，2011年，第9—11页（http://dl.nanet.go.kr）。

表 1 住房年金制度概要

	住房年金制度
经营主体	韩国住房金融公社
借款人	夫妻都 60 岁以上（以身份证年龄为准）
住房	一户一房，9 亿韩币以下的法定住房的住宅（别墅、商品房）
发放方式	终身发放方式（每月支付一定金额），终身混合方式（贷款额度 50% 内，允许个别取款）
借款期限	借款人或配偶死亡、丧失房屋的所有权等
居住权保障	继续享有房屋的居住权直到死亡
偿还方法	借款人死亡后，以该住房资产还款 房屋价格 › 贷款余额（余额属于借款人），房屋价格 ‹ 贷款余额（无权向借款人追偿）
税支援	借款人的登入税、教育税、农渔村特别税免税 财产税 25% 减免，贷款利息 200 万韩币 / 年抵税

资料来源：韩国住宅金融公社 2009 年。

住房反向抵押贷款，将养老与住房结合了起来，实现了以房养老，它对于改善老人的生活质量和减轻社会保障压力起到很大的作用。加入住房反向抵押贷款要满足以下几个条件。第一，借款人及配偶都要 60 岁以上；第二，住房反向抵押贷款时拥有的房屋应是一户一房；第三，房屋应是 9 亿韩币以下的法定住房的住宅；第四，支付方式有终身发放方式（每月支付一定金额），终身混合方式（贷款额度 50% 内，允许个别取款）；第五，保证老人继续享有房屋的居住权直到死亡等。

表 2 住房年金供给现状

单位：件，亿元（韩币）

	2007 年	2008 年	2009 年	2010 年	2011 年	共计
新加入年金	515	695	1 124	2 016	2 936	7 286
年金发放额	44	230	531	911	1 401	3 117
保障供给额	6 025	8 633	17 474	30 361	41 000	103 493

资料来源：韩国住宅金融公社，《住宅金融月报》（统计篇），2012 年 8 月。

2007 年加入住房反向抵押贷款 515 件以来，韩国的住房反向抵押贷款持续增长 2011 年达到 2 936 件。保障供给额也在持续增长 2011 年达到 103 500 亿韩币。韩国的住房反向抵押贷款增长速度非常快。

表 3　不同年龄加入住房年金现状

单位：件

	2007 年	2008 年	2009 年	2010 年	2011 年	共计
60—64 岁	0	0	141	259	326	726
65—69 岁	115	177	262	426	573	1 553
70—74 岁	166	224	314	521	842	2 067
75—79 岁	138	176	233	463	708	1 718
80 岁以上	96	118	174	347	487	1 222
平均年龄	74.3	73.8	72.4	72.7	73.0	73.2

资料来源：崔哼锡，《稳定老年生活的住房年金活性化方案》，2012 年，转载。

韩国住房年金参保者平均年龄为 73 岁，大部分分布在 65—80 岁。实行住房年金初期参保者年龄限制在 65 岁，2009 年 4 月调整参保者年龄之后由 65 岁下调到 60 岁，从而又增加了 726 名是整个参保者的 10%。平均寿命延长及早期退休的现状来考虑，60 岁的老人也要通过住房年金提早准备养老。

表 4　不同地区加入住房年金现状

单位：件

	2008 年	2009 年	2010 年	2011 年	共计
全国	695	1 124	2 16	2 936	7 286
首都圈	556	884	1 547	1 830	6 977
比率	80.0%	78.6%	76.7%	76.9%	76.3%
非首都圈	139	240	469	549	2 173
比率	20.0%	21.4%	23.3%	23.1%	23.7%

资料来源：韩国住宅金融公社，《住房金融月报》（统计篇），2012 年。

不同地区加入住房年金现况来看，首尔圈参保者占全国的 76%，按人口比率看，首尔圈比率偏重。应着重鼓励地方加入住房年金制度。

表 5　房屋担保价格现状

单位：件，百万元（韩币）

	2007 年	2008 年	2009 年	2010 年	2011 年	共计
1 亿	75	83	109	208	295	770
1 亿—2 亿	153	199	325	619	953	1 249
2 亿—3 亿	126	195	239	462	720	1 742
3 亿—4 亿	71	101	190	283	446	1 091
4 亿—5 亿	49	64	94	171	227	605
5 亿—6 亿	41	46	66	111	128	392
6 亿以上	0	7	101	162	167	437
平均价格	245	254	295	285	268	274

资料来源：崔哼锡，《稳定老年生活的住房年金活性化方案》，2012 年，转载。

开始使用住房年金制度时的担保住宅的平均价格是 2 亿 7 000 万元，处于 1 亿元到 3 亿元之间的价格段的上半段。引入初期可以使用住房年金的住房的价格范围限制在 6 亿元以下，但从 2008 年 10 月开始调整提高到 9 亿元。437 名住房年金使用者额外追加使用住房年金，占全部新增使用者的 6%。虽然拥有高价住房的老人因为持有存款等其他金融资产做养老准备，可能不能感受到使用住房年金的必要性，但从住房金融公司的风险分散这一观点来看，将他们也带入住房年金担保住房的大池塘中才是理想之选。

四、韩国住房年金制度的社会效应

韩国住房年金制度，即住房反向抵押贷款的推行可以起到一些积极效应。住房反向抵押贷款开拓了养老的新途径，为老人解决了养老问题。当老年人在使用住房反向抵押贷款时保证了日后养老生活的经济来源，保障了老人的基本生活。住房反向抵押贷款还保障老人住房的继续居住权，当老年人的房产被用来抵押申请反向抵押贷款时，老人们可以继续自由的住在自己的房子里面，直到老人去世，住房反向抵押贷款终止为止，不影响正常的起居生活，其社会效应主要体现在三点。

首先，老人通过参与住房反向抵押贷款得到的年金，可以提高其生活水平。对许多家庭的父母来说，年轻时除了子女教育，家庭生活开支后，几乎剩下唯一的房产了，如果有住房反向抵押贷款，那么这些人就会为自己养老金做好资产安排，这样，住房反向抵押贷款还可以减轻年轻人赡养老人的负担，这些年轻人年轻时就可以根据未来住房反向抵押贷款考虑自己的现在的消费计划。

使用住房年金，在实现住房现金化的情况下，我们可以看出住房年金从某种程度上可以补充养老所需收入。例如以市价 3 亿元的住房做担保可以在 65 岁时使用住房年金的老人，直到预期年龄这段期间共计可以领取 1 亿 8 678 万元。但这为老年人的养老所需收入是 4 亿 4 728 万元，那么住房年金就可以补充必需养老收入的 42%，75 岁开始使用住房年金的老年人可以通过住房年金补充 69.5% 的养老所需收入。正如这里所讲的，住房年金制度对养老收入的补充效果是相当明显的[1]。对此金安娜（2007）也在《住房年金制度舒缓老人贫富差距效果的分析》中也特别指出：一家之长的年龄超过 75 岁时，贫困率急剧减少，住房价格至少 1 亿元以上时，才会有显著的贫困率减少效果[2]。

住房年金首先在改善老龄人口福利方面发挥着不可置疑的作用。退休后，可以一直活到预期年龄的情况下，与收入相比，医疗费等养老费用支出大幅度增加，老龄人口所享受的住房年金可以充当基本的生活费和医疗费，是改善老年生活质量的有效手段。特别是个人财产，国民年金和个人年金等养老准备不充分的情况下，想要长寿所需的承担的风险就会更大，因此住房年金将会成为确保收入的一种有效手段。

对老人的资产组成理论研究表明，大部分老年人以养老金为生，住房是老人重要的可用来增加消费的资产，通过采用年金式住房反向抵押贷款，可增加老人收入。同时，通过住房资产的释放，可帮助老人筹措长期护理费用。对低收入家庭来说，通过住房反向抵押贷款可使每月收入提高一定幅度，在降低社会贫困率发生等方面有不可小视的社会功能。

其次，有利于老人消费市场的开发，长期以来，韩国老人市场除了保健品，其他需求不旺，主要在于老人年老时没有了固定收入，社会养老金保障又不健全，如果有了住房反向抵押贷款，使老人有了生活开支的现金流，那显然会增加社会的需求，促进经济的发展。

从整个社会层面来看，住房年金制度一旦被推广，老龄人口的流动性则会增加，从而拉动消费，进而也会减轻公共年金和健康医疗保险的负担。在低出生率、老龄化加剧的情况下，通过个人持有的不动产加强现金的流动，通过改善老龄人口自身的福利提高住房年金使用者的实际购买能力，这也有助于活化实体经济。如此一来，通过实行住房年金制度，用相对较小规模的财政支持就可以解决老龄人口的福利问题，可以实现低预算、高效率的预算经营。节省出的财政预算可以投入到其他部门。

最后，住房反向抵押贷款在增加金融机构业务收入的同时，还可以增加二手房上市量，对调节房价起积极作用。对贷款机构而言，虽然可能面临逆向选择和道德风险，但与其他贷款业务平均理论率相比，住房反向抵押贷款具有较高的理论率。作为一种新型金融产品，住房反向抵押贷款是金融机构中间业务扩大的表现，可成为新的经济增长点。同时，通过偿还贷款买卖

[1]　[韩] 朴根秀、金荣勋：《影响老人住房年金制度必要性的因素分析——以 55 岁以上老人为中心》，韩国老人福祉学会，老人福祉研究，统卷 50 期，2010 年 12 月。

[2]　[韩] 金安娜：《住房年金制度舒缓老人贫苦的效果分析》，载韩国社会福祉政策学会：《社会福祉政策》2007 年第 30 期。

住房，增加住房市场的交易量，可以有效防止一次性买断，有利于不动产市场的稳定化。另外，以往人们认为住房是一种持有、继承、财产增值的手段，住房年金制度有利于帮助人们脱离这一固有观念，使人们的观念转变为住房是享受生活、令人愉悦的一种文化空间。这种类似于买房即积蓄的养老方式，除了拉动内需，还会使房地产市场的买卖趋于投资化而非投机需求。

五、韩国住房年金制度的改善方案

1. 发挥政府的主导力量

通过建立和完善相应的法律法规为住房反向抵押贷款的实施创造条件。比如，调整相关法律法规，吸引保险资金和保险机构进入；通过开征遗产税减免、财政贴息、费用税前列支等各种政策支持，增加经济收入较低老人参与的积极性等。

2. 住房相关制度的整顿

跟西方相比，韩国住房的建筑年数相当短暂。但是若要稳固确立住房年金制度，必须加强住房的耐久性，延长使用寿命，建设能够灵活应对居住者的生活环境变化，具有与相邻住房合并及分离的可能性，能够积极应对未来需求与变化的住房。为了整顿与改善比起量更注重质的住房，进行住房年金贷款时，需要有一些针对老年人所需要的一些特定设施的住房给予优待等政策性的措施。公共机构有必要开发一些与住房年金相互关联的产品；民营住房建设单位开发了适用反向住房贷款的产品时，需要予以一定的税金优惠等政策。提高住房的耐久性，建设即使超过了建筑年数，也能够安全、放心地居住的住房；提供必需的房屋修缮管理措施，活化二手房市场。

适应逐步走来的老龄化社会、灵活应用住房年金制度的前提条件之一就是需要有一个客观、准确的评价二手房的标准。

3. 加强对住房反向抵押贷款业务的宣传力度，引导人们改变现有的个人消费方式和理财方式

相信随着时代的进步和老龄化危机的到来，传统的伦理观念会逐渐发生改变，住房反向抵押贷款市场将逐步成熟。推广住房年金制度最需要的是通过对该制度的优点和利用方法的宣传转变传统的住房观念。韩国推行住房年金制度最大的绊脚石则是住房继承这一传统观念，即存在这样一种现实：尽管住房年金使用者本人想使用住房年金，但如果其子女有继承住房的意愿的话，父母则很难拂逆子女的意愿。申请了住房年金后，在审核过程中提出取消申请的最大理由就是由于子女反对，比起住房年金制度提供数额不小的零用钱或是赡养其父母，大部分子女都会更希望继承父母的房屋。但是考虑到随时会发生剧变的经济情况和不断增加的私学费用，准备相当金额的如生命线般的养老费，作为子女也绝非易事。相反，住房年金使用者们大都在年轻时用尽了全力养育子女，但依赖住房年金制度，他们退休后就可以不依靠子女、用自己的

钱堂堂正正地生活，并且有自信能够负责自己配偶的余生，这也是他们最满意的一点。现在是时候转变住房继承这一固有观念了，住房并不是留给子女们的“遗产”，而是为了老年生活的“财产”。

4. 为了推广住房年金制度，有必要丰富现在的支付方式

韩国的公共保障住房年金制度是借鉴了极具代表性的美国公共保障住房反向抵押贷款，综合考虑了韩国国情后推出的一款金融产品。但是其支付方式并不像 HECM 那么多样化。另外，初期的住房年金支付方式以终身年金形态的按月定额支付为原则，特别的情况下会采取设定即时取款限额（最多为贷款限度的 50%）和按月定额支付的混合型支付方法。

在贷款的发放额度上，美国根据 2003 年的最新调整，贷款额度下限为 154 896 美元，上限为 280 749 美元，限额主要根据房产所在的不同地区来确定，并且每年因势调整 [1]。在贷款的发放方式上，美国有分期支付、一次性支付、信用卡支付，或者是三种方式的结合。其中信用支付是最吸引人，借款人最乐于接受的一种形式，借款人可在贷款交易成立后的任何时刻，在信用额度的范围内一次或多次提款，但每次提款时必须提前通知贷款人，利息按实际知趣的金额计算，为开支部分不惜支付利息，这有利于减轻借款人的利息负担，但信用方式最吸引人之处在于，除非借款人在交易结束后支取全部额度，额度内为支取的部分可随房屋价值的升值而同比例增加，每月调整，借款人因此可以享有房屋增值的利益，增值速度就是贷款合同中所约定的贷款利率。这一制度，使其他贷款所没有的，完全是针对老人的现金需求而设的，对于缺乏收入的老年借款人来说是非常有力的，同时增值速度与贷款利率相同，对贷款人来说也没有不利影响。

美国 HECM 制度最偏好设定信用限度的支付方法，考虑到这一点，韩国也在实行全面的设定信用限度的方法，即有必要积极地探讨一下取消即时取款限额等贷款支付方式的多样化方案。通过使年金使用者们最偏好的贷款支付方式多样化，满足老龄人口住房所有者的多样化的需求，从而发挥住房年金的本来作用。

参考文献：

1. 龙会芳：《反向抵押贷款的国际比较与贷款》，载《金融教学与参考》2005 年第 2 期。
2. 柴效武:《反向抵押贷款在我国开办的迫切性和可行性评价》，载《城市》2008 年第 1 期。
3. 柴效武、孟晓苏：《反向抵押贷款运作》，浙江大学出版社 2008 年版。
4. 阎安：《对我国实行住房反向抵押贷款的必要性研究》，载《商场现代化》2008 年版。
5. 赵嘉佳、张风华：《住房反向抵押贷款：创新养老保险模式》，载《广西金融研究》2008 年第 1 期。

[1] 龙会芳：《反向抵押贷款的国际比较与贷款》，载《金融教学与参考》2005 年第 2 期。

6. 王鸿屹：《住房反向抵押贷款的风险因素分析》，载《金融资本》2009 年第 2 期。

7. 吴微：《对我国发展反向按揭贷款的思考》，西北大学 2007 年硕士学位论文。

8. 张怡：《反向抵押贷款：一种新养老模式研究》，大连理工大学 2007 年硕士学位论文。

9. 黄小璇：《我国推行反向抵押贷款问题研究》，厦门大学 2007 年硕士学位论文。

10. [韩] 金安娜：《住房年金制度舒缓老人贫苦的效果分析》，载韩国社会福祉政策学会：《社会福祉政策》2007 年第 30 期。

11. [韩] 朴根秀、金荣勋：《影响老人住房年金制度必要性的因素分析——以 55 岁以上老人为中心》，载韩国老人福祉学会：《老人福祉研究》2010 统卷 50 期。

12. [韩] 崔哼锡：《稳定老年生活的住房年金活性化方案》，载韩国住宅金融公社：《住宅金融故事》，2012 年。

13. [韩] 刘智妍（韩），《住房年金的养老保障效果分析：增加所得及减少贫苦为中心》，成均馆大学，硕士论文，2010

14. [韩] 金大成：《稳定老年生活的住房年金活性化方案》，全南发展研究院，2009 年。

15. 韩国住房金融公社，http://www.hf.go.kr/hindex.html ，2009 年。

16. 韩国住房金融公社，http://www.hf.go.kr/hindex.html，2011 年。

17. 韩国住房金融公社，住房金融月报，统计篇，http://www.hf.go.kr/hindex.html，2012 年。

韩国住宅政策效果分析

——以住宅200万户建设计划为中心

李 丹[1]

摘要：1988年汉城奥运会后，韩国政府为了解决当时严峻的城市住宅问题，于1988年至1992年间制定、实施了住宅200万户建设计划。住宅200万户建设计划首次按照国民的收入状况对住宅需求者进行了阶层划分，并制定了针对不同阶层提供不同住宅的政策措施。强有力的资金保障，宅地供给的扩大，抑制住宅投机的政策、策略等的制定以及在税收方面的支援政策等一系列政策措施的实施使得住宅200万户建设计划取得了非常理想的政策效果。

关键词：住宅　200万户建设计划　住宅分类供给政策　政策效果

住宅作为人类生活的必需品，既是衡量国民生活水平的重要标准，又与国家经济的安定发展息息相关。因此，大部分资本主义国家在承认住宅作为商品与一般商品一样要按照市场规律进行生产、消费，其供求关系由市场决定的同时，又制定各种政策对住宅市场进行宏观调控。其原因，一是由于住宅同其他商品相比具有特殊性，另一方面是为了解决由于住宅不足而引起的住宅价格上升以及社会中低收入阶层的住宅购入问题。

20世纪80年代后期，韩国经济经过20多年的持续发展，国民生活水平有了很大程度的提高。但是，由于韩国战争（6·25战争）时期的住宅破坏以及城市化进程带来的住宅需要的急剧增加，韩国的城市住宅一度存在价格连年快速上升及住宅数量严重不足等极为严重的问题。

1988年汉城奥运会后，韩国政府为了解决当时严峻的城市住宅问题，实现国民的居住安定，于1988年至1992年间制定、实施了住宅200万户建设计划。

住宅200万户建设计划取得了非常理想的政策效果。因这一政策的实施，1988—1990年间年均15%以上的住宅价格增长率从1991年开始出现下降的趋势；韩国的住宅普及率由原来的69%跃升至1991年的74.2%。在韩国国土研究院1992年制定的效果报告中，对住宅200万户

[1] 作者简介：李丹，硕士学位，辽东学院韩朝经济与文化学院朝鲜语系副教授。

建设政策给予了如下评价："尽管也存在一定的负面作用，但是，住宅 200 万户建设政策在实现国民的居住安定及构建福利社会方面发挥了巨大作用，使得住宅普及率由下降转为上升，住宅价格由上升转为下降，政府主导下的小型住宅及廉租住宅的建设给低收入群体和无住宅群体带来了极大的实惠"[1]。

一、韩国住宅政策的目标及住宅政策手段

韩国住宅政策的总体目标是"实现无住宅国民的居住安定，提高全体国民的居住水平"。[2] 1988 年开始实施的住宅 200 万户建设计划的政策目标为扩大住宅供给，实现住宅价格的稳定以及实现低收入群体的居住安定。住宅 200 万户建设计划按照国民的不同收入把国民划分为不同的阶层，按照阶层划分制定不同的住宅政策，这在韩国的住宅政策史上是前所未有的；这一计划中还针对低收入阶层制定了永久租赁住宅这一最具积极意义的住宅政策，从这一点来说，住宅 200 万户建设计划在韩国住宅政策史上具有划时代的意义。

住宅政策目标的实现要通过采取相应的政策手段。按照功能进行划分的住宅政策手段主要有金融、税收、宅地以及行政干预等；依据住宅的生产、消费进行阶段划分的话，则可分为投入部门、生产部门、消费部门等。为了实现住宅大量供给的政策目标，住宅 200 万户建设计划综合运用了金融、税收、宅地以及行政干预等多种政策手段。

二、住宅 200 万户建设计划实施前韩国的城市住宅状况

为了能更清晰地看到住宅 200 万户建设计划的政策效果，我们首先了解一下在该政策实施之前韩国的城市住宅状况。下面将分别从住宅的数量、质量及住宅价格三个方面对住宅 200 万户建设计划实施前的韩国城市住宅状况进行了解。

（一）住宅数量

直到 1980 年代后期，韩国还存在着住宅绝对数量不足及由此带来的住宅价格持续上涨的双重问题。一方面，普通国民的居住水平相对较低，另一方面，有一批人趁住宅价格上涨之机进行住宅投资从而赚取大量的非劳动收入。这种阶层间矛盾的累积已不仅是单纯的住宅问题了，而是扩大成了政治、经济及社会问题。首先，我们通过表 1 的数据来了解一下住宅 200 万户建设计划实施前韩国住宅的数量状况。

[1]　李真庆：《住宅政策的类型别效果性分析：以目标达成度和住宅价格影响为中心》，韩国首尔大学工学 2004 年博士学位论文，第 87 页。

[2]　韩国《住宅建设促进法》第一条。

表 1　20 世纪 80 年代后期为止韩国的住宅普及率

单位：千户

	1975 年	1980 年	1985 年	1987 年
家庭数	6 376	7 470	8 763	9 320
住宅数	4 734	5 319	6 104	6 449
住宅普及率（%）	74.4	71.2	69.7	69.2
—城市	56.9	56.6	57.8	58.1
—农村	91.8	91.7	92.9	93.5
城市化比率	49.9	58.4	66.7	68.6

资料来源：韩国经济企划院，《人口及住宅普查》（各年度）。

表 1 显示了 1980 年代后期韩国全国的住宅普及率。从表中可以看出，与家庭数量的增加相反，住宅普及率反倒从 1980 年的 71.2% 下降到 1987 年的 69.2%。住宅普及率之所以会下降，是因为由年轻夫妇构成的小家庭的增加速度要快于住宅数量的增加速度。 1980 年韩国的家庭数为 7 470 千户，到了 1987 年，这一数字增加到 9 320 千户，每年平均增加了 235 千户，而住宅数量从 1980 年的 5,319 千户到 1987 年的 6 449 千户，年平均增加数量仅为 161 千户。特别是在城市中，由于城市化过程中的人口向城市的迅速集中导致住宅不足的问题尤为严重。尽管大部分的新建住宅都是建在城市里，但是城市的住宅普及率从 1980 年的 56.5% 到 1987 年的 58.1%，七年间的增长率还不到 2%。

从表 2 中可以看到，除了仁川市以外，到 1990 年，韩国六大城市的住宅普及率都低于 60%，多数城市甚至达不到 55%。

表 2　韩国六大城市的住宅普及率

单位：千户，%

区分	1980 年			1990 年		
	家庭数	住宅数	普及率（%）	家庭数	住宅数	普及率（%）
首尔	1 754.4	968.1	55.2	2 168.0	1 176.2	54.3
釜山	659.9	342.5	51.9	789.5	427.3	54.1
大邱	338.5	173.6	51.3	457.8	245.6	53.6
仁川	231.4	132.4	57.2	316.9	194.3	61.3
光州	145.9	77.1	52.8	192.1	104.9	54.6
大田	123.6	68.9	55.7	180.4	104.7	58.0
首都圈	2 262.7	1 245.9	55.1	3 000.3	1 654.3	55.1

资料来源：韩国建设交通部，《住宅业务遍览》（2006）。

（二）住宅面积及质量

在表 3 中可以看到，随着住宅规模的扩大，每个家庭的平均居住面积从 1975 年的 57.9 m^2

扩大到1980年的68.4 m^2，又扩大到1985年的72.4 m^2，每个人的居住面积也从1975年的7.9 m^2扩大到1980年的9.7 m^2及1985年的11.2 m^2。与此同时，住宅内的设施也有了很大的改善。1980年，具备热水及沐浴设施的住宅数量在全部住宅中的比例还不足1%，到1985年，这一数字增加到了20%；具备室内冲水卫生间的住宅在全部住宅中的比例也从1980年的18.4%上升到了1985年的33.6%。究其原因，主要是随着住宅总体数量的增加以及经济发展带来的家庭收入的增加使得人们对住宅质量的要求也迅速提高了。

表 3　韩国 20 世纪 80 年代中期的住宅质量变化（全国）

内容	1975 年	1980 年	1985 年
每 100 人拥有的住宅数	13.7	14.2	15.1
每户的平均住宅面积（m^2）	57.9	68.4	72.4
人均居住面积（m^2）	7.9	9.7	11.2
人均房间数（室）	0.43	0.47	0.51
沐浴设施（热水）（%）	—	1.0	20.0
冲水卫生间（%）	—	18.4	33.6
立式厨房（%）	—	18.2	35.1

资料来源：韩国经济企划院，《人口及住宅普查》（各年度）。

但是，表3中住宅面积和住宅质量的提高只是平均值，并不是所有家庭共同的居住状况。十年间，居住在城市里的中产阶级及更高阶层在居住面积和居住质量的改善上取得了很大的提高，但是城市中低阶层的居住环境仍然很差。

（三）住宅价格

由于住宅的供不应求及住宅投机等原因，韩国的住宅价格一直都在上涨。特别是以首尔为中心的首都圈以及大城市，住宅价格的上涨尤为严重。从1981年到1987年，首尔的住宅价格大约上涨了1.4倍，5个直辖市的住宅价格也上涨了1.3倍。从表4中可以看到1983年以后住宅价格急速上涨的情况。而首尔的住宅价格的急速上涨又带动了首都圈和各大城市的住宅价格上涨。

表 4　20 世纪 80 年代韩国各地区的住宅价格指数

标准：1981 年＝100

区分	1981 年	1983 年	1985 年	1987 年
首 尔	100.0	140.6	142.4	138.8
5 个直辖市	100.0	107.9	113.4	125.0
31 个中小城市	—	100.0	101.8	108.6
全部城市	—	100.0	102.8	107.2

注：以各年度 12 月的价格为基准。

资料来源：韩国住宅银行，《城市住宅价格动向调查》（各年度）。

三、住宅200万户建设计划的实施及其成果

（一）住宅200万户建设计划的目标及特点

为了解决当时韩国住宅问题的核心问题——住宅的供给不足问题，住宅200万户建设计划设定了三个主要目标：第一，通过扩大住宅供给数量，实现住宅市场的安定；第二，通过住宅供给数量的扩大，解决住宅需求者的实际问题，从而缓解由于住宅供需不均衡导致的住宅价格过高，实现住宅价格的稳定；第三，通过增加住宅投资，扩大廉租住宅的建设以及促进住宅改建，从而满足低收入阶层的住宅需求。

住宅200万户建设计划的特点是在细化住宅供给者和住宅需求者的基础上制定住宅政策。在供给方面，按照资金筹措方式的不同分为政府部门和民间部门，政府供给住宅其资金由政府财政提供，负责建设的是提供给城市中低收入阶层的永久性出租住宅、长期出租住宅以及小型商品住宅；民间部门负责建设的是提供给中产阶级及其以上阶层的商品住宅，完全由民间建设的住宅也包括在民间供给住宅中。

除了对住宅供给方的具体细化外，住宅200万户建设计划对住宅的供给对象也进行了细致的政策划分。根据收入差异，把住宅供给对象分化为城市低收入阶层、有望成为中产阶层者、中产阶层以及富裕阶层。

对住宅供给部门和供给对象进行细化后，针对不同的政策对象，制定了更为具体的实施细则。第一，为了实现城市低收入阶层的居住安定，在享受生活补助及医疗补助者当中首先选出25万户作为住宅优先提供对象，提供给他们由政府出资建设的7—12坪[1]的永久租赁住宅。建设这部分住宅需要总额为41 371亿韩元的建设资金，其中86%的资金，即35 774亿韩元由政府提供，其余的5 595亿韩元由租赁保证金来充当。[2]

第二，考虑到有望成为中产阶层的人群虽然比低收入阶层的收入高，但仍属于无力解决居住问题的人群，住宅200万户建设计划规定为这一阶层提供10—15坪大小的长期租赁住宅35万户及12—18坪大小的小型商品住宅25万户。这部分住宅的建设由大韩住宅公社和地方自治团体承建，所需财源由韩国国民住宅基金提供，分别支付给大韩住宅公社和地方自治团体33 700亿韩元和23 400亿韩元。

第三，针对有能力购买住宅，但是需要一定金融支援的中产阶层，住宅200万户建设计划决定为其提供由民间供给建设的18—25.7坪的中型住宅48万户，财源由住宅银行等普通金融机构给予支援。金融机构的支援金额为66 600亿韩元，融资比率高达50%，这比金融机构从前的融资比率高出了20%—30%。此外，对于承建这部分住宅的民间建设部门，给予了宅地、税收及手续减免等方面的优惠政策。

[1] 1坪约为3.3平方米。

[2] 韩国建设交通部编，《住宅业务遍览》，p.59.

第四，对于富裕阶层，由于这一人群具备购买住宅的能力，因此由民间部门为其建设 67 万户的中型（25.7）以上住宅，这部分住宅按照市场规律进行买卖。表 5 为住宅 200 万户建设计划的住宅供给体系。

表 5　住宅 200 万户建设计划的住宅供给体系

单位：千户

区分	收入标准	收入阶层	住宅类型	建设户数（200 万）	资金支援	建设事业主体	建设费（64 兆韩元）
公共	23 万韩元以下	城市低收入阶层	小型永久租赁（7—12 坪）	250	财政	住宅公社，地方自治团体	41 4000 亿韩元 财政：35 800 保证金：5 600
	23 万—50 万韩元	有望成为中产阶层	长期租赁（10—15 坪） 小型商品住宅（10—18 坪）	350 300	国民住宅基金	住宅公社，地方自治团体	57 100 亿韩元
民间	50 万—80 万韩元	中产阶层	中型住宅（18—25.7 坪）	600	住宅银行资金	民间住宅业体	137 100 亿韩元 贷款：66 600 个人负担：66 600
	80 万韩元以上	富裕阶层	中型以上（25.7 以上）	500	个人负担	民间住宅业体	318 300 亿韩元

通过表 5 可以清楚地知道，住宅 200 万户建设计划的特点是首先按照收入进行阶层划分，然后再按照不同阶层实施不同的住宅供给政策。即，对于收入最低的贫民阶层，其住宅问题的解决采取完全由政府财政进行投资的直接补助措施；有望成为中产阶层的中、低收入阶层的住宅问题由政府采取多种措施为其提供小型商品住宅和租赁住宅；富裕阶层的住宅问题则完全交给市场。

在“住宅 200 万户建设计划”中，由政府供给的住宅数为 90 万户，由民间部门供给的住宅数为 110 万户，分别占总供给数量的 45% 和 55%。与 1983—1987 年间年平均 24 万户的供给数量相比，可以看出这一政策的主要目标便是实现住宅供给数量的扩大。

（二）住宅 200 万户建设计划的政策措施

为了实现住宅大量供给的政策目标，住宅 200 万户建设计划制定了一系列行之有效的政策措施。

1. 强有力的资金保障

为了促进住宅 200 万户建设计划的实施，1988—1991 年，政府财政、国民住宅基金及民间住宅资金共投入了 249 000 亿韩元。政府财政对住宅的资金投入，到住宅 200 万户建设计划实施前的 1987 年时，仅为 1 531 亿韩元，而到了住宅 200 万户建设计划实施的最后一年，即

1992 年，这一数值却高达 5 005 亿韩元，增加了 3 倍以上。与 1983—1987 年相比，住宅 200 万户建设计划实施期间，政府财政和国民住宅资金间对住宅部门的的资金投入分别增长了 387% 和 456%。

表 6　住宅 200 万户建设计划实施期间的住宅资金供给情况

单位：亿元

区分	1983—1987 年平均（A）	1988—1992 年总额	1988—1992 年平均（B）	B/A
共计	14 393	249 020	49 840	346.2
政府财政	1 511	29 277	5 855	387.4
国民住宅基金	7 600	100 586	20 117	264.6
民间住宅基金	5 222	119 157	23 813	456.0

资料来源：韩国住宅银行，《住宅金融》（1997 年 9 月）。

政府财政对住宅部门的资金投入所占的比重在 1980 年时仅为 4.2%，到了住宅 200 万户建设计划开始实施的 1988 年足足增加了 21.7%。

为了住宅 200 万户建设计划的顺利实施，政府财政对住宅建设的投资前所未有的提高了。GNP 中，住宅建设投资所占的比重由 1980—1987 年间的年均 4.6% 达到 1991 年的 8.5%，增加了 2 倍。

表 7　韩国各年度住宅投资状况

单位：户，10 亿

	建设户数	GNP	住宅建设投资	比率（%）
1980 年	211 537	52 260	2 712	5.2
1981 年	149 837	55 354	2 152	3.9
1982 年	191 420	59 322	2 722	4.6
1983 年	225 990	66 803	3 702	5.5
1984 年	222 047	73 004	2 298	4.7
1985 年	227 362	78 088	3 431	4.4
1986 年	288 252	88 174	3 977	4.5
1987 年	244 301	99 612	4 340	4.4
1988 年	316 570	111 980	5 264	4.7
1989 年	462 159	119 534	6 465	5.4
1990 年	750 378	130 685	10 440	8.0
1991 年	613 083	141 602	12 005	8.5

资料来源：徐昌元、李弘英、杨真洪，《第二次国土综合开发计划的促进状况评价（IX）》（国土开发研究院，1992 年 12 月 31 日）。

2. 宅地供给的扩大

要实现在1988—1992年五年间实现200万户的住宅供给，最大的困难便是宅地供给的不足。为了解决这一难题，政府决定将全部所需宅地5 700多万坪中80%以上，约为4 700万坪的宅地提供给韩国土地开发公社、大韩住宅公社、地方自治团体等公共开发部门。民间部门所需的开发用地依靠灵活使用现有宅地及征地等方式来解决。

在1980年以前，依据住宅建设促进法及与城市有关的法令，政府对宅地的开发一直以小规模征地的形式进行。1981年起，宅地开发促进法开始实施，政府对宅地的开发在全国范围内开展起来。但是，开发数量并没有大的增长。在住宅200万户建设计划的实施过程中，为了能提供计划所需的价格低廉的住宅用地，政府制定了各年度宅地开发及宅地供给的计划——“宅地开发及供给方针”，方针明确了用于公共开发的宅地的标准，并且规定要以低于征地成本的价格向公共建设部门提供用于解决低收入的无住宅贫民的住宅问题的租赁住宅和60 m^2 以下的国民住宅建设所需用地。

3. 制定了抑制住宅投机的政策策略

20世纪80年代末期，随着亚运会、汉城奥运会等的筹备，韩国国内不动产的发展势头良好，对不动产的投机行为也越来越多。为了避免住宅投机行为的出现，韩国政府制定了一系列的政策法规。

第一，为了限制对民营商品住宅的转卖，规定在售房合同中必须明确限定房屋的最初入住者必须与有权购买房屋者和签约者是同一人。

第二，在投机过热地区，规定购买者在签订民营住宅购买合同时，必须同时提交住宅购入资金筹措计划书。

第三，构建住宅电子网络，以便能有效查出6大城市及首都圈的多处住宅所有者、伪装无住宅者等没有住宅购买资格的人。

第四，对于拥有大型住宅或一个家庭拥有多处住宅的人群，通过加重他们的纳税负担来抑制住宅投机，并长期抽查住宅价格动向以促进住宅价格的持续稳定。

4. 对中低阶层住宅实施资金及税收上的援助措施

对公共部门负责建设的提供给城市贫民及中低收入阶层的租赁住宅及小型商品住宅，政府还制定了资金支援及税收上的优惠等一系列综合支援措施。

在资金支援方面，对于永久租赁住宅，其建设费用的85%由国家财政出资，其他类型的住宅，向其建设部门提供远低于市场利率的长期金融贷款。

表 8　对中低阶层住宅实施的资金支援

区分		永久租赁	长期租赁	小型商品
资金支援	每户贷款限度	建设费用的 85% 由国家财政出资	1 200 万韩元	1 200 万韩元
	利率		年 3%	年 10%
	贷款期限 偿还条件		最长可延长 10 年的还款期限 即 20 年分期偿还	可延期一年 19 年还清

资料来源：韩国住宅银行，《200 万户住宅建设计划和韩国住宅银行的作用》，《住宅金融》（1991），第 75 页。

在税收支援方面，采取了购置税、财产税、转让所得税等多种优惠措施。

表 9　对中低阶层住宅实施的税收支援

区分		永久租赁	长期租赁	小型商品
税收支援	转让所得税		租住 5 年：减免 50% 租住 10 年：100% 减免	
	购置税	免除	免除	减免 50%（最初购买者） 40m^2 以下免除
	登记税	免除	免除	减免 50%（最初购买者） 40m^2 以下免除
	财产税	不征收 或免除	减免 50%	

资料来源：任徐焕，《住宅政策半世纪：政治经济环境变化和住宅政策的发展过程》（首尔：技文堂，2005），第 160 页。

此外，住宅 200 万户建设计划还为低收入阶层制定了不同于普通的住宅供给法的供给对象标准。该标准在考虑了家庭收入、无住宅年限、在该地区的居住年限及家庭构成等多种要素，明确制定了不同类型住宅的供给对象的条件。最终，以低收入阶层为政策目标的公共住宅政策第一次实现了具体化，这在韩国住宅史上具有重大意义。

（三）住宅 200 万户建设计划取得的成果

通过表 10 可以知道，在 1988—1992 年这五年间，韩国共建设了 2 717 682 户住宅，超额完成了当初住宅 200 万户建设计划制定的目标，达到计划建设数量的 136%。其中，公共部门建设的住宅数为 905 294 户，民间部门建设的住宅数为 1 812 388，分别占总建设数的 33.6% 和 66.4%。

表10　住宅200万户建设计划的完成状况

（单位：户）

年度＼区分	共计	部门别			
		公共	%	民间	%
共计	2 717 682	905 294	33.6	1 812388	66.4
1988	316 570	115 018	36.3	201 552	63.7
1989	462 159	161 732	35.0	300 427	65.0
1990	750 378	269 421	35.9	480 957	64.1
1991	613 083	164 176	26.8	448 907	73.2
1992	575 492	194 947	33.9	380 545	66.1

资料来源：韩国建设交通部，《建设统计遍览》，《住宅建设综合计划》（各年度）。

到1991年末，完成建设的住宅数已达到214万户，实际上，到1991年8月，200万户的住宅建设计划就已提前达成。公共部门按照计划共建设了90万户住宅，民间部门共建设了181万户住宅，比当初预计建设的110万户相比，超额完成了65%。

表11　200万户建设计划与实际对比

（单位：千户，%）

区分	1988—1992年 计划完成 A	1988—1991年 实际完成 B	1988—1992年 实际完成 C	（C/A）
共计	2 000	2 142	2 717	136%
公共部门	900	710	905	101%
民间部门	1 100	1 432	1 812	165%

资料来源：建设交通部，《建设统计遍览》及大韩住宅公社，《住宅遍览》（各年度）。

从建设的住宅类型上看，独立住宅的建设总数为261 259户，占住宅总建设数量的9.6%，楼房的建设总量为1 883 542户，占住宅总建设数量的69.3%，低层小区住宅、多户住宅、集体住宅的建设数量分别为200 720户、270 622户、101 539户，占住宅总建设数量的7.4%、9.9%和3.8%。

表 12　住宅类型别建设成果

（单位：户）

区分 年度	类型别										住宅公社贡献率（%）
	独立住宅	%	楼房	%	低层小区住宅	%	多户住宅	%	集体住宅	%	
	共计 261 259	9.6	1 688 542	69.3	200 720	7.4	270 622	9.9	101 539	3.8	
1988	73 005	22.8	178 496	56.7	65 069	20.0	…	…	…	…	12.9
1989	61 883	13.4	310 377	67.2	89 899	19.4	…	…	…	…	11.0
1990	73 201	9.8	501 036	66.8	18 314	2.4	125 583	16.7	32 244	4.3	10.6
1991	27 431	4.5	424 082	69.2	18 190	3.0	101 622	16.6	41 758	6.8	11.1
1992	25 739	4.5	469 551	81.6	9 248	1.6	43 417	7.5	27 537	4.8	13.1

资料：大韩住宅公社，《住宅遍览》（各年度）

从表 12 可以看出，住宅 200 万户建设计划主要以可供多人居住的楼房建设为主，楼房建设总量占总建设数量的 90% 以上，而独立住宅所占的比率还不到 10%。这是因为，在城市中，由于宅地的不足和高昂的地价，只有建设楼房才能最大程度地满足当时的住宅需求。各个部门在 200 万户建设计划中所完成的建设数量如表 13 所示。

四、住宅 200 万户建设计划的效果分析

（一）住宅 200 万户建设计划的正面效果

通过住宅 200 万户建设计划，实现了住宅的大量供给，很大程度上缓解了韩国全国的住宅绝对数量不足的问题。

1. 缓解了住宅的慢性供给不均衡问题

住宅 200 万户建设对住宅的慢性供给不均衡的缓解程度可以通过住宅建设数量的增加情况和住宅普及率变化情况推测出来。

1988—1992 年间计划供给的住宅总数量为 200 万户，而到 1992 年为止，实际完成的建设数量为 272 万户，是计划数量的 136%。公共部门到 1992 年为止共建设了 9.5 万户住宅，实现了原定计划；民间部门在政府的政策支持下到 1992 年为止共建设了 181.2 万户住宅，是计划数

量的 182.9 万。值得注意的是，尽管总体目标超额完成，但是永久租赁住宅的建设只完成了原定计划的 75.6%。

表 13　各部门的建设计划数量和实际建设数量

区分			共　计		1988 年	
			计划	实际	计划	实际
合计			2 000 000	2 717 682	317 000	316 570
公共部门	共计	小计	900 000	905 294		
		永久租赁	250 000	189 570	—	—
		公共租赁	—	15 121	—	—
		长期租赁	150 000	171 424	52 000	52 238
		公共商品	—	6 661	—	—
		小型商品	250 000	379 085	63 000	62 780
公共部门	地方自治团体	小计	260 000	195 483	18 000	18 613
		永久租赁	70 000	49 492	—	—
		公共租赁	—	9 899	—	—
		长期租赁	18 000	20 072	1 000	1 374*
		公共商品	—	1 552	—	—
		小型商品	71 000	63 822	17 000	17 239
	住宅公社	小计	340 000	309 916	38 000	37 696
		永久租赁	180 000	140 078	—	—
		公共租赁	—	5 222	—	—
		长期租赁	55 000	56 015	25 000	25 188
		公共商品	—	5 109	—	—
		小型商品	43 000	57 694	13 000	12 508**
	民间业体	小计	300 000	394 418	59 000	58 709
		长期租赁	77 000	95 337	26 000	25 676
		小型商品	136 000	254 217	33 000	33 033
民间部门			1 100 000	1 812 388	202 000	201 552

* 包括劳动部的 210 户

** 未包括部分 $60m^2$ 以上住宅。

续表 13

1989		1990		1991		1992	
计划	实际	计划	实际	计划	实际	计划	实际
360 000	462 159	450 000	750 378	430 000	613 083	443 000	575 492
150 000	161 732	200 000	269 421	203 000	164 176	232 000	194 947
40 000 — — 50 000 — 60 000	43 253 — — 39 222 — 79 257	60 000 — 60 000 25 000 — 55 000	60 004 — 60 764 64 890 — 83 763	70 000 — 80 000 23 000 — 30 000	49 607 — 36 697 15 074 — 62 798	80 000 — 110 000 — — 42 000	36 706 15 121 45 972 — 6 661 90 487
40 000	41 554	60 000	62 786	61 000	31 935	81 000	40 595
10 000 — — 10 000 — 20 000	13 227 — — 11 025 — 17 302	20 000 — 25 000 2 000 — 13 000	19 250 — 22 977 4 173 — 16 386	20 000 — 33 000 5 000 — 3 000	15 432 — 10 992 3 500 — 2 011	20 000 — 43 000 — — 18 000	1 583 9 899 16 677 — 1 552 10 884
50 000	50 682	75 000	79 702	82 000	66 531	95 000	75 305
30 000 — — 10 000 — 10 000	30 026 — — 10 636	40 000 — 15 000 12 000 — 8 000	40 754 — 18 213 12 117 — 8 618	50 000 — 20 000 8 000 — 4 000	34 175 — 16 323 8 690 — 7 343	60 000 — 27 000 — — 8 000	35 123 5 222 11 282 — 5 109 18 569
60 000	69 496	65 000	126 933	60 000	65 710	56 000	73 570
— 30 000 30 000	— 18 717 51 319	20 000 11 000 34 000	19 066 48 600 59 267	27 000 10 000 23 000	7 785 2 884 55 041	40 000 — 16 000	18 013 — 55 557
210 000	300 427	250 000	480 957	227 000	448 907	211 000	380 545

资料来源：林龙泽，《韩国住宅政策评价：以住宅 200 万户建设计划为中心》（韩国庆北大学硕士论文，1993），第 44—45 页。

表14　住宅200万户建设计划各类型住宅的目标达成度

单位：千户，%

区分	1988—1992年计划（A）	1988—1992年实际（B）	B/A
总计	**2 000**	**2 717**	**136.0**
公共部门	900	905	100.5
永久租赁	250	189	75.6
公共租赁		151	
长期租赁	150	179	119.3
公共商品		66	
小型商品	250	379	151.6
民间部门	1 100	1 812	182.9

随着住宅投资在GNP中所占的比重不断提高和宅地供给、住宅户数的增加，自1980年以来持续恶化的住宅普及率开始出现上升势头，住宅供给状况随之得到很大改善。

韩国的住宅普及率1970年为78.2%，到1980年时下降为71.2%，到了1987年持续下降到69.2%。随着住宅200万户建设计划的实施及政策目标的实现，1989年韩国的住宅普及率上升至70.9%，1990年为72.1%，1991年提高到74.2%。住宅普及率的上升缓解了住宅的慢性供给不平衡，同时也使得住宅市场上因供不应求而导致的住宅投机现象得到改善。

表15　住宅普及率趋势

区分	1980年	1985年	1987年	1988年	1989年	1990年	1991年
家庭数	7 470	8 763	9 320	9 612	9 920	10 223	10 583
住宅数	5 319	6 104	6 449	6 670	7 374	7 374	7 853
住宅普及率（%）	71.2	69.7	69.2	69.4	70.9	72.1	74.2

资料来源：建设交通部，《建设行政白皮书》（各年度）。

2. 为住宅价格的持续稳定打下良好基础

自20世纪60年代以来，慢性的住宅供给不足导致的住宅价格上升和住宅市场不稳定一直延续到80年代末，甚至延续到1990年。住宅数量的不足与住宅价格不稳定往往是密不可分的。住宅绝对数量的不足导致住宅供需不平衡以及住宅投机现象，而这又使得住宅价格持续上升。政府为了实现住宅价格的稳定实行的抑制投机政策使得住宅市场的活力下降，住宅供给减少，这样以来，住宅问题就陷入了恶性循环之中。

但是，随着1988年住宅200万户建设计划的正式实施，到了1990年，住宅价格的上升势头得到控制，住宅市场的不安定状况得到改善，到1995年为止，住宅价格实现了由下降到平稳的走势。应该说，住宅供给的扩大以及以实际需要者为供给对象的供给政策的制定是住宅价格下降的主要贡献因素。此外，能有效检索出真正的无住宅者的全国范围内的住宅信息网的建设以及对公共住宅转卖的限制、一系列的投机抑制措施等又有效减少了住宅投机现象，这些措施也促进了住宅价格的逐步下降。

持续上涨的住宅价格得以回落，住宅市场重新出现了稳定局面，这是具有非常重大的社会意义的。通过表 16 可以知道，不同于 1980 年代，自 1990 年以来，一直到 2000 年，住宅价格指数持续处于平稳状态。这种现象的出现正是得益于住宅 200 万户建设计划的实施和政策目标的实现。

表 16　住宅价格的稳定走势

区分	1986 年	1989 年	1992 年	1995 年	1998 年	2000 年
买卖价格指数	65.0	90.3	103.3	100.0	90.7	94.2

资料来源：住宅银行，《城市住宅价格动向调查》（各年度）。

住宅 200 万户建设计划带来的住宅价格稳定还可以通过表 17 中韩国 6 大城市楼房的住宅价格指数充分体现出来。

表 17　楼房价格指数变化走势

（6 大城市：1990 年 12 月＝100）

区分	实际价格指数	假设没有实施住宅 200 万户建设计划住宅价格指数的推测值
1991 年一季度	100.3	114.9
二季度	107.8	129.8
三季度	104.1	135.3
四季度	98.1	140.5
1992 年 上半年	98.0	140.0
下半年	93.3	134.3

资料来源：国土开发研究院，1992。

通过表 17 可以知道，由于住宅 200 万户建设计划的实施，楼房价格自 1991 年第二、三季度间开始出现下降走势，到 1992 年下半年，住宅价格与 1991 年 4 月的最高价格（107.8）相比，下降了大约 14.5%。

住宅 200 万户建设计划的实施使得住宅价格实现了稳定，据国土开发研究院的分析，假如没有实施这一政策的话，到 1992 年下半年，楼房价格指数可能还会继续上升 30%—35%。

3. 实现了低收入阶层的居住安定

住宅 200 万户建设计划的目标之一便是实现低收入阶层的居住安定，永久租赁住宅的建设是实现这一政策目标的主要手段。

在当初的计划案中，到 1992 年为止，要建设 25 万户永久租赁住宅，其中，由大韩住宅公社负责承建其中的 70% 以上，即 18 万户，所需资金由政府财政至少负责 90%，其余部分由入住者的入住保证金来补充。1989 年，当时包括首尔在内的 6 大城市中需要政府对其生活提供补助的人口共有 23.4 万户，当时制定的建设 25 万户永久租赁住宅的计划，基本上可以解决这部分人的居住问题。后来，随着收入水平的提高和 6 大城市的贫民人口到 1991 年时减少至 14.1 万千户，因此永久租赁住宅的建设数量减少至 19 万户。到 1992 年末，住宅 200 万户建设计划共提供了 19 万户的永久租赁住宅，其余的 6 万户转为建设小型商品住宅。

表 18　永久租赁住宅的实际建设情况

单位：千户

区分		1989 年	1990 年	1991 年	1992 年	1993 年	1994 年	合 计
建设	共计	43.5	60.0	51.5	35.5	—	—	190.0
	住宅公社	30.0	40.8	34.2	35.0	—	—	140.0
	地方自治团体	13.5	19.2	17.3	—	—	—	50.0
入住	共计	0.6	10.7	37.5	50.1	49.9	41.2	190.0
	住宅公社	—	10.7	26.5	31.4	35.5	37.9	140.0
	地方自治团体	0.6	—	11.0	18.7	18.7	3.3	50.0

资料来源：建设交通部，《建设行政白皮书》（各年度）。

除了住宅数量上的扩大供给外，1980 年代以后，特别是在大城市中形成了以楼房为中心的居住文化，新建设的住宅在内部构造上也都实现了现代化。

住宅质量的提高通过每个家庭的房间数、居住面积、居住设施等内容可以做出判断。由于永久租赁住宅的建设和供给，城市低收入阶层的居住水平得到了很大改善。如同在表 19 中可以了解到的，不仅每个家庭的房间数和居住面积提高了，住宅内浴室、卫生间、厨房等设施也较以往有了很大的改善。

表 19　城市低收入人群居住水平的提高程度

区 分	每户平均房间数	每户平均使用面积	使用专有厨房的家庭	使用专有卫生间的家庭	使用煤块的家庭
入住前	1.4 个	7.3 坪	68.9%	16.6%	95.2%
入住后	2 个	13 坪	100%	100%	0%

注：住宅公社对永久租赁住宅入住家庭的抽样调查结果。

资料来源：大韩住宅公社，《住宅遍览》（各年度）。

从表 19 中可以看到，每个家庭平均的使用房间从 1.4 个提高到 2 个，平均使用面积从 7.3 坪提高到了 13 坪，大约是原来的 2 倍，使用专有厨房和卫生间的家庭达到了 100%。

4. 小　　结

总之，韩国政府自1998—1992年实施的住宅200万户建设计划缓解了住宅的慢性供给不均衡问题，为住宅价格的持续稳定打下了良好的基础，并且实现了低收入阶层的居住安定。表20把这一政策的正面效果汇总到了一起。

表20　住宅200万户建设计划的正面效果汇总

政策目标	主要手段	政策效果			
		直接指标		影响指标	
缓解住宅的慢性供给不均衡	资金支援（住宅部门财政支出，住宅投资）扩大宅地供给增加	住宅建设数量	超额完成	住宅普及率	止跌反升
		住宅供求状况	很大程度的改善		
实现住宅价格稳定	住宅大量供给，抑制投机政策	住宅价格	下降	住宅购买能力	提高
实现低收入阶层的居住安定	永久租赁住宅的建设	租赁住宅供给数量	完成	居住水平	提高

（二）住宅200万户建设计划的负面效果

尽管住宅200万户建设计划取得了非常理想的政策效果，但是，由于这项政策是在政府的主导下推进实施的，导致政府对住宅市场的介入比以往更为严重。此外，由于对一些经济条件没有充分考虑周全，对事业的盲目推进，导致了一系列的经济问题，如建筑业工人工资、建筑资材等的价格上涨、进口的增加、国际收支的恶化以及物价上涨等，这些都对国民经济产生了不小的负面影响。[1]

1. 导致建筑资材、人力的短缺

前文中提到，为了推进住宅200万户建设计划的实施，住宅投资在GNP中所占的比率由原来的5%迅速增加到8%，一时间大量住宅的同时建设，特别是集中于首尔和首都圈地区的住宅建设导致建筑资材、建筑人力的不足。建设景气过热导致的资材和人力不足又对整个经济产生影响，导致了物价和工资的上涨，这对资金的流向多少产生了影响。[2]

表21　主要建筑材料的供需状况（1990年）

区分	水泥（千吨）	钢筋（千吨）	卫生陶瓷（千组）	混凝土桩（千本）	首都圈主要材料（千m^2）
需要	35.621	5.381	996	1.800	56.400
供给	35.413	5.381	1.024	1.985	56.400
余缺	－0.208	—	0.28	0.185	—

资料来源：国土开发研究院，《住宅政策的评价和方向》（1990），第32页。

[1] 金正浩·金根勇：《住宅政策的回顾与展望》，国土开发研究院，1998年，第45—46页。

[2] 国土开发研究院：《住宅政策的评价和方向》，1990年，第31—32页。

表22　建设技术人才供需状况及展望

单位：千人

区分	1989年	1990年	1991年
需要	802	877	942
供给	797	868	896
余缺	－5	－9	－46

资料来源：国土开发研究院，《住宅政策的评价和方向》（1990），第31页。

2. 虚假工程及交通拥塞等问题

由于建筑材料和建筑人力的不足，一些不合格的建筑材料的使用等造成短时间内集中建成的部分住宅存在质量问题或安全隐患。此外，由于在制定住宅建设规划时，没能充分考虑到交通因素，使得一些地区在新住宅入住后出现严重的交通拥塞问题。

五、结　　论

尽管住宅200万户建设计划在推进过程中由于建设景气过热而给韩国经济带来了一些负面影响，但是，这一政策的实施意味着住宅大量供给时代的到来，这在韩国住宅政策史上具有重大意义。住宅200万户建设计划的成功实施还有另外一个重要意义，那就是使得韩国国民认识到，住宅也同其他商品一样，可以通过增大其供给量来实现价格稳定。此外，这一计划还改变了原来以中产阶层为政策目标的住宅政策史，第一次把政策重点放在了城市低收入阶层上，19万户永久租赁住宅的供给作为韩国住宅政策史上首次的社会福利性质的住宅供给，不仅实现了这一阶层人群的居住安定，更为整个国家国民福利水平的提高和今后的经济发展打下了良好的基础。[1] 因此，尽管这一政策的实施也不可避免地带来了一些负面效果[2]，但仍被评价为韩国住宅政策史上具有划时代意义的住宅政策。[3]

住宅200万户建设计划也使人们认识到，要想扩大住宅供给，首先要扩大建设住宅所需的原材料的供给，并且要有充足的人力保障。在住宅扩大建设过程中所需的建筑材料、人力、资金等没有充分保证的情况下盲目推进住宅建设的话，就会带来工资上涨、建筑材料上涨、资金压力等不良后果，导致住宅生产市场的供需不平衡，而这种不平衡又会引发其他经济领域出现问题。尽管住宅200万户建设计划也给我们带来了这些教训，但是，这一计划仍然是解决韩国当时严峻的住宅供给不足以及由此引发的住宅价格上升的最有效的方法。

[1]　河晟奎：《住宅政策论》（第三版）（首尔：博英社），2006年，第64页。

[2]　由于这一政策是在政府的主导下进行的，因此政府对住宅市场的介入就不可避免地愈发严重了。此外，在没有充分考虑到经济条件的情况下对住宅建设的硬性推进，最终带来了建筑工人工资上涨、建筑材料价格上升、国际收支恶化，特别是物价上涨等一些列问题，给国民经济带来一定负面影响。

[3]　金正浩・金根勇：《住宅政策的回顾与展望》，国土开发研究院，1998年，第45—46页。

参考文献：

1. 李真庆：《住宅政策的类型别效果性分析：以目标达成度和住宅价格影响为中心》，韩国首尔大学 2004 年博士学位论文。

2. 韩国经济企划院：《人口及住宅普查》，各年度。

3. 韩国建设交通部：《建设统计遍览　住宅建设综合计划》，各年度。

4. 韩国建设交通部：《建设行政白皮书》，各年度。

5. 韩国住宅银行：《城市住宅价格动向调查》，各年度。

6. 韩国住宅银行：《200 万户住宅建设计划和韩国住宅银行的作用》，载《住宅金融》，1991 年。

7. 徐昌元、李弘英、杨真洪：《第二次国土综合开发计划的促进状况评价 (IX)》，国土开发研究院，1992 年。

8. 任徐焕：《住宅政策半世纪：政治经济环境变化和住宅政策的发展过程》，技文堂，2005 年。

9. 大韩住宅公社：《住宅遍览》，各年度。

10.. 林龙泽：《韩国住宅政策评价：以住宅 200 万户建设计划为中心》，韩国庆北大学 1993 年博士学位论文。

11. 国土开发研究院：《住宅政策的评价和方向》，1990 年。

12. 金正浩、金根勇：《住宅政策的回顾与展望 》，国土开发研究院，1998 年。

13. 河晟奎：《住宅政策论（第三版）》，首尔：博英社，2006 年。

韩国文化外交浅析

高　洁[1]

摘要： 冷战结束后，文化软权力在当代国际关系中的地位和作用正在逐步提升，与中国同属一个文化圈的韩国将文化外交作为实现其国家对外战略的重要手段，并取得了巨大的经济和社会效益。韩国的文化外交经历了从单一到多元、从保守到开放的过程。有今天的成就，其中政府的主导起到重要的推动作用。韩国的文化外交的经验和教训对我国文化外交事业发展有一定借鉴意义。

关键词： 文化外交　对外交流　特点

一、绪　　论

中国和韩国在地理上是近邻；在文化上同属"儒家文化圈"，中韩两国关系有着悠久的历史。然而，冷战时期，受超级大国、意识形态等因素的影响，中韩两国曾一度终止往来。冷战结束后，东西方之间的关系逐渐解冻。顺应历史发展潮流，中韩两国于 1992 年正式建立外交关系。建交之后，两国关系迅速发展，在政治、经济、文化以及军事方面都取得了巨大的成就。除经济、政治等利益上的需求外，文化在中韩关系发展过程中扮演了不可忽视的角色。文化作为一种外交手段被应用于中韩两国关系的发展上，它弥补了政治交往上的不足，是两国关系稳定发展的有力粘合剂。韩国政府充分意识到文化的战略意义，不断向我国输出其文化，在我国掀起一波又一波的"韩流"，这与其长期推行文化外交有着密切关系。面对滚滚"韩流"，即韩国文化的中国攻势，提升其战略意义，充分发挥华夏文化的优势。

目前韩国国内研究文化外交的资料相对来说比较少，能够查阅的一些资料大多是有关文化外交概念性的内容或艺术、思想、体育等被定型化的文化外交论文。大多数韩国内研究者在研究文化外交中通过范围比较大的全球性文化外交、东亚地区文化外交的框架来解释。现已出版的论文主要有：장수길《1980 年代韩国外交政策转换研究：以对强大国，第三世界及 UN 为中心》

[1]　作者简介：高洁，硕士学历，辽宁大学国际关系学院韩国语专业讲师。

1984；신승빈《通过艺术交流来研究文化外交》2009; 이주연《以海外文化院为载体的文化外交发展方案研究》2012 等。

中国国内由于已经初步形成了有社会主义特色的文化外交，因此关于这个题目也有一些研究成果，如：李玉华《文化外交与中韩关系中的文化因素——兼论拓展中国文化外交的思考》2006；陈梅梅《试析当代韩国文化外交》2009；朴宰范《韩国与日本的文化外交及其政策比较研究》2011 等。

本文主要采用历史研究法、文献研究法，理论与实际结合的方法，以及比较分析的方法进行了研究。

二、文化外交的理论背景

（一）文化外交的概念

“文化外交”（Cultural Diplomacy）一词源自英国，最早在 1934 年的《牛津英语大辞典》中就已出现过，当时英国政府认为的外交活动主要是指有关国家政治利益层面的外交活动，因此当时的文化外交概念还具有一定时代局限性。20 世纪 40 年代，美国历史学家拉尔夫•特纳（Larf Turner）在其为规划战后美国对外文化关系而起草的备忘录中认为：文化外交就是由一国政府所从事的、带有浓厚的政治色彩的对外文化交流行为。[1] 后来经过其他学者的探讨，对“文化外交”的理解和理论也日趋成熟。

由于对文化外交目的不同的理解，目前国内外学界对文化外交的定义大致从两种角度出发，即文化外交是一种文化形式还是一种外交形式。从文化形式角度阐释文化外交定义的代表学者有：美国约翰・霍普尔斯大学的米尔顿・卡明斯、乔治敦大学的朱力特・安东尼斯・萨伯罗斯，英国的 J・M・米切尔教授等，从外交形式角度阐释文化外交定义的代表的学者有：美国学者弗兰克・宁柯维奇、我国前文化部副部长孟晓驷等。

本文观点倾向于后者，文化外交与对外文化交流不同，对外文化交流主要以民间团体为主体，如：学术组织、公司、文化协会、个人等，与具有文化源差异的其他国家公民接触并互相影响。而文化外交则是在对外文化交流中，国家政府直接或间接主导实施的一种对外文化交流政策，对外树立本国良好形象，以维护本国文化利益实现对外国家文化战略为目的。因此笔者认为“文化外交”的重点应该放在“外交”二字。

而“文化”是一个非常宽泛的概念，它广义上可以指人类的一切行动。[2] 但“文化外交”中的“文化”大致限定在艺术、学术、语言、传媒等范围内。其中“艺术”的概念从美术、古典音乐到今天的流行歌曲等大众文化，不同国家不同时代赋予其不同的内涵。特别是自 20 世

[1]　李忠杰：《中国文化外交研究》，2006 年。

[2]　吴晓春：《文化外交：内涵、发展与作用》，载《长沙大学学报》2012 年第 3 期第二十六卷。

纪 70 年代开始，许多国家一直在扩大“文化艺术”的概念，同时国际间的文化交流从传统的高级艺术到商业性的大众音乐，从民主化到增进人权，可以说涉及的领域有着越来越广的趋势。

因此在本文中，对文化外交概念的界定是以国家政府为行为主体的，通过文化、艺术、教育等途径，向他国传播本国的政体、价值观、文化特性等，以期达到建立、发展、维护与他国关系、促进国家利益的目的。

（二）文化外交的目的、作用和范围

文化外交的目的第一是向其他国家弘扬本国的文化传统. 第二是在今天“品牌经济时代”里，通过文化交流来达到本国的经济目的。第三是改善和促进与其他国家相互之间的了解，增进友谊，促进世界和平与发展。根本来说与外交的目的相同，文化外交目的是维护一国的国家利益。

文化外交除了可以促进对外优秀文化艺术的相互交流之外，还对树立国家威望，提高国际影响有着重要的作用。特别是通过文化外交增进国与国之间的了解和理解，可以预防矛盾和冲突的发生。文化外交可以起到一种“广告效应”，正如日常生活中人们通过广告来熟悉并购买一种商品，文化外交就是一个国家的广告。特别是在冷战时代，文化外交引起了国际社会的重视，各个国家分别制定了本国的文化外交战略。第二次世界大战后，原来的敌对国家法国和德国在大范围内实行了各种交流计划，加深对潜在“敌对国家”的了解，对长期有效地防止纷争和战争都起到重要作用。

文化外交是传统外交的润滑剂，是实现国家战略目的的重要手段。在政治外交或经济外交被迫中断或不活跃的情况下，文化外交仍然能够发挥其功能。例如，20 世纪 60—70 年代，挪威与捷克两国在外交关系方面并不活跃，但最多的交流却是文化间的交流。而中美乒乓球的互访打开了中美两国人民正常来往的大门。西德前外交部长维利 • 勃兰特（Willy Brandt）自 1966 年把文化关系称为“对外政策的第三支柱”。[1] 正因为文化外交有着重要的作用，一些国家已单独设立相关部分处理文化外交事务。

文化外交还有利于国家经济利益的实现。进入 21 世纪，世界经济格局发生了变化：在 20 世纪 70—80 年代以前，世界经济以制造业为中心；90 年代，以服务业和知识为基础；而 21 世纪则是以知识产权为基础的内容产业经济，文化内容将成为信息社会发展的核心动力。目前世界经济的增长率约 3%，而文化产业的增长率近 6%[2]。世界许多发达国家的文化产业都在本国产业结构中居于重要位置，由此可见，大力发展文化产业对国家经济利益的实现具有重要作用。

近来，与“文化外交”相似的“公共外交”也正受到学界关注。“公共外交”是 1965 年首次由美国塔夫脱大学弗莱彻法律外交学院院长埃德蒙 • 格里恩提出。1997 年美国政府将新闻署并入国务院时的政策设计小组认为：公共外交是通过理解、增进和影响外国公众的方式来

[1]　김민정 . 미국의 문화외교정책변화연구 :9.11 테러 이후를 중심으로 .

[2]　王琳：《世纪之交韩国的文化立国国策及其战略转型》，载《东北亚学刊》2012 年第 2 期。

促进美国国家利益的实现。由于公共外交和文化外交都以文化作为外交的途径和手段，有时难以区分，概念重叠的部分也较多。但总体上，一方面文化外交的客体要比公共外交更广泛，不但包含他国公众，还包含国际组织和他国政府。另一方面公众外交还包含了除文化外交之外的经济、军事等外交。[1]

三、20世纪韩国的文化外交历史

（一）五六十年代韩国初期文化外交

1948年政府成立后至50年代，韩国的外交目标是争取外国的承认与友好国家的关系。这一时期，韩国的历史正统性被国际社会认可，确保了一个国际社会成员最起码的资格条件。因此这一时期的文化外交主要以对外宣传为主。从政府成立一直到第三共和国时期，韩国的文化外交一直萎靡不振，但在文化外交的框架设立方面至少还做了一些有意义的事情。进入60年代，随着国内"5·16"政变后新秩序的确立，以及国际上亚洲、非洲中势力的登场和美苏关系的缓和，韩国为适应国际形势的变化，积极展开了多边外交，使文化外交迎来了一个新的局面。1961年6月随着《政府组织法》的修改，这一时期对外宣传主要以安保为主要课题，成为一个政策制定的优先选项。对外文化外交继续以宣传为主。海外文化宣传被单纯地看作是体制宣传或者是一般外交业务的辅助手段。在外交领域，对文化接触的重要性和有效性方面的认识仍然不足。

（二）七八十年代韩国文化外交发展期

从20世纪70年代初期的文化外交来看，主要是对外宣传韩国的发展成果的海外宣传为主。70年代后半期以后，韩国开始积极向外宣传，同时在文化交流和国际合作层面上积极向外宣传文化传统和发展哲学，为文化交流和国际合作创造了一个良好的基础。70年代韩国国民收入和出口大幅增长，韩国开始于世界各国签订文化合作协议，这一时期广泛开展了韩国的海外推介、留学生派遣和接收、与联合国等一些国际机构和海外公馆积极开展文化外交等工作。为提高本国的国际形象和国际地位，韩国政府于1973年制定了"和平统一外交政策"，倡导门户开放，积极进行体育文化外交，争取主办1986年的亚运会和1988年的奥运会。进入70年代以后，从政府层面的文化外交已经成为独立的外交政策的一部分。

跨入80年代，东西方冷战逐步消失，世界趋于缓和，和平与发展成为世界的两大潮流。面对日益发展的世界形势，韩国为了更多地得到国际社会的支持和扩大合作与交流，展开了全方位外交。1979—1989年的10年间，韩国与8个国家签定了政府协议，与17个国家的奥组委签定了合作协议。另外还与27个国家签署文化协定，如设立韩美文化交流委员会的政府文书、

[1]　梁婷婷：《论公共外交概念理解的国别和时代差异》，载《国际新闻界》，2011年。

韩美政府间教育谅解备忘录、禁止和预防文化遗产非法出口和所有权转让的备忘书等。另一方面，韩国的13个城市和道、51个市和郡、2个集镇分别与19个国家的94个城市缔结了姐妹城市关系，极大的扩大了对外交流的幅度。1986年韩国提出《文化的发展与国家的发展同步化》，表明韩国的文化外交意识进一步得到提升。[1]

（三）冷战时代后的韩国文化外交活跃期

进入90年代，第二次世界大战后一直持续的东西方两个体制的竞争以苏联的解体而宣告结束，世界格局由两级朝多极发展，人类从冷战时代进入联合时代。此时的韩国借助于已增强的综合国力，展开了更活跃的对外文化交流。1991年开始与蒙古、罗马尼亚，1992年与俄罗斯、中国、越南，1993年与芬兰和波兰，1995年与哈萨克斯坦、斯洛维尼亚等国签署了文化协定。90年代后半期，韩国与亚洲40个国家、欧洲的20个国家、美洲的22个国家、中东和非洲地区的25个国家，共计81个国家在学术、文化、媒体、青少年、观光等领域展开了富有成效的、实质性的交流。此外，韩国于1992年成立了隶属外交部的韩国国际交流财团，该机构承担了文化外交的许多业务。在该财团支持下，海外的韩国研究也进一步发展。

（四）21世纪的韩国文化外交成熟期

金大中上任之后宣布："21世纪韩国的立国之本，是高新技术和文化产业。"在这种政策指引下，韩国与一些国家和国际机构积极签署文化合作协议，积极推行韩国文化海外介绍和海外韩国文化院的功能强化、海外韩国学研究支援、优秀文化商品海外推介、民间外交活动支援等事业。外交部积极塑造与韩国经济状况相符的国际社会的舆论环境，金融危机造成政府部门大量裁员，但相反韩国的文化部门反增不减。韩国政府对文化外交的重视程度可见一斑。自李明博上任后表示要扩大文化外交的影响力度，更好地与国际交流，将韩国传统文化与尖端科技结合起来，更好地向世界展现韩国的魅力。同时也表示韩国将继续重视大众文化，向世界宣传韩国，提高韩国的"软实力"。

四、韩国的文化外交现状

文化外交促进了韩国经济的发展，而韩国经济实力的增强也为韩国开展文化外交提供了基础。随着韩国经济、政治和社会发展中地位的不断提升，韩国的文化外交在韩国政府的带动下，在文化成果海外推广、韩国学的大力推进、对外人员交流、国际文化交流等方面都取得很大的成效。

（一）韩国优秀文化成果的海外推广

20世纪90年代，韩国外交通商部、文化观光部和财政经济部等专门开设负责提高国家形

[1] 朴宰范：《韩国与日本的文化外交及其政策比较研究》，复旦大学2011年硕士学位论文。

象业务的部门，并于1996年选定了韩国的综合形象，之后持续向海外宣传韩国文化的象征性、代表性形象。政府将韩国文化的综合形象设定为海外文化院和驻外公馆宣传韩国文化的基准，持续推进影像资料、宣传册、海报和明信片等形象宣传品的制作和各种文化商品的开发与普及。营造健全的文化产业急促，积极鼓励支援优秀的文化商品出口。在此基础上，韩国政府也定期或不定期在特定国家举行韩国文化周和文化月等宣传活动。以2000年第三次ASEM首脑会议、2010G20峰会、2002韩日世界杯、2008北京奥运会等一系列大型国际会议为契机，韩国向全世界展示了本国文化的特色。并于2010—2012年分别在美国、瑞士、意大利等10个国家建立了24所韩国馆。[1]

（二）韩国学的大力推进

韩国国际交流财团和韩国学术振兴财团对海外韩国学的研究提供了大力支持。包括支援国外大学或研究机构开设韩国学讲座、在国外高校召开韩国学论坛、资助韩国研究学者、向海外派遣韩国学教师以及召开韩国学相关学术会议等。通过多年的努力，援助地区从以美国为中心扩大至亚洲、欧洲以及南美地区；并且为20个国家74所大学、研究机关和8个国家18个韩国学相关机构提供了援助。[2] 在推动韩国学发展的同时，也大幅度地、更深入地促进了韩国文化的传播。

（三）对外人员交流

韩国政府通过青年学术交流增进与各个国家的未来友好关系，通过扩大亲韩人士营造国家宣传和向海外进军的基础。

韩国国际交流财团的第一项重要任务，就是大力促进人员交流。财团计划每年邀请各国学者和专家访韩，同时向国外派遣韩国的学者和专家，完成共同关心的课题，交流有关专业知识和研究经验。另一方面，财团将帮助访韩的外国学者为从事各种学术研究活动安排同韩国学术界人士的会见和学术讨论，并使这种活动得以持久活跃地进行下去。根据韩国国际交流财团提供的数据显示，自1992年到2011年期间，财团分别在12个国家的72所大学资助提供了108个教授职位。教授的领域包括韩国语教学、韩国文化、历史、文学以及美术史等。[3]

同时从1967年开始韩国政府以政府资助的形式每年邀请优秀的国外学生到韩国留学。从2004年开始，政府大力促进“Study Korea Project”计划，计划的核心目标是：到2012年，外国留学生的人数达到10万人次。其中政府资助邀请的外国留学生人数从2007年的133人、2008年的745人，2009年504人、2010年达到700人。[4]

[1] 数据来源：韩国国际交流财团网站。

[2] 김미라 . 해외 한국학 현황 및 발전 저해요인 분석 .2007

[3] 数据来源：韩国国际交流财团网站。

[4] 정부가 초청해 놓고 짐을 싸라니 2010.12.28. 韩国中央日报

（四）积极参与国际文化交流

目前负责担任国际文化交流事务的政府部门主要是文化体育观光部与外交通商部下设的韩国文化艺术委员会和国际交流协力团。前者于2004年发表了“国际文化交流增长期政策规划”以及构建“开放文化发达国家”的长期规划，提出了通过文化达到和平繁荣、区域文化交流强化、强化国家竞争力、维持文化真实性六大重点课题。并把文化交流的对象扩大到东北亚、东南亚、欧洲国家、中南美、非洲、中东、大洋洲八大区域。对政治背景、经济环境不同的国家，采取不同的文化交流的方式和内容。新设对外文化院，提供文化艺术、文化产业、观光、体育等相关业务的一站式服务。具体来说，文化体育观光部队国际文化交流大力支持主要体现在大力支持国家范围的文化交流活动、支援艺术团体与艺术家的海外交流、驻外韩国文化院的基础设施建设，韩流的支持等方面。[1]

五、韩国文化外交的特征与发展方向

（一）韩国文化外交的特点

每个国家由于国情的不同，外交文化的形式也必然不同。法国文化外交侧重于语言在国际社会的传播；美国在实施文化外交战略上比较重视文化输出的多元化尤其是对大众舆论宣传媒体非常重视。而韩国的文化外交特点主要体现在：

1. 由上至下的文化外交

韩国的文化外交政府起到主导作用，同时又创造条件，建立健全的政策法规鼓励民间交流，鼓励企业形成自己的文化，把这种企业文化与韩国文化带向世界。政府从物质、环境、政策等方面给予了大力支持，建立配套的管理体制，同时为保护本国文化产业的发展对其他国家给予一定限制，政府的文化外交和政府主导的民间文化外交相辅相成，互为补充，有力有效地贯彻了韩国文化外交的理念，更好的达到文化外交的目的。

自上而下还有另外一层意思就是韩国文化外交的对象主要以国外民众为主。百姓舆论是影响一国外交政策的重要因素，韩国外交政策可以说双管齐下，就会带来双倍的效果和利益。

2. 文化输出多元化

韩国文化产业的迅速发展除了有政府政策的支持，还得益于文化输出方式的选择，各种吸引人眼球高科技的文化产品作为载体传达着韩国的文化精神。韩国政府在发展中体会到，由于市场规模有限，必须积极开拓国际市场。将以中国、日本为重点的东亚地区作为战略对象，大力拓展文化出口贸易，加强调研，开发适销产品。集中力量开发具有国际竞争力的名牌产品，并在文化出口战略地区北京、东京等地开设办事处“文化产业振兴院”，以此为纽带积极展开

[1] 오세인 홍익대학교 재외문화원을 통한 국제문화교류 활성화 방안 연구 .2009.

跨国生产合作。并积极举办和参加国际性展销洽谈活动。[1] 全方位的政策实施起到了直接的推动作用，韩国文化产业相关产品销售额逐年增加。下图为韩国文化体育观光部与韩国文化产业振兴院最新公布的 2011 年资讯产业销售额与 2012 年韩国资讯产业销售额的预测图。韩国即使处在被欧洲财政危机、美国经济复苏延迟、内需市场萎缩波及的消极市场氛围下，由于韩国政府文化产业政策的灵活性，资讯产业仍将持续增长，以具有国际竞争力的产品为主的出口仍将持续扩大。

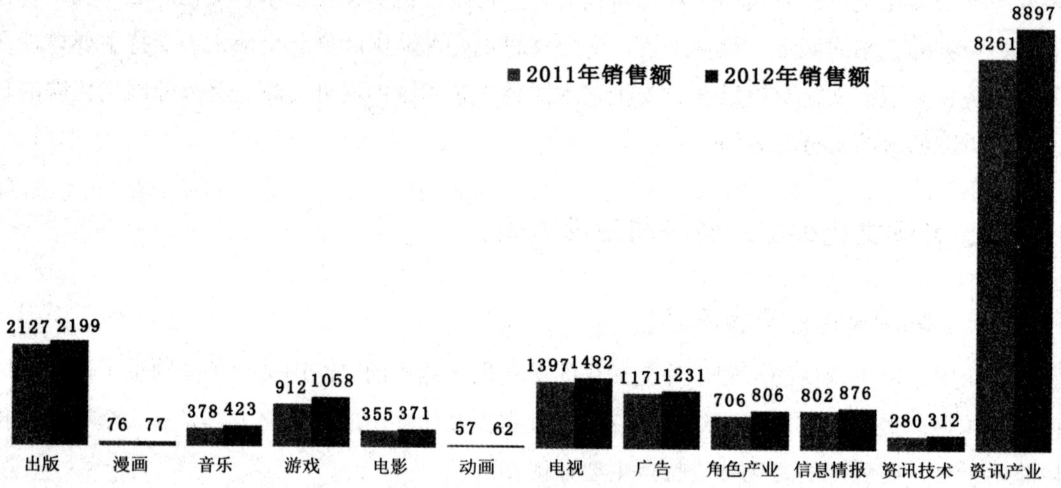

图 1　2011—2012 年韩国资讯产业销售额展望　（单位：百亿韩元）

资料来源：韩国文化观光部。

3. 发展的文化外交

从建国后初期的文化外交到今天而带来了巨大经济、政治效益的成熟文化外交，从单一的宣传本国的形象到全方位、多元化、多层次文化外交政策。韩国的文化外交是循序渐进的，不断调整以适应时代需求。韩国文化外交在初期基本上以美国、欧洲等发达国家为对象开展。后来为了配合“北方政策”曾将文化外交的重点放在第三世界国家以及苏东等国家，到今天为了国家的经济利益和国际地位，韩国与近百个国家保持着文化交流，达到了文化外交的世界化。今天东亚的融合、目前贸易自由区的建立，韩国的世界化文化外交起到了重要的作用。事实证明，韩国的文化外交在发展中进步，在进步中发展。

（二）对韩国文化外交发展的建议

到目前为止，韩国文化外交的主要方式还是偏重于将本国的优秀文化介绍给海外。但是实际上文化交流、文化外交不是单方面的文化保护或者文化传播。互相交流、互相融合的文化外

[1]　《世纪之交韩国的文化立国国策及其战略转型》。

交才能更有效地促进两国的关系进步，增进合作机会，得到双赢的局面，从长远发展的角度，互相融合一定比单方面的文化传播更能促进彼此的发展。因此韩国也应该以良好的心态接受其他国家特别是东亚地区国家的文化，摒弃韩国固有的保守自居的观念，敞开心扉，提高了解别国文化的主观能动性，建立科学的、包容的、有发展的文化外交理念。

韩国的文化外交事务由政府多个部门分担。需要各部处根据固有领域分担业务进行管理。但由于部门较多，工作领域交叉，会导致权责不清、效率低下、资源浪费。1948 年，韩国外交通商部、国情宣传处、文化观光部设立；1962 年，教育人力资源部下设国际教育振兴院成立，主要负责国际教育的交流与合作，教师生的海外进修派遣等；2000 年，成立了韩国文化产业振兴委员会、负责制定国家文化产业政策方向、反战计划及文化产业振兴基金运营方案，检查政策执行情况，开展有关调查研究及其他相关工作；2001 年，成立文化产业振兴院，全面负责文化产业具体扶持工作；2002 年 7 月，文化观光部决定为下属的文化产业振兴院、广播影像振兴院、电影振兴委员会、游戏产业开发院、国际广播交流财团五个部门组建“文化产业支援机构协议会”，加强文化产业信息交流，对原来分散组织的活动进行协调、统筹管理。有必要把众多的文化外交部门整合，提高效率，权责明确，将各部处有关文化交流和文化外交事业体系化、规范化，防止部门间的重复投资。

还应该由从事文化交流的专家和政府成立评估小组，建立对各部门以及民间外交综合诊断评估，从而选择恰当有效的文化交流内容和方式，探索文化外交的发展方向。

结　语

本文主要对文化外交做了简单的阐析，论述了韩国文化外交的历史与现状，分析了其特点，最后对韩国文化外交提出了自己的一些建议。中国和韩国有着相似文化背景，同属一个文化圈，韩国文化外交的经验和教训可以为我国文化外交的发展提供宝贵意见。实践证明，韩国政府的文化外交政策成绩显著，而中国文化产业发展也有着自身的优势，互相取长补短，促进两国文化融合，对两国，甚至东亚和和平稳定、共同繁荣都有不可忽视的重要作用。

文化外交是国际关系学的一个崭新研究领域，也是外交学的一个新兴分支，我国学术界对这一领域的研究刚刚处于起步阶段，给我们后起的青年学者留下了广阔的研究空间。

薛培榕（1835—1904）《东藩纪要》初探

刘宝全 [1]

摘要：晚清时期，许多中国知识人出使并游历朝鲜。薛培榕（1835—1904）藉出使朝鲜的机会，经过遍览史籍和实地调查，著述了《东藩纪要》一书。此书内容涵盖朝鲜王朝政治、经济、地理、军事、官制、民俗等，篇幅庞大，堪称晚清时期朝鲜纪行文和舆地书中的精品，也是研究清—鲜关系的重要史料，有着极大的学术研究价值。其中有关朝鲜疆域的记载，既采用了传统舆地志的编写方法，又吸收了近代西方地理学的一些理论。薛培榕还针对当时朝鲜内忧外患的国情，论述了他对朝鲜的基本认识并提出了朝鲜通商富国强兵的自救之策。

关键词：薛培榕　《东藩纪要》　朝鲜纪行　朝鲜疆域　中朝关系

一、绪　　论

19世纪中后期，西方列强国家开始大举侵入东方世界，随之也带来了所谓“西学东渐”，即西方的学问传到东方。受到“西学东渐”的文化冲击，东方的三个国家中、韩、日在作为应对近代化和西方的侵略的手段而吸收西学这一点上，其历史轨迹如出一辙。而中国吸收的西方学问中近代地理学占据了十分重要的地位，并且对传统的地理学也产生了深远影响。19世纪后期，对海外地理学的研究、地理书籍的翻译及编撰十分盛行。同时，作为大清国传统藩属国的朝鲜也受到列强的侵扰，特别是日、俄等国的势力逐渐渗透到朝鲜，清朝遂加强了对朝鲜的干预和控制。这种历史背景下，大量清朝官员、学者和商人等到朝鲜，浏览许多地方后，记录他们在朝鲜的所见所闻，创作出了游记和地理书籍。其中薛培榕编撰的《东藩纪要》[1]整理记录了朝鲜的历史、地理、制度和风俗等，因此它是一部详细地掌握并记载了19世纪末朝鲜实际情况的书籍。

迄今为止，关于薛培榕（1835—1904年）及其《东藩纪要》的研究，以笔者目力所及在国内还没有见到相关成果。在韩国，也仅有个别介绍性的文章和研究，在研究率兵赴朝鲜镇压“壬午军乱”的吴长庆及其幕僚时，对《东藩纪要》和周家禄的《奥簃朝鲜三种》、朱铭盘的《桂

[1]　作者简介：刘宝全，山东大学韩国学院副教授。

之华轩遗集》三种同时期关于朝鲜的文献著述做了比较分析。[2] 研究者重点分析了这些作者和朝鲜文人的交往、他们对当时朝鲜王朝的认识以及与袁世凯的关系等。该文作者认为，作为吴长庆的幕僚，他们对朝鲜的认识带有很复杂的多面性，既有宗主国对藩属国关系的自负和傲慢，面对当时复杂的国际关系又有一种即将失去朝鲜这个传统的藩篱国的不安与忧虑。[2]p.337 这三种朝鲜见闻录为世人提供了关于朝鲜的详细、客观的描述和多样的信息。

通过考察随着西方近代地理学的东渐，在中国地理学发生新变化的进程中，薛培榕入朝的过程及《东藩纪要》编撰的原委，可以阐明当时中国人创作的大量朝鲜地理书中这本书所具有的地位。特别是把《东藩纪要》中有关当时朝鲜疆域的阐述与其他地理书中所记载的相比较，以及通过分析书中所表述的关于当时朝鲜的认识，这本书的创新性、科学性和历史价值就凸显出来了。《东藩纪要》对于研究19世纪晚期中国和朝鲜的关系、中国人对朝鲜以及朝鲜人的认识、朝鲜半岛当时的政治经济和社会状况有着重大的资料价值。

二、薛培榕的生平和《东藩纪要》的编撰背景

关于薛培榕的生涯，因资料所限，未能详考。但通过《东藩纪要》中刊载的几篇序文和《平湖县志》、《清实录》等资料，可知大致勾勒出他的生平。他是浙江省平湖县人，字梅溪。梅溪少时向学，博览群书。后来，“赭寇”即太平军起事，很快席卷东南地区。梅溪慨然以为大丈夫“不为名儒，当为名将”，遂参军为官，曾典领水战船，激荡江河。清朝同治年间去过日本，采风问俗，寻访时事，并笔记以成书稿，惜未能付梓发行。[1](p.5) 浙江省平湖县志编纂委员会编写的《平湖县志》对此也有记载[3](p.835)。清光绪八年（1882）7月到达朝鲜，驻屯朝鲜期间，薛培榕随军驻扎在崇礼门外南坛，于闲暇之际，广采博收朝鲜书籍，加上自己的亲自勘察和访谈，编成了《东藩纪要》。

之后，薛培榕曾任江苏补用知县。清光绪十二年（1886年），两广总督张之洞鉴于军队装备大量使用洋枪，所需枪弹日益增多，决定兴建一所规模较大的枪弹厂。是年10月，委江苏补用知县薛培榕，向上海泰来洋行购买制造枪弹机一套，并接收广西订购的枪弹机一套，在广州大北门外20华里（1华里＝500米）的番禺县石井墟购地31亩（1亩≈666.67平方米），兴工建厂。1887年6月建成投产，定名“广东制造枪弹厂”。光绪十五年（1889年），时任两广总督的张之洞上奏广东购办机器试铸制钱银元，薛培榕又参与了广东筹度建厂和铸造制钱事宜。同年二月间厂屋落成，采购自英国的所有机器亦陆续安设齐备，于四月二十六日开炉试铸。张之洞在“报告广东机铸制钱及行用情形”中提到“委派候选道蔡锡勇、江苏知县薛培榕筹度建厂铸造”。中国机铸制钱在薛培榕等的参与下，终于在广东宣告试办成功，薛培榕被任命为“钱局提调”。后来张之洞调任湖广总督，又上奏，“请饬催江苏知县薛培榕来鄂差委”。但此时薛培榕“业经李瀚章奏准暂留广东，著毋庸调赴湖北”。[4]（卷282“光绪十六年”条）

光绪二十二年（1896年），皇帝下诏保举文武人才以备录用。是年正月二十五日，署两

江总督张之洞保举江苏候补知县薛培榕，说他“操守廉洁，才具精练”。光绪二十四年（1898年）二月二十五日，浙江巡抚廖寿丰保举薛培榕“操守廉洁，办事结实”[5]。作为江苏候补知县的薛培榕，张之洞等地方大员对他如此重视，说明薛培荣为官清明，有才有德，真乃堪用之才俊。

《清实录》记载，光绪三十年（1904年）正月，薛培榕因创办要政而积劳病故，朝廷特加以优恤。[4](卷526“光绪三十年”条) 他一生中著述很多，除了出使日本游记《东槎纪略》（五卷）[1](p.19) 外，还有《中外时务海防策要》四卷（清光绪甲午年上海书局石印本）和《东藩纪要》十二卷。

薛培榕能够深入朝鲜调查，契机是跟随吴长庆到朝鲜协助镇压朝鲜国内叛乱。光绪八年（1882），朝鲜发生内乱，史称“壬午兵变”或“壬午军乱”。日本也趁机觊觎朝鲜。吴长庆率三千清兵自登州东渡朝鲜。据薛培榕自述，清军乃先从登州府（今山东蓬莱）乘船至成山，计海程四百里（1里＝500米）；由成山放洋东渡，航海七百三十里，到达朝鲜的马山津（今韩国京畿道华城市松山面）。然后，自马山登陆，经南原、水原、果川，再从铜雀津渡过汉江达到汉阳。[1](pp.405—406) 此行目的，是辅佐吴长庆平叛，到汉阳以后，“不旬日，祸乱悉平”，大院君李昰应被捕并押解往天津。《东藩纪要》序文中多次出现‘梅溪刺史’或是‘戎幕’这种称号和“赞襄帷幄间”这样的说辞，虽无法明确薛培榕到底担任什么职务，但可以推测出他是辅佐吴长庆将军的从事官，即“幕僚”。

薛培榕编撰《东藩纪要》的时候正是中国地理学全面学习西欧近代地理学的时期。在19世纪后期中国地理学发展过程中，对结成传统册封朝贡关系的周边国家的关注也加深了。许多中国政府官员、商人及学者等访问邻国朝鲜，写下了各种游记，对其地理、经济及风俗做了大量的阐述。王锡祺（1855—1913）搜集编撰的《小方壶斋舆地丛钞》中收录的朝鲜关联文献总计多达34种。[6] 其中，除薛培榕的著述四种外，以马建忠的“东行初录”、“东行续录”和“东行三录”，吴钟史的“东游记”等篇幅较大，价值也较高。而且马建忠和吴钟史都是作为丁汝昌的幕僚入朝鲜的，入朝的时间也和薛培榕到朝鲜的时间相近。

薛培榕在创作《东藩纪要》的过程中积极与西方传教士进行讨论，并汇聚了西方地理学的新知识、用语和方法。与同时期其他外国舆地书的作者一样，薛培榕也是采用了实地调查等方法，拿到了关于朝鲜的第一手资料，并访查既有文献，加以融会贯通，撰写了《东藩纪要》。他到朝鲜后，亲自询问朝鲜的风土、探索山川、观察政事，并考察兵制、调查户口、核实图籍，然后搜集、贯通资料编成了这本书。[1](pp.13—14)

1882年，《东藩纪要》活字印刷本问世。[1](p.20) 薛培榕在“自序”中说明了本书撰写的情况：

> 光绪壬午秋，陆军东渡，有事檀邦，与彼都士夫日相欵接，而方言互异，管城君几为之秃，通词传语，亦词不达意，欲询掌故，苦无专家。爰搜之于书贾，而彼国史册，例藏石室，无印本，难赎得。典礼等籍，又散佚不全，古今沿革，复有更张，未能明晰。因于旃帐余暇，悉加考核，将历代授受、姓氏幅员、并今八道府州县堡等，分枝辐辏，别为剪裁。戎帷苦无书可考，幸得吴君韵清共订舛谬，始成一册。

这里提到的吴润清，即吴承裕，字润清，和薛培榕过从甚密，二人一同出使朝鲜，对该书的修订和最后成书起了很大的作用。吴润清在为该书写的序里提及："因索观所辑，纲领条目叙次井然，遂相与考证图书，商订疑谬，别类分门，集成一册，名曰东藩纪要。"[1](p.17) 吴承裕在其中充当考证、改错和校订的角色。因此，该书在出版时，明确标注了"平湖梅溪薛培榕编辑、甘泉润清吴承裕校订"。

作者在编写此书的时候，虽然说朝鲜史册典籍难以搜集，但他仍然涉猎了众多的中朝典籍，据笔者统计，《东藩纪要》明确表明引用的书目就有近二十种，如：东国通鉴、文献备考、大典会通、六典条例、耽罗国记、三国史、高丽史、东国兵鉴、史记、汉书、后汉书、魏略、五代史、后唐书、晋书、唐书、南史、北史、南齐书等。就书中所附的地图和舆地说的内容分析，薛培榕也参考了东国舆地图、东国地志等各种地理书籍。

下面我们来分析《东藩纪要》的内容。

三、《东藩纪要》内容研究

《东藩纪要》与中国历代正史（二十四史）的地理志相似，可以说是一种舆地书。但是，本书或许因为作者的身份是军人，主要从军事的目的出发，为了解朝鲜的状况而编撰此书，所以对朝鲜的政事和风土、地形和兵制的考察是其主要内容。与中国的纪年相对照，除记录朝鲜的历史和地理之外，着重地涉及了当时的制度、八道的交通、官吏的设置、军备的实际情况和兵力的规模、户口和租税、物产和运输等。卷 12 中收录了记录当时中国和朝鲜关系的《中国朝鲜商民水陆贸易章程》。总之，本书是根据当时时务的需要，特别是军事的需要编撰而成的。

本书由 12 卷组成，还附有 10 幅地图。通览《东藩纪要》，它确实清楚地把握了 19 世纪末朝鲜的实际情况，甚至包含了令人惊叹的细节。特别是精确地掌握了可以说是与朝鲜国防相关的秘密事项，不仅包括营城、山城和烽燧的位置、现状，各主要城市的驿路里程，甚至还包括了船舶、各地军队的数量。即使拿现在人的眼光来看，它也是包含了有关朝鲜王朝末期实际状况最庞大、最详细内容的资料。《小方壶斋舆地丛抄》也收录了《东藩纪要》的部分章节。有的题目做了改动，如《朝鲜八道纪要》。

《东藩纪要》就内容来说可谓包罗万象。首先，这本书中值得注意的一点是关于朝鲜历史的叙述，在"自叙"和卷一的"建都通考"、卷十"历年参考" 中，与中国人理解的朝鲜历史始于箕子朝鲜不同，从檀君朝鲜开始记录朝鲜的历史。即，朝鲜第一次建立国家是在唐尧庚子年，并把这一年称为元年。需要说明的是，薛培榕关于朝鲜历史开篇即檀君建国的年代记述略有混乱之处，包括唐尧庚子[1](p.19、29)、唐尧二十五年戊辰[1](p.327)、唐尧戊辰[1](p.429) 等说。据《三国遗事》记载，"檀君王俭，以唐高（尧）即位五十年，都平壤，始称朝鲜。"檀君开国应在唐尧即位五十年（丁巳）。一说檀君开国在唐尧戊辰岁，则为唐尧五十三年。檀君之后，箕子被周武王封于朝鲜，是为箕子朝鲜。统计从古代到薛培榕撰述《东藩纪要》时的朝鲜半岛历史，分分合合共有21个国家。从檀君到1882年历经4216年，与中国史书记载的不一致，但是根据东国——朝鲜的典籍记载却可以证明。[1](pp.19—20)这一说法与中国古书的记载不同的原因，正如作者在“建都通考”中所揭示的，是因为承继了《东国通鉴》的记录而记述的。作者在创作《东藩纪要》的过程中，不局限于亲身所见所闻所感，而是网罗东国（朝鲜）的图籍并做大量的参考。所以，在书的卷一“建都通考”和“补录”中，对朝鲜半岛的上古史采用的是“三朝鲜”说，“平壤为檀君之始都，箕子之故封，厥后卫满因之。是为三朝鲜。”[1](p.441)檀君朝鲜原不见载于中国史籍，在比《三国遗事》稍早的高丽朝官撰史书《三国史记》中也没有相关记载。那时的史书均以箕子朝鲜为朝鲜半岛文明史的开端。薛培榕记述“三朝鲜”，完全是受到了朝鲜史籍的影响。如他在书中多次引用的《东国通鉴》，是一部成书于15世纪末的汉文编年体历史书，由徐居正等撰稿，记载了上自檀君朝鲜、下至高丽王朝末期的历史。

《东藩纪要》的创作主要的目的之一乃是出于军事的需要。所以，书中相当篇幅的内容记述了朝鲜的地理、行政区划设置、主要城市及其离王京汉阳的距离等。这部分内容主要集中在卷二的“朝鲜舆地说”和“朝鲜分野”，卷三的“舆地沿江滨海营堡驿路道里说”，卷四的“王城图说”，卷五、卷七和卷八的“诸道兵舰总数”、“京外水陆骑步各军”中，并辅以朝鲜全图、各道分图和王城图等地图加以说明。

该书卷七记载了八道邑城、各兵种营城、镇城、山城和烽燧设置状况，各城多为石筑，并记其周长，有的还表明了其高度。卷八则记诸道兵舰总数、京外水陆骑步各军概况。这些内容既不见于前代中国人的朝鲜文献，也未现于薛培榕同时代人的记述，可以说是独一无二的，无疑是极为宝贵的资料。

《东藩纪要》卷二主要介绍朝鲜的疆域及版图的地理和方位，同时也介绍了朝鲜东西南北国境上的城市和南北、东西间的距离。此外，根据对近代地理学的经纬度的理解，详细考证了朝鲜疆域的经纬度。通过这卷的内容可以明确知道朝鲜疆域和版图的方位。

对于朝鲜疆域，薛培榕通过书中的“朝鲜舆地说”、“朝鲜分野”、“八道分图”等篇章来讲述，详细考证了朝鲜的疆域、领土的区域及版图的方位等。首先看一下下面的引文：

> 其东北起自稳城邑，迤逦至王都，由都而南至海南邑止，计程三千一百八十里，而悬海之济州不与焉。东起自宁海邑，西至丰川邑止，计程一千二百余里。[1](p.52)

这里对朝鲜的国土的方位、南北和东西的幅度的记载比下面将要叙述的其他记载都要正确。并且考证了朝鲜疆域的经纬度，“朝鲜舆地说”中有如下记载：

> 朝鲜经度西自一百二十四度，东至一百三十二度，相距八度；南境稍狭，其经度西自一百二十五度十五分，东至一百三十一度三十分，相距六度有奇。纬度北界自四十三度至南界三十三度二十分，止相距十度。[1](pp.52—53)

书中记载，这不是薛培榕通过亲自测量作业得到的数值，而是从林乐知（Young John

Allen,1836—1907）这位美国卫理公会的传教士那里知道的。薛培榕一边编撰“朝鲜舆地说”，一边在有关朝鲜经纬度的各种见解中徘徊，结果就向林乐知请教。林乐知如上所引用的那样标注了朝鲜的经纬度。与现在朝鲜半岛的经纬度（北纬 33° —43° ，东经 124° —132° ）一致。

薛培榕对于朝鲜的疆域的说法，较之前中国或是韩国的各种记载更加精确。1842 年完成的第三次修订本《大清一统志》中是这样来叙述朝鲜疆域的：

> 朝鲜在盛京东一千八百里，东西距二千里，南北距四千里。东至海七百七十理，南至海一千三百里，西南至海八百里，西北至鸭绿江七百五十里，北至九连城一千一百十五里。

上面所记述的内容是清朝舆地图书中关于朝鲜疆域的记载，这与 1461 年明朝官方编撰的《大明一统志》中记述的朝鲜国境几乎一样。也就是说，这证明了近 400 年间中国人对朝鲜地理知识的认知几乎是一成不变的。

另一方面朝鲜自编的《大东舆地全图》“序文”，是这样记载朝鲜疆域的：

> 盖我东邦域，三面际海，一隅连陆，周一万九百二十里。凡三海沿一百二十八邑，总八千四十三里。两江沿总二千八百八十七里，鸭绿江沿二千四十三里，豆满江沿八百四十四里。其延袤广狭，北自庆兴，南至机张，三千六百一十五里。东自机张，西至海南，一千八十里。南自海南，北至通津，一千六百六十二里。西北自义州，南至通津，一千六百八十六里。

关于朝鲜疆域，薛培榕的说法和上面所引用的著述的内容相比较来看，存在一定的差异。薛培榕比韩国人较早地采用西洋经纬度坐标法，来标识朝鲜半岛地图和疆域，比传统的东洋式坐标标志法更具准确性和可信性。这可以理解为中国知识分子吸收西方近代地理学后取得的成果。

鉴于《东藩纪要》对朝鲜地理等描述得详细、准确而且完备，评者认为若有事赴朝鲜，携此书而往，则可以知道朝鲜全貌，而不必要参考其他书籍，也不必有劳翻译：

> 今者梯航万里、中外一家，苟中国人民之有事于朝鲜者，俾挟一编以往，则凡山川、道里、都邑、园陵，与夫政教之变革、关塞之扼要、物产之豊阜，皆可一览而尽，更不必访诸象译而后知也。其有裨于行旅，夫岂浅尠也哉。[1](pp.14—15)

四、薛培榕对朝鲜的基本认识

薛培榕通过广泛搜罗、阅读典籍和自身的观察，对 19 世纪末的朝鲜国家和社会以及朝鲜人产生了自己的认识，可以看作是他的“朝鲜观”。在记述朝鲜历史、制度和风俗的内容时，他充分肯定了朝鲜和中国的相似性，对朝鲜追随中国传统制度表示了肯定。例如，农业方面，

“田有井田遗意”，“果品蔬菜与中国同”。货值交易则尚存易货贸易，“有神农氏之遗风焉”。文化方面，他从文化、科举、语言和教育等方面肯定了朝鲜“君子之国”的地位，他说：朝鲜“文人墨士凭矮几俯而挥毫，书画少秀逸之气，诗词多唐宋之风。朝廷以诗、古文辞取士，由科第得官者可致通显，由荫袭得官者类多纨绔。国有方音通于妇孺，如（담박명지，녕정치원），即‘淡泊明志，宁静致远’八字，余皆类此。农每知书，户皆安读，唐太宗称为君子之国，信不诬也。”[1](p.408) 薛培榕在朝鲜旅行期间，处处感到朝鲜人的朴实，所谓“民俗质朴，土厚风淳”。晚间，薛培榕行走于途，沿途朝鲜居民皆束薪为烛相送，行三五里后则又有他人互相接引，“殊足见尊礼中邦之意”[1](p.412)。当然，对朝鲜国的落后和人们的惰习，薛培榕也有所批评，如街道坑脏、商业不发达、商品匮乏；居民盘腿坐在毡毯之上，“性多迂缓，各衔淡巴菰短烟筒一支以为消遣”[1](pp.407—408)。

值得瞩目的是薛培榕不仅仅局限于表述朝鲜的现象，他还在分析当时朝鲜国势的同时，提出了解决问题的方案。他认为，朝鲜土地肥沃、物产丰富，然而却国弱财匮，原因便在于不知变革；现在虽然开港互市，但却未必能得利。薛培榕还叙述了当时朝鲜守旧派与开化派的意见分歧，号召两党权衡利弊，化敌为友，共同振兴国家，富国强兵。

薛培榕首先分析了导致朝鲜国弱财匮的原因，认为：朝鲜之所以国孱财匮、国势贫弱、不克自振，并非土壤不饶沃、物产不丰阜，而是因为朝鲜泥古而不知变，为成法所拘。为此，薛培榕提出朝鲜应当“顺天之时，因地之利，贫而能富，弱而能强。转移之机，存乎人事。”[1](p413) 具体途径是因地制宜发展农业和工矿业。他甚至结合朝鲜各道的地理特点，提出了具体的操作方法：

> 按庆尚·全罗两道，田肥而广，户富而繁，气候亦视他道为热，植茶树桑，宜于厥土。咸镜·平安，植参宜广。其余诸道，十年树柳，廿年树松，胥可成材作器。海上渔人之利，则宜增造舟船。山海田畴之政以次举行。斧斤网罟纵日勤采补，林木鱼鳖亦不胜食用矣。又其境所产之药草，皮革为用也广，可以行远而畅销，亦货殖之大宗也。江原道滨海之区，闻有珊瑚产于水底，以其地向阳而气冷，向阳则嘘而生，气冷则坚而凝也。八道田谷之种豆者，宜参植木棉。以十计之，豆三四，棉六七，其利可增而普矣。[1](pp.413—414)

其次是开矿通商以致富，练兵制器以自强。即所谓“五金之矿可供开采，百工之肆宜事考求。女红组织亦在所宜讲者也”。从而可以达到“庶因富而可以致强，因强而可以保富”。[1](p.414) 的目标。

薛培榕正对朝鲜战乱初平、军队孱弱的状况，提出来朝鲜应在军事上精选将才、练兵强国。具体来说，“陆军扼险之策，宜筑沿海炮台，购用西洋及远巨炮，摧坚破敌无难也。水师制胜之奇，宜以所得开矿之赀，通商之税，陆续广置轮船，与各道战舰大小相维，联络一气，左顾右盼。城山池海，设险守国，规模略具于此矣”。除了购置舰船巨炮，重点还在于培养将才，以领兵打仗。他提出："然国不择将，以国输敌；将不知兵，以兵输敌，故练兵尤以练将为先。（中略）欲求将才，必选资兼文武者，习诵古今兵法，使之周历行间，首谋臣而决兵机，先壮士而破坚阵，此所谓大将才也。将万众以攻敌，敌无雄兵，国无坚城，云卷风驰，所向克捷。然百战百胜不如不战而胜，信乎兵为凶器，必不得已而后用之也。"[1](pp.415—416) 即通过精选文武兼备、精通古今兵法的大将才以制敌取胜。

而对朝鲜来说最重要的，薛培榕认为是讲求政治清明、人尽其用。李氏朝鲜建国已经有490年之久。其间虽迭经敌国外患，而能够屡濒于危而旋就安定者，以其政尚简易，轻徭薄赋，德泽之及民者深。当今的朝鲜，面临着内忧外患，更加需要恭俭之君、廉让之臣和高尚之民。因此，他主张在海禁大开、商通货集、风气将为之一变的眼下，"纵不日就奢华，势必多所繁费，出入之数，先事绸缪，所当预为筹及者也。至于洋教之闲，鸦片之禁，滥觞漏卮，易开难塞，斟酌得宜，不随不激，是所望于执政者。他如怀才之士，亟须罗致，游手之民，亦宜安置，毋使为外人所得而为之间谍，楚才晋用，固当事者之忧也"[1](pp.416—417)。

当时朝鲜内部开化派和守旧派之间的对立斗争十分激烈。具有亲日倾向的开化派强烈主张朝鲜脱离清朝的控制而实现国家独立；同时，试图借助日本的外力推行近代化改革，即外结日本，内行改革，实行君主立宪。守旧派奉行事大主义，主张闭关锁国，维持与清朝的宗属关系。1882年7月，"壬午军乱"爆发，清朝随之出兵平叛，开化派实力受到一定打击。针对朝鲜内部"臣民中分守旧、开化党，致内讧而召外侮"的现实，薛培榕指出：守旧派狃于常习，安于固陋。雕题凿齿文身断发之俦与峨冠博带、宽衣大袖者交臂错踵而游于市，实在和梯航万里、户牖洞开的现状不符。"有国者尚欲闭关自固，其可得乎？"开化派应该讲求通商、富国、强兵诸要图，趋利避害。薛培榕强调"自今以往，深愿两党祛彼我之私，扫门户之见，和衷共济，行救时之政，振拔有为，易弱为强，化贫为富，祇须臾间耳。"[1](pp.417—418) 也就是说，只有守旧党和开化党两党舍弃前嫌，扫除门户之见，和衷共济，且亟宜讲求通商富国强兵，不致鼠被投而器亦破，才能尽快达到与中国同享承平的目标。

薛培榕对当时朝鲜局势的分析，与一些清末的精英知识人的认识具有共同点。首先，可以举为《东藩纪要》作序的葛其龙的观点为例。葛其龙字隐耕，号蒲仙，上海人，光绪五年举人。他是当时结成同岭诗社的"海滨四子"之一。在"序"中，葛其龙提出，朝鲜虽然遭遇了壬午兵变，但是，"吾以为朝鲜之转机未始不在于是。夫朝鲜之地非褊小也，其民非顽梗难化也。惟狃于积习，因循自安。有沃野而不知开垦，有地利而不知讲求。故其国日趋于贫弱，此非民之责而君与臣之责也。今祸乱初平，使其君能儆惕修省，其臣能补过尽忠，而又督民以耕织，课民以蚕桑，谋之以生聚，加之以训练，吾知十年之后，虽未必遽至富强，亦有足自立者矣。"葛其龙认为，朝鲜的当务之急（急先务）在于通商一事。朝鲜未开港之前，尚可依赖中国，以固其边防。但当今朝鲜面临海外列强的环绕，且朝鲜地处海滨，想再闭关自守、拒绝与西人通商，是不可能的。他主张朝鲜应该和各国通商，因为"与一国通商而或受一国之制，不若与各国通商而兼得各国之助。于此而内事王朝、外修邻好，虽有强邻窥伺其间，亦不敢狡焉。思逞此目前所谓之急务也”[1](pp.9—10)。

与薛培榕几乎同时出使朝鲜的马建忠，本来是奉李鸿章之命，协助朝鲜政府与英、美、德签订商约的。19 世纪下半叶，法、美、英、日等帝国主义国家在侵略中国的同时，也加紧侵略朝鲜的进程，日本后来居上，率先于 1876 年强迫朝鲜签订了不平等的“江华条约”，中朝传统的宗藩关系受到极大的威胁和挑战。清政府为此采取了积极的外交行动。在清政府的“劝导”下，朝鲜同意与美国等谈判通商条约，并以“不谙外交”、“调护属藩”为由请求中国政府的帮助。清政府的主要意图是以美国等列强来牵制日本，遏制日本对朝鲜的侵略。1882 年春夏，北洋水师统领丁汝昌两次奉命率领威远等舰前往朝鲜协助谈判，道员马建忠作为外交专家是谈判的主要策划者和参与者。壬午兵变爆发，马建忠也参与了平乱。他在“东行录”（含初录、续录和三录）中就朝鲜内政、设关、开港、电线、采矿等诸事，也提出了许多自己的看法：

> 今贵国与欧西各大邦讲信修睦，不过欲杜强邻之觊觎，此为急标之举，忧在外者也。国民贫困，商务不兴，官冗职旷，此忧在内者也。仆两至贵国，见民俗纯厚，土地肥美，而库藏不足，兴利无从，意者其不均之过欤？孔子曰：‘不患贫而患不均。’均之之道，在物货流通，而无壅塞不行之患。其法宜因民之利，大去禁防，使民得自谋其生，自求其利，在上者第为民除害，设法鼓舞，令民踊跃于农桑懋迁而不自知。”“禁防既去，宜开学校，造就人才，人才既得，而后可变革官职，衣服不过取其简便，不必效日人优孟西衣，为人姗笑。至养兵之道，则当汰其无用，留其精壮。惟定律一事，最为至要，其端即在大去禁防而已。开港设关置官，此乃应行之事。而电线、邮递，则无事亟亟，日商务兴旺，自然水到渠成，切不可效日人事事剿窃西法。[7](pp.227—228)

从以上所引材料可以看出，马建忠对当时朝鲜面临的外忧即强邻觊觎和内患即“国民贫困、商务不兴、官冗职旷”有着明确的认识。作为应对之策略，马建忠提出，朝鲜应当去禁防、开学校、育人才并推行各项改革，但不能完全效法西洋之法。至于与外国的交往和设立海关等事宜，马建忠建议应由朝鲜国王“请一精明正直之华人，随时商酌各事，并延数西人，令司关榷，而以华人董其纲，然后细加考订，与时变迁，此贵国最要之急务也。”[7](p.228) 马建忠的意见后来为李鸿章和朝鲜王朝政府所采纳。马相伯（时名马建常）奉命赴朝鲜，被朝鲜高宗破格委任为正二品议政府赞议兼统理交涉通商事务衙门协办，成为协助朝鲜办理对外交涉事务的官职最高的外国顾问。德国人穆麟德（Paul George von Mollendorff）则被朝鲜延请办理交涉海关事务。马相伯以清政府官员和朝鲜政府顾问的双重身份，履行对朝鲜政府所聘“洋员”穆麟德进行“联络钤制”和为朝鲜政府的外交通商事务“随事襄筹妥办”的双重使命。[8]

“壬午军乱”爆发之后，清朝政府一方面加强对朝鲜的干预和控制，派出军队帮助镇压朝鲜国内的“叛乱”，一方面派遣马建忠等人，按照李鸿章的“以夷制夷”的指示，“襄助朝鲜与各国议约”，在朝鲜与欧美列强签订商约时出谋划策。清政府此举的目的一是藉此试图维护中、朝间传统的宗藩关系，二是防止日本对朝鲜更多的渗透。1882 年 10 月，在朝鲜的提议下，中朝签订《商民水陆贸易章程》，再次明确了两国之间的宗藩关系，即“朝鲜久列藩封，典礼所关，一切均有定制，毋庸更议”。两国之间的往来亦按照“定制”，而且没有再商量的余地。该“章程”准许开海禁，令两国商民通商以共沾利益。“惟现在各国既由水路通商，自宜亟开海禁，令两国商民一体，互相贸易，共沾利益。其边界互市之例，亦因时量为变通。”[1](p.419)但是，《商民水陆贸易章程》明示：“惟此次所订水陆贸易章程，系中国优待属邦之意，不在各与国一体均沾之列。”[1](p.419—420)也就是说，这个章程的制定是中国优待“属邦”朝鲜的，其他各国不能利益均沾。《中朝商民水陆贸易章程》以近代条约的形式，将清朝和朝鲜间的宗藩关系实质化了。

在清王朝强化对朝鲜的控制这一时期，以各种名义赴朝鲜的中国知识人对朝鲜的认知主要表现为：朝鲜国弱民贫、军备落后、闭关锁国、不兴办洋务；君臣上下因循守旧、不思改革；社会陈风陋习严重等。针对这些问题，他们提出的对策多反映了李鸿章等洋务派的思想观念。薛培榕和马建忠等同为践行洋务的代表人物，他们关于朝鲜的认识，有许多相似之处。但是，薛培榕更加注重从朝鲜王朝的内部去探寻它积贫积弱的原因，至于富国强兵的方法也主要立足于朝鲜的力量，而不像马建忠那样提出依赖于外力。韩国的研究认为，薛培榕认识朝鲜的现实，表现出了更为正确和深刻的态度，在同时代中国知识人当中堪称代表。[7](p.14)当然，由于薛培榕的地位和名气远比不上马建忠，人微言必轻，薛培榕主张的朝鲜自救策并没有产生很大的反响。

五、结　　语

薛培榕编撰《东藩纪要》的时候正是中国地理学全面学习西欧近代地理学的时期。薛培榕在创作《东藩纪要》的过程中积极与西方传教士进行讨论，并汇聚了西方地理学的新知识、用语和方法。在介绍朝鲜疆域的文章中，就用到了经度和纬度这种西方地理学用语。并且薛培榕广泛搜集、考证以前的朝鲜疆域说，形成了独到的见解，创作的关于朝鲜疆域的书籍内容也比以前广泛多样。

薛培榕与近代“开眼看世界”的其他知识分子们一样，通过外国地理学著作为把中国地理学从传统向近代转变准备了良好的契机。康有为、梁启超等正是通过学习《海国图志》、《瀛环志略》等世界地理学书，开始了解有关外国历史和政治制度等知识的。近代地理学宣扬的“万国”世界观使中国知识分子们丢掉了“中国中心”的传统“天下观”。19世纪末20世纪初“世界意识”作为中国知识分子的共同意识确立下来。

但是，薛培榕与那个时代的其他知识分子们一样，因为处于中国学术向近代转变的过渡期，所以具有时代局限性。他的著作中对朝鲜地理的叙述，毋庸置疑受到了西方近代地理学的影响，但是却更多地使用传统中国地理学的方法和研究范围。即，研究方法上采用了实地考察和参照文献的方法，内容上除与地理学相关的内容外，还考察了历史地理沿革和风土物产作为其主要内容。这样看来《东藩纪要》具有传统地理志（舆地书）的性质。尽管《东藩纪要》带有时代局限性的烙印，然而作为研究19世纪末朝鲜地理、社会、军事、历史等的重要参考书，不能否认它是那一时期介绍朝鲜状况的众多书籍中的杰作。薛培榕与那一时期其他知识分子一样，对中国传统地理学向近代的、科学的地理学转变做出了巨大贡献。

《东藩纪要》不仅是地理学的杰作，还是近代中国知识人看朝鲜的代表作之一。薛培榕通过自己的耳闻目睹，对面临列强围绕、国内孱弱的朝鲜，提出了他个人的基本认识以及朝鲜的自救之策。他关于朝鲜通商富国强兵的谈论，既汲取了中国的经验教训，又结合了朝鲜的实际，不失为朝鲜解决当时问题颇具价值的时务策。薛培榕关于朝鲜的政治、经济状况的理解，与同时代其他朝鲜著见解更为正确。19世纪末，法国东洋学家Maurice Courant在他的*Bibliographie coréenne*[9]中作为参考文献收录了《东藩纪要》。而这本《韩国书志》对当时西洋人认识韩国和韩国文化具有极大的影响，所以间接地来看，《东藩纪要》对西洋人的朝鲜认知以及观点的形成，也具有一定的影响。

参考文献：

[1] 薛培榕：《东藩纪要》，载沈云龙主编：《近代中国史料丛刊第二十辑》，台北文海出版社1968年版。关于《东藩纪要》出版的年代，“自序”第20页记为“光绪八年壬午秋九月薛培榕梅溪氏识于朝鲜王京崇礼门外坛山军次”。文海出版社依据的版本即为清光绪八年(1882)申报馆铅印本。一般认为本书的初刊本是1882年发行的，但是从卷2中〈朝鲜地舆图〉绘制于癸未年春正月，即1883年初来看，也有说法认为初刊本的刊行年度应该是1883年初。

[2] [韩]金成南:《吴长庆军营及其幕僚——以3种朝鲜见闻录为中心》,载《大东文化研究》2011年第74辑。

[3] 平湖县志编纂委员会：《平湖县志》，上海人民出版社1993年版。

[4] 清《光绪实录》。

[5] 茅海建：《戊戌变法期间的保举》，载《历史研究》2006年第6期。

[6] 清朝人王锡祺（1855—1913）编撰的《小方壶斋舆地丛钞》作为1891年第一次发行的舆地书分12帙64卷，总计收录了1200种舆地书；《补编》收录了58种，《再补编》收录90种。被评为“清代舆地丛书之最”。（台北：台湾学生书局，1976年发行）。《小方壶斋舆地丛抄》第10帙收录的薛培榕著述共4种，包括：朝鲜风俗记，朝鲜八道纪要，朝鲜舆地说和朝鲜会通条例。另参见：仁荷大学韩国学研究所编，《小方壶斋舆地丛钞·朝鲜篇》，仁荷大学出版部，2010年。

[7] 《小方壶斋舆地丛钞·朝鲜篇》，仁荷大学出版部，2010。

[8] 权赫秀：《马建忠与朝鲜》，载郑判龙等主编：《朝鲜—韩国文化与中国文化[]》，中国社会科学出版社1995年版。

[9] Maurice Courant，Bibliographie cor é enne，Paris：E.Leroux,1894−1896.

论丁时翰性理学思想之特色

——以退溪、栗谷、愚潭思想比较为中心

洪　军[1]

摘要：愚潭丁时翰（1625—1707）是朝鲜朝中期退溪学派的主要代表人物之一，他一生隐居求志躬行心得为后世儒者所敬仰。作为近畿主理论学者他同李玄逸（1627—1704，字翼升，号葛庵）一起，对退溪的四七理论做了积极维护和系统阐述。本文以比较的视角，对愚潭的理气说、四端七情说、人心道心说进行了简要论述。尽管他在理气关系及四七理论的解释上有些折衷退溪与栗谷思想之倾向，但是从四七说以及对理气关系的主仆、上下位关系的解释中我们还是可以看出其基于退溪的尊理贬气、理气互发之义上的为学特色。在人心道心说方面的特点在于，其对朱子所讲的实然之“心”的重视。

关键词：理气　四端七情　人心道心

自高丽末开始传入到韩国的朱子学，到朝鲜时代由退溪和栗谷加以传承发扬，在韩国获得了新的发展，形成了以退溪为代表的岭南学派和以栗谷为代表的畿湖学派。[2] 而且，两派之间围绕四端七情理气论问题而展开的论辩，还使韩国性理学走上了以心性说探讨为中心的哲学轨道。

愚潭（名丁时翰，字君翊，号愚潭，1625—1707）是朝鲜朝中期退溪学派的主要代表人物，他一生隐居求志躬行心得为后世儒者所敬仰。被称为“退溪之隔世高足”的星湖李瀷（1681—1763）在其《墓志铭》中写道：“瀷少而无所知识，不能叩匜从师于并世丁先生门为平生懊恨。”[3]

[1]　作者简介：洪军，中国社会科学院哲学研究所东方哲学研究室副研究员。

[2]　退溪（名李滉，字景浩，号退溪，1501—1570）与栗谷（名李珥，字叔献，号栗谷，1536—1584），并称为朝鲜朝朱子学的双璧。岭南人称退溪为“东方的朱夫子”，畿湖（指京畿道、忠清道、全罗道一带）人称栗谷为“东方的圣人”。二人虽同尊朱子，但在为学功夫上各有特色。他们的学说分别代表了韩国朱子学的两个不同的发展方向。笔者注。

[3]　见《愚潭集》卷12，《墓志铭》李瀷。

朝鲜朝后期实学思想的集大成者茶山丁若镛（1762—1836）则曰：“愚潭先生学术之正，议论之公，忠谠直截之风，明哲敛约之操，卓乎与山岳齐其高，烨乎与日月争其光。己巳为坤殿抗疏，仍救宋尤庵……其论理气四七之辨，一以紫阳退溪为准则，剖析精微，细入秋毫。夫道统之传，或以亲炙，或以私淑，唯德之宗，不观名位。盖自寒冈旅轩而降，真儒醇学，唯先生一人而已。义理之积于中，出处之标于世者，皆足以承嫡传于斯文。”[1]可见，其学说对后世之影响何等深远。

愚潭之学本于退溪，因此学者亦称其心为“退陶之心”[2]。愚潭曰：“退陶之学，绍述朱子，其所以集大成卫斯道者，亦与朱子略同。而朱子之后，儒学归禅。退陶之后，异言立帜。诗教之辨，传习录之跋，不得不出。四七之辨，壬午之录，又不得不著。”[3]愚潭生活的年代，学界已分裂成以“主理”和“主气”[4]为理论特色的退溪学派和栗谷学派。作为近畿主理论学者[5]愚潭同李玄逸（字翼升，号葛庵，1627—1704）一起，对退溪的四七理论做了积极维护和系统阐述。[6]本文拟以退溪、栗谷、愚潭性理说的比较，来探讨其哲学思想之特点。

一、愚潭的“理主气辅”说

“理”与“气”是理学家为学立论的一对核心概念，因此理气问题亦可视为宋明理学的一个基本问题和首要问题。[7]而朱子则是第一个全面而系统地讨论理学这一基本问题的哲学家，他以理气二分、理气“不离不杂”[8]的思想为基础建立了以“理”为核心的庞大的哲学体系，

[1] 见《与犹堂全书》第1集，卷17，“遗事”，旁亲遗事。

[2] 见《愚潭集》卷10，附录，《言行见闻录》，门人赵宇鸣。“先生之心，即退陶之心也”。

[3] 见《愚潭集》卷10，附录，《言行见闻录》，门人赵宇鸣。

[4] “主理”与“主气”是韩国性理学所特有的用语。简言之，退溪学派重“理”之优位性、发用性，栗谷学派则重“气”之有为性和发用性。故将以“主理派”和“主气派”称谓来指代退、栗两派。但是，近来对此称谓学界亦有不同主张，相关讨论可参阅李东熙著：《朝鲜朝朱子学的哲学思维与论争》，首尔：成均馆大学出版社2006年，第307—333页；韩国哲学思想研究会编：《以“论争”看韩国哲学》，首尔：艺文书院1995年，第129—148页等。

[5] 见金洛真《愚潭丁时翰的四端七情论》，载《四端七情论》，首尔：曙光社1992年，第169页；另，李基镛则更具体的指出，愚潭思想反映的是以江原道原州地区为中心的近畿南汉江圈学者的独特立场。见《愚潭丁时翰与原州》，载原州学术丛书第12卷，《愚潭丁时翰研究》，原州：江原道民日报社2009年，第2页。

[6] 见《愚潭集》卷10，附录，《叙述》，门人李栻。“常曰，朱夫子集群贤之大成，而在吾东则惟退溪为然。然而理气之说，既明而复晦，为后学之蔀障，遂著四七辨证，壬午录。条列而证明之。”

[7] 黄宗羲（1610—1695年）亦曾曰：“理气乃学之主脑。”见《黄梨洲文集》之《移史官论不宜立理学传书》，中华书局2009年版，第450页。

[8] 朱子曰：“所谓太极者，不离乎阴阳而为言，亦不杂乎阴阳而为言。”“理离气杂不得。”“太极虽不离乎阴阳，而亦不杂乎阴阳。”见《朱子语类》，中华书局2004年版，第67、72、1490页。

成为宋明理学的主要代表。韩国性理学家们在继承和发展朱子学说的过程中，对理气问题[1]亦给予了极大的重视。愚潭便曾言道："理气之论，实是圣门极至之源头，而吾儒及异学于此焉分。"[2]不过，退、栗时期有关理气问题的讨论主要是围绕理气动静和理气体用问题而展开，愚潭对此一问题亦提出自己的见解。

退溪在继承朱子"理气二分"说的基础上，基于理气道器之分，对二者"不杂"之义作了进一步的阐发，提出"理贵气贱"、"理帅气卒"、"理尊无对"的观点。退溪重视其不杂义的用意在于，主要是为了强调理的主动性、主宰性。对二者不杂义的重视，是退溪理气观的主要特色。退溪曾在《非理气为一物辩证》[3]一文中，写道："朱子平日论理气许多说话，皆未尝有二者为一物之云，至于此书则直谓之理气决是二物。"[4]进而他还认为，理与气的地位和作用亦不同，即"理帅气卒"、"理贵气贱"。他说："理为气之帅，气为理之卒，以遂天地之功"[5]、"人之一身，理气兼备，理贵气贱"。[6]退溪的此一见解，既是对朱子"理先气后"、"理在事先"思想的修正，也是对朱子理气论的发展。他把朱熹的理气"先后"[7]关系转变为"主仆"关系，形成了自己独特的理气观，同时也为其四七论打下理论基础。

在东亚儒学史上退溪哲学的"理"论极具特色，不过"理"亦是其哲学中最难解处。退溪本人也曾言道"理"字最为难知，因为在他学说中"理"既是一个具无形、无质、无为之特性的形上之存有，又是一个指代作为实的道理（实理）的"天理"。而且，"理"又兼体用，既有无声、无臭、无方体之"体"，又有至神至用之"用"。[8]对于这样的"理"退溪做过多角度的论述，曰："古今人学问道术之所以差者，只为理字难知故耳。所谓理字难知者，非略知之为难，真知妙解到十分处为难耳。"[9]认为，只有"穷究众理到得十分透彻，洞见得此个

[1] 在朝鲜朝性理学史上理气论在不同历史时期所表现出的理论趋向和旨趣各不相同。初期以无极太极论辩为契机更多以宇宙论层面探讨理气问题，中期和后期（即性理学确立和深化时期）则以四端七情论辩、人心道心论辩以及人物性同异论辩为契机主要从人性论层面谈论理气问题。相关论述可参阅尹丝淳：《朝鲜朝理气论的开展》，载《风流与和魂》，沈阳出版社1997年，第140—154页；宋荣培等著：《韩国儒学与理气哲学》，首尔：艺文书院2000年；李甦平著：《韩国儒学史》，人民出版社2009年，第2—35页。

[2] 见《愚潭集》卷4，《与许太休 曤，金士重》。

[3] 此文是退溪针对明代朱子学家罗钦顺的《困知记》一书而写。罗钦顺主张"理气一物"论，对此说退溪则认为"整庵之学，自谓辟异端而阳排而阴助，左遮右拦，实程朱之罪人也"。可参阅《退溪先生言行录》。

[4] 《增补退溪全书》（二），卷四十一，《非理气为一物辩证》。《增补退溪全书》下称《退全》。

[5] 《退全》（二），卷三十九，天命图说。

[6] 《退全》（一），卷十三，与朴泽之。

[7] 对于"理气先后"论朱熹晚年也意识到此说可能会遭人质疑和批判，为此他也作过一些努力，但最终还是未能彻底解决这一问题，只是模棱两可的说："然以意度之，则疑此气是依傍这理行，及此气之聚，则理亦在焉。"（黎靖德编：《朱子语类》，中华书局2004年版，第3页）此句反倒是在强调理的主动性与气的被动性。退溪则接续朱熹晚年的这一变化，把"先后"关系转变为"主仆"关系。

[8] 参见柳承国：《东洋哲学研究》，首尔：东方学术研究院1988年版，第220—221页。

[9] 《退全》（一）卷十六，《答奇明彦·别纸》。

物事至虚而至实，至无而至有”[1]处，才能知“理”。从“虚实”、“有无”等角度论述“理”本体的同时，退溪还提出“理非静有而动无，气亦非静无而动有”的理（太极）自有动静[2]的思想，明确地肯定了理的能动性。退溪曰：“太极之有动静，太极自动静也；天命之流行，天命自流行也，岂有复使之者欲！”[3]由此，在理气之发问题上退溪便有了“理气互发”之论。他对理本体所做的这一解释，不仅给“若理无动静，气何自而有动静”[4]的朱学内在矛盾的解决提供了一种新的逻辑可能，而且还积极回应了以“理为死理，而不足以为万物原，理何足尚”[5]为由对朱学理气说提出质疑的明初朱子学者们的诘难。需注意的是，强调理的发用性、主宰性、优位性是退溪理气论区别于朱子理气论的紧要处，学者于此处应仔细玩味和体会不应草草放过。

接着退溪从伦理道德论意义上，对理气两个概念做出“理极尊而无对”、“理贵而气贱”的理优位论规定。既保持了理学价值观和等级观，又体现了其独创的一面。他说：“理极尊无对，命物而不命于物”[6]，理“为阴阳五行万物万事之本”[7]。认为，因理具“主宰”义而气则无之，故主宰与被主宰的理气关系即为上下位关系，即上者尊贵，下者卑贱。退溪指出，“理贵气贱，然理无为气有欲”[8]，故须主“敬”以治之。

同时，退溪对理气两个概念还做了“理纯善气兼善恶”的价值观上的规定。“理纯善气兼善恶”，此说其实亦承伊川、朱子而来。气有清浊，而由气之清浊而言，气有或顺理或不顺理。主敬则以理驭气，即是理为主而帅其气——理是纯善，而气兼善恶，纯善之理帅气则气的表现循理而呈善。这便是其“理帅气卒”思想。退溪的理贵气贱、尊理贬气的观念，与理纯善、气兼善恶思想是有内在关联。

要之，“理气互发”、“理贵气贱”、“理帅气卒”思想可视为退溪理气观的主要内容。因在其性理学体系中，理气各具“无为”和“有欲”之特性，故退溪在修养论中特强调通过主敬之工夫来制“气”的必要性。

栗谷的性理学说，亦建立在其理气论的基石之上。不过，与退溪不同，他在继承朱子理气之说的过程中则侧重于理气之不离，并对之做了进一步的解析和阐发。其理气观的主要由“理气之妙”说、“气发理乘”说以及“理通气局”说等构成。

栗谷在理气概念及理气的发用义（动静义）上的重要言论有：

---

[1]　《退全》（一）卷十六，《答奇明彦（论四端七情第二书）·别纸》。

[2]　退溪的“理（太极）自会动静”思想在其理气论、四七论、格物论中各有不同表现，退溪以“理动说”、“理发说”、“理到说”来表述，限于篇幅本文对此并不展开论述。

[3]　《退全》（一）卷十三，《答李达李天机》。

[4]　《退全》三，《答李公浩问目》。

[5]　《明儒学案》卷四十四 诸儒学案上二，《黄宗羲全集》第八册，浙江古籍出版社1992年，第361页。

[6]　《退全》（一）卷十三书《答李达李天机》。

[7]　《退全》（一）卷十六，书《别纸》。

[8]　《退全》（一）卷十二，书《与朴泽之》。

“理者，气之主宰也，气者，理之所乘也。非理则气无所根柢，非气则理无所著。”[1]

“大抵有形有为而有动有静，气也。无形无为而在动在静者，理也。理虽无形无为，而气非理则无所本，故曰无形无为而为有形有为之主者理也，有形有为而为无形无为之器者气也。”[2]

“夫形而上者，自然之理也。形而下者，自然之气也。有是理则不得不有是气，有是气则不得不生万物。是气动则为阳，静则为阴。一动一静者气也，动之静之者理也。阴阳既分，二仪既辟，万化乃生。其然者气也，其所以然者理也。”[3]

可见，栗谷虽然也主张理对气的主宰义，但并未像退溪那样对理进行伦理道德意义上的理优位论的规定。而且，也不同意理本体的能动性。他把“理”定义为使气产生变化并使万物生生不息的所以然者。这样的“理”是实有之理，亦即使气之生生变化成为可能的本体，此本体虽无形却实有。此实体恒随物（气）而在，与天理一般无二。依栗谷之见解，“诚”即是天理。因万物的生生不息，须由气来表现，气虽依理而行，却是气自身之变化而显形，而生成万物。理与气不相离，二者同等重要，是一而二、二而一的关系。由此，栗谷基于程明道的“道亦器，器亦道”的思想提出自己的“理气之妙”说。

栗谷认为，在理气恒不相离的天道流行过程上，动静的本身是气，而理只是主宰气使之动静的形上之存有。即“一动一静者气也，动之静之者理也”。在此种意义上，理气概念，气是“其然”，理是其“所以然”。理气二义，栗谷承朱子，建立在“其然，所以然”之义上。一动一静是其然，动之静之是其所以然。理气二者在其发用上亦是如此。栗谷指出：“发之者气也，所以发者理也；非气则不能发，非理则无所发。发之以下二十三字，圣人复起，不易斯言。”[4]此即所谓“气发理乘”之说。栗谷对此二十三字所言之内容，极为肯定和自信。不但天地之化是如此，人心之发亦不外于此，“是故天地之化，吾心之发，无非气发而理乘之也”[5]。发之者是其然，所以发者是所以然，前者是表现者，后者是使表现者得以实现的主宰者。理是主宰者，气是听命者。气的阴阳变化而生万物，是理之所为。栗谷所言“天以实理而有化育之功”者，即如上所述。

在栗谷哲学中，重视理气之“不离”义是其理论之特色。因此相较于退溪之“理”，栗谷的“理气之秒”说是其哲学的“难见亦难说”处。栗谷曰：“理气之妙，难见亦难说。夫理之源一而已矣，气之源亦一而已矣。气流行参差不齐，理亦流行而参差不齐。”[6]其“理气之秒”说是通贯其整个学说的精髓和根本立场。“气发理乘”说和“理通气局”论，可视为其“理气

[1] 《栗谷全书》卷十 书二《答成浩原》。《栗谷全书》下称《栗全》。
[2] 《栗全》卷十二 书四《答安应休》。
[3] 《栗全》卷十四 杂著一《易数策》。
[4] 《栗全》卷十 书二《答成浩原》。
[5] 《栗全》卷十 书二《答成浩原》。
[6] 《栗全》卷十，书二《答成浩原》。

之秒”思想的进一步阐发和具体表现。不过，相较于退溪，栗谷虽然在理气说的理论突破方面不及退溪，但在正确地承传朱子理气说的方面似更胜一筹。因为其理论更能反映朱子理气说之“不离不杂”要义。

但是，到了17世纪栗谷的这一思想却受到以葛庵、愚潭等南人学者的批评。愚潭认为，古今学问道术之所以有分歧是源于人们对古圣贤所论“理”的含义的片面理解。在他看来，圣贤论“理”之言各有所指。有指“体”而言者，有指“用”而言者，有指其本原之理者，亦有指其散殊之理者。如果只讲“体”之寂然不动而不讲“用”之感而遂通或徒见本原之理赋予万物而不见散殊之理各有其则，就会导致寂而不感终归于灭或虚而不有归于无沦的后果。愚潭继承退溪的“尊理”论思想，亦特重视“理”之作为。他讲道：“人之为学，只患于理字上见不透。若于此实见得的确，则处心行事，岂有未尽善乎。尧舜之精一执中，孔颜之非礼勿视听言动，皆以理为主，而使人心听命焉。若以气为主而作用为性，则其祸必至于滔天。”[1]可见，在愚潭哲学中依然只有“理”才具“主宰”义，气则无之。而且，还特别强调了若以气为主而作用为性之后的严重后果。

作为主理论者愚潭以维护退溪学说的角度对栗谷学说评论道：

今栗谷自谓有见于理气不相离之妙处，而推出整庵、花潭之緒余，以攻互发之说。故于人心道心，则以为皆源于理，而遂为相为终始之说，以反或原或生之意。于四端七情，则以为皆发于气，而遂为发之者气所以发者理之说，以反理发气发之意。至于理通气局，则又以为得见整庵、花潭之所未见，阐发前圣所不言之旨。而其所谓理通者，徒归寂灭虚无之地，未有安顿着落之处。而况其云所以发之理者，虽曰乘气，而每以徒具于寂然之中，不发于感通之际为言。其云理通者，虽曰无所不通，而又未免言理于窈冥，言气于粗浅，则是理是气，常隔断阻絶，不能相须以为体，相待以为用，而终未见浑沦之中自有分开，分开之中自有浑沦之妙矣。盖其所谓理气不相离者，非真有见于理气之不相离也，只是认气为理。至以道心为本然之气，故终始迷昧于理字上。其言本原之体者，鹘囵笼罩，都没紧要，其言发见之用者，专主气字，更不言理。一向逞气骋辩，诋诋前贤，有若莠之乱苗，紫之乱朱，使从古圣贤相传之心法，既明复晦。[2]

[1]　《愚潭集》卷10，附录，叙述 门人赵沇。

[2]　《愚潭集》卷8，《四七辨证·总论》。

栗谷对整庵十分推崇[1]，他曾言："近观整庵、退溪、花潭三先生之说，整庵最高，退溪次之，花潭又次之。就中，整庵、花潭多自得之味，退溪多依样之味（一从朱子说）。"[2]依愚潭之见，栗谷则祖述整庵以"气"为重，故徒见理气之不离以及气常载理之一面而终未见浑沦之中自有分开，分开之中自有浑沦之妙。因此他批评栗谷为"昧于大本"，曰："栗谷则祖述整庵，昧于大本而所尚者气。故发于言论者，类多轻肆凌人底规模。而流弊所及，大为吾道之深害，大本之差不差，而其所发见于言行事为之间者，亦可征矣。"[3]而且，他还直接批评栗谷道，其论"理"之言似非吾儒家法。[4]

在理与气的关系上，接续退溪之"理帅气卒"说[5]，提出"理主气辅"论。愚潭曰："朱子'虽在气中，理自理气自气，不相夹杂之谓性'云者，以其理气妙合之中，理常为主，气常为辅，虽在气中，不囿于气，命气而不命于气之云尔。非以为理气各在一处而不相妙合也。"[6]在这里他进一步强调了理之主宰性的同时，还对退溪的理气二分说做了有益的补充。指出，虽说理常为主，气常为辅，理自理气自气，各自不相夹杂，但是二者并非为各在一处不相妙合，强调了理气之不离性。

基于其"理主气辅"思想，愚潭进而提出自己的"理气体用"说。他写道：

理至有故无不异，至无故无不同，然无者未尝无，有者未尝有，则有无非有二也……理至无而至有云者，犹言无极而太极，或言自无极而为太极者。朱子辨释甚详。又于象山答书中云，不言无极，太极同于一物，而不足为万化之根。不言太极，无极沦于空寂，而不能为万化之根。由此观之，至无而至有不可云。至有故无不异，至无故无

[1]　罗钦顺所撰的《困知记》一书何时传入朝鲜，学界尚定论。但是其学说在朝鲜朝性理学史上影响较大，尤其是其"理气一物"论思想和"道心人心体用"说在学界引起较大反响。《困知记》一经传入，退溪便撰《非理气为一物辩证》予以驳斥。而栗谷则对钦顺给予极高评价，曰："整庵则望见全体，而微有未尽莹者，且不能深信朱子，的见其意。而其质英迈超卓，故言或有过当者微涉于理气一物之病，而实非理气为一物也，所见未尽莹故言，或过差耳。"（见《栗全》卷十书二《答成浩原》。）此后学界对罗氏学说的态度，大体上划分为以退溪与栗谷为首的批判和接受两个阵营。了解罗氏学说对理解和把握退栗性理学有较大益处。相关研究可参阅，刘明钟："栗谷哲学与罗整庵的内在式理气说"、"朝鲜儒学与罗整庵的内在式理气哲学"，载《退溪与栗谷哲学》，釜山：东亚大学校出版部 1987 年；李东熙："罗整庵与李栗谷"，载《东亚朱子学比较研究》大邱：启明大学校出版部 2005；赵南浩：《罗钦顺哲学与朝鲜学者的论辩》（首尔大学校大学院博士论文，1999 年 2 月）；崔重锡：《罗整庵与李退溪哲学思想》，首尔：图书出版 SimSam 文化 2002；杨祖汉："李栗谷与罗整庵思想比较"，载《从当代儒学观点看韩国儒学的重要论争》，台湾大学出版中心 2005；林月惠：《异曲同调——朱子学与朝鲜性理学》，台大出版中心 2010，第 149—192、239—283 页等。

[2]　《栗全》卷十，书二《答成浩原》。

[3]　《愚潭集》卷 7，《四七辨证 栗谷答成浩源书》。

[4]　《愚潭集》卷 4，《与许太休金士重》。"栗谷论理之言，亦似非吾儒家法。而殊无笃信圣贤虚心逊志之气象，故其见诸言行之间，亦多有高自标致，轻视人物之气习。虽以所自撰石潭野史观之，可征其一二也。"

[5]　《退全》（三）续集 卷八，《天命图说》。"理为气之帅，气为理之卒，以遂天地之功"。

[6]　《愚潭集》卷 9，壬午录。

不同。其下两三句，虽合有无而言，不能救上句之病者，人所易知，而敬叔之不悟何哉？敬叔之见，既已如此，故以人物之性，谓有隐显体用，而以至有当显体用，以至无当隐体用。至有至无，分作隐显体用于一性之中，与分言无极太极者，何以异哉？[1]

"理主气辅"和"理气隐显体用"说是愚潭理气论的主要内容。通过以上比较我们可以看出，愚潭理气论虽有重视二者之"不离"性的一面，但是其主要学说仍以主理论为特色，并以此为基础对退溪的尊理贬气思想和理气互发之说进行了积极的补充和诠释。

二、愚潭的"四端七情"说

关于"四端七情"问题的讨论是韩国儒学史上最重要的论争，此论辩源于由韩国性理学家对朱熹学说的不同理解。

朱子在谈到四端和七情时，曾说过"四端理之发，七情气之发"[2]。此一语仅见《朱子语类》，在朱子的其他著作中再未出现，朱子对这一句也并未进行具体的解释。[3] 不过，朱熹本人也未给予更多关注的四端七情问题，却在 16 世纪的朝鲜朝性理学界则引发了一场旷日持久的"四端七情，理发气发"之大论辩。

起初退溪在手订郑之云（1509—1561，字静而，号秋峦）的《天命图说》过程中将郑氏的"四端发于理，七情发于气"一句改为"四端理之发，七情气之发"。退溪以为，郑氏之论因分别理气过甚极易引起误解，故在语气上对之做了些改动。

退溪的这一订正，引起了学界的争议。尤其是奇大升（字明彦，号高峰，1527—1572）从自己的"理气浑沦"思想出发，对退溪之说提出了异议。他说："就理气妙合之中而浑论言之，则情固兼理气有善恶矣。"[4] 进而指出：所谓四端、七情，"所就以言之者不同，故有四端七情之别有，非七情外复有四端也。"[5] 故将四端七情对举互言，谓之纯理或兼气似不妥。四端虽为纯粹的天理之所发，但只是发乎七情中的苗脉而已。尽管理气实有分别（理为气之主、气为理之质料），但在具体事物中却混沦不可分开。他接着又说：

夫理，气之主宰也；气也，理之材料也。二者固有分矣，而其在事物也，则固混沦不可分开，但理弱气强，理无朕而气有迹，故其流行发见之际，不能无过不及之差，此所以七情之发，或善或恶，而性之本体或有所不能全也。然其善者，乃天命之本然；恶者，乃气禀之过不及也。则所谓四端、七情，初非有二意也。[6]

[1]　《愚潭集》卷 5，《答李敬叔》。

[2]　《朱子语类》，中华书局 2004 年版，第 1297 页。

[3]　参见崔昌海、新元：《"四端理之发，七情气之发"一语来源考》，载《延边大学学报》1999 年 4 期。

[4]　《高峰集》第三辑，《两先生四七理气往复书上篇》卷一。

[5]　《退全》（一）卷十六，《附奇明彦非四端七情分理气辩》。

[6]　《退全》（一）卷十六，《附奇明彦非四端七情分理气辩》。

奇大升认为四端与七情皆为情的一种善恶性质，并非四端七情本身有不同的特性，故二者不可以以理气来分而言之。无疑奇氏的主张更为贴近朱学理论。

对于奇氏的质疑，退溪答复道：承认先儒并没有把四端和七情分属理气的角度讨论过其性质的不同，也承认理与气在具体生成的过程中是不可分离的。但是，正如奇明彦所指出的那样因其所就以言之不同，所以分别而言之。他说："性情之辩，先儒发明详矣。惟四端七情之云，但俱谓之情，而未见有以理气分说者焉……夫四端，情也，七情，亦情也。均是情也，何以有四七之异名耶？来喻所谓'所就以言之者不同'是也。盖理之与气，本相须以为体，相待以为用，固未有无理之气，亦未有无气之理。然而所就而言之不同，则亦不容无别。从古圣贤有论及二者，何尝必滚合为一说而不分别言之耶？"[1]

退溪基于"心为理气之合"以及"天地之性"（理、道心）和"气质之性"（气、人心）的理学的传统观念，认为人由于所禀之气有清浊粹驳之不同，故有"上智、中人、下愚三等之殊。"[2] 由此，他从"天地之性"与"气质之性"分属理气的观点出发，以阐明四端（理）、七情（气）之间的关系。退溪认为，四端之情和七情是不同类的，四端是由理所发，七情是由气所发，退溪对这个问题的说法，虽然一再修正，但其主旨却一直未变。他的主要说法是：

"四端，理之发；七情，气之发。"[3]

"四端之发，纯善，故无不善；七情之发，兼气，故有善恶。"[4]

"四端，理发而气随之；七情，气发而理乘之。"[5]

第一条是退溪53岁（1553年）时所说，第二条是1559年（己未）的说法，此时已开始与奇大升讨论此问题。经高峰之论难，退溪有第三条的说法，而此四端为理发而气随，七情为气发而理乘之说，乃退溪之定论，此后再无改变。退溪还制作图来解释了此一主张，《圣学十图》中的第六图"心统性情图"可视为其在四七问题上的晚年定论。

由退溪和高峰首开其端的此一论辩，颇能反映朝鲜性理学之特色。退溪认为不仅"性"可以以理气分言，而且"情"亦可以理气分而言之。他说："故愚尝妄以谓情之有四端七情之分，犹性之有本性、气禀之异也。然则其于性也，即可以理气分言之；至于情，独不可以理气分言之乎？"[6] 此便是退溪的"理气互发"说，而奇氏的观点则被称为"理气共发"说。

继退溪之后，栗谷亦对此问题提出了自己的看法。而他的说法，大都是针对退溪的见解而发。

在四七问题上，栗谷与退溪的分歧较明显。栗谷从其"气发理乘"的理气观出发，而主张四端七情气发理乘一途说。他说："四端七情，正如本然之性与气质之性，本然之性则不兼气

[1] 《退全》（一）卷十六，《答奇明彦（论四端七情第一书）》。

[2] 《退全》（三）续集卷八《天命图说》。

[3] 《退全》（二）卷四十一《天命图说后叙》。

[4] 《退全》（一）卷十六《与奇明彦》。

[5] 《退全》（一）卷七《进圣学十图扎》。

[6] 《退全》（一）卷十六，《答奇明彦（论四端七情第一书）》。

质而为言，气质之性则却兼本然之性。”[1] 又说：“四端犹性之言本然之性也，七情犹性之合理气而言也。气质之性实是本性之在气质者也，非二性。故七情实包四端，非二情也。”[2] 他认为七情可包四端，四端为善一边，七情是兼气质而言性之全，四端是剔出而言性之本。朱子谓“性非气质则无所寄，气非天性则无所成”[3]，理与气之关系亦是如此。栗谷认为：“理者气之主宰也，气者理之所乘也。非理则气无所根柢，非气则理无所依著。既非二物，又非一物。”[4] 他接着直承朱子理气动静之语，提出理为气之主，气为理之器。他说：“理无形也，气有形也；理无为也，气有为也。无形无为而为有形有为之主者，理也；有形有为而为无形无为之器者，气也。”[5] 由“理无为而气有为”之见解，便自然会产生“气发理乘”之主张。此说亦可称为“气发一途”说，实为栗谷理气论之中心思想。“气发理乘”说中心理论是：“大抵发之者气也，所以发者理也，非气则不能发，非理则无所发。无先后，无离合，何谓互发也。”[6] 栗谷自注曰：“发之以下二十三字，圣人复起，不易斯言。”接着又对“气发理乘”之义，解释道：“见孺入井，然后乃发恻隐之心，见之而恻隐者气也，此所谓气发也。恻隐之本则仁也，此所理乘之也。”[7]

依此见解，栗谷对退溪的“理气互发”说进行了批评。他说：“四端是七情之善一边也，七情是四端之总会也。一边安可与总会分两边相对乎？朱子发于理发于气之说，意必有在。而今者未得其意，只守其说，分开拖引，则岂不至于辗转失真乎？朱子之意，亦不过曰四端专言理，七情专言气云尔。非曰四端则理先发，七情则气先发也。退溪因此而立论曰：四端理发而气随之，七情气发而理乘之。所谓气发而理乘之可也。非特七情为然，四端亦是气发而理乘之也。”[8] 栗谷认为：“发之者气也，所以发者理也。”故无论四端还是七情，皆为气发理乘。且理气原无先后，无离合，故不可谓“理气互发”。

他认为，若四端是理发、为善情；而七情为气发，亦可为善情，则人心有二本。栗谷又说：

> 退溪先生既以善归之四端，而又曰七者之情亦无有不善，若然则四端之外亦有善情也，此情从何而发哉？孟子举其大概，故只言恻隐羞恶恭敬是非，而其他善情之为四端，则学者当反三而知之。人情安有不本于仁义礼智而为善情者乎？善情既有四端、而又于四端之外有善情，则是人心有二本也，其可乎？……今若曰四端理发而气随之，七情气发而理乘之，则是理气二物或先或后，相对而为两歧，各自出来矣，人心岂非二本乎？[9]

---

[1] 《栗谷》卷九书一《答成浩原》。
[2] 《栗全》卷二十《圣学辑要》二。
[3] 《性理大全》卷三十。
[4] 《栗全》卷十书二《答成浩原》。
[5] 《栗全》卷十书二《答成浩原》。
[6] 《栗全》卷十书二《答成浩原》。
[7] 《栗全》卷十书二《答成浩原》。
[8] 《栗全》卷十书二《答成浩原》。
[9] 《栗全》卷九 书一《答成浩原》。

退溪认为七情发于气，是气发而理乘之，故七情亦非不善，然因是发于形气，不能保证其必为善，而可为善可为恶。如前文所说：“四端之发，纯理，故无不善；七情之发，兼气，故有善恶”。退溪似不曾说七情亦无有不善，如上引栗谷所说。但七情说有善情，总是可以说的，若是便是四端之外有善情。若由理发者方为纯善，则由气发者之七情中之善，又从何而发？若七情不由理发而亦可为善，则必有使其善之根据。于是理发为四端之理为一本，而使七情有善者亦为一本，这便是有二本了。

栗谷要避免此二本之失，则四端和七情不能是各有其本的异类之情，而是四端乃是七情的善的一边。他说：“情一也，而或曰四或曰七者，专言理，兼言气之不同也……四端不能兼七情，七情则兼四端……四端不如七情之全，七情不如四端之粹。”[1] 情只是一情，四端是就情之合理处说，而七情则是就全部之情而言。故四端纯是善的，而七情则兼善恶。栗谷此说即表示他认为理并没有活动性，活动者皆是气，情是活动，故四端七情皆是气发，气之活动，必有理为根据，如能全依理而活动，便是善情，而七情之善者，便是四端，四端并不是可独立于七情之外者。如果理不活动，活动者只是气，则四端七情之不同便应只能是栗谷这说法。他接着，指出：“气质之性、本然之性，决非二性。特就气质上单指其理曰本然之性，合理气而命之曰气质之性耳。性既一则情岂二源乎！除是有二性，然后方有二情耳！若如退溪之说，则本然之性在东，气质之性在西，自东而出者谓道心，自西而出者谓人心，此岂理耶。”[2]

栗谷从其“理气之妙”的思想出发，不同意退溪的“理气互发”论，转而支持奇明彦的观点。他说：“朱子之意亦不过曰：四端专言理，七情兼言气云尔耳。非曰四端则理先发，七情则气先发也。退溪因此立论曰：四端理发而气随之，七情气发而理乘之。所谓气发而理乘之者可也，非特七情为然，四端亦是气发理乘之也。”[3] 一方面批评退溪未能真正理会朱子之本意，另一方面又主张不仅七情是气发理乘，四端亦是气发理乘。

栗谷对退溪之说的批评，遭到了成浑的辩难。于是，继“退、高之辩”之后，栗谷和成浑之间又展开了第二次四七大论辩，将之推向了高潮。成浑基本上持退溪的立场。他说：“今为四端七情之图，而曰发于理、发于气，有何不可乎！理与气之互发，乃为天下之定理，而退翁所见亦自正当耶？”[4] 并向栗谷提出质疑道：曾对退溪的理气互发说存疑，但细心玩味朱子关于“人心道心之异，则以其或生于形气之私，或原于性命之正”之说，觉得退溪的互发说亦未尝不可。“愚意以为四七对举而言，则谓之四发于理，七发于气可也”[5]，成氏倾向肯定理气互发说。

栗谷同成浑数次交换信函进行论辩。结果，使栗谷的性理学的立场更加明了。在栗谷看来，

[1]　《栗全》卷三十三《年谱》上。

[2]　《栗全》卷十书二《答成浩原》。

[3]　《栗全》卷十，书二《答成浩原》。

[4]　《牛溪先生集》卷四，《与栗谷论理气第一书 • 别纸》。

[5]　《牛溪先生集》卷四，《与栗谷论理气第一书 • 别纸》。

对四七的解释只能是“气发理乘”。他说：“今若曰‘四端理发而气随之，七情气发而理乘之’，则是理气二物或先或后，相对为两歧，各自出发矣。”[1]进而举例说：“所谓气发而理乘之可也，非特七情为然，四端亦是气发而理乘之也。何则？见孺子入井，然后乃发恻隐之心，见之而恻隐者，气也。此所谓气发也。恻隐之本，则仁也，此所谓理乘之也。非特人心为然，天地之化无非气发而理乘之也”[2]，可见四端七情均是气发理乘。

针对栗谷的“气发理乘”说，愚潭则批评道：

> 理气为物，本混融无间，推之于前，不见其始之合，引之于后，不见其终之离。而理无朕气有迹，安有无气之理或先或后，发见于事为之间者乎。然而终古圣贤于浑融无间，不可分先后，离合之中，或截而言之，或分而言之，以明此理之命气而不命于气，在气而不杂乎气者……既曰仁之端义之端，则仁发而为恻隐，义发而为羞恶，体用不离，本末相连，可见其不杂于气而一出于理。至于七情，则虽亦出于性而初无不善，但就其性在气质，浑沦理气者而为言。故几有善恶，气易用事，理难直遂，必须观理约气，然后理始显而气听命。此朱子所以有四端理发七情气发之言。而今者（指栗谷。笔者注）不察孟子剔发言理，朱子分言理气之本意，乃以四端七情滚合为一说，槩而言之曰，发者气也，所以发者理也，专以气发一途为言，而都遗却理发一款。[3]

依愚潭之见，因理无形而气有形，故其作用流行皆若气之所为。但是，因“理”为至无而至有、至虚而至实之存有，且又具动而无动、静而无静之特性，故其乘气流行皆为自然而然，不见其有所作为。而，性情寂感之际，理之神用则蔼然呈露，有不可掩，如四端粹然直出于仁义礼智之性。因此不能仅着眼于理气之浑沦而只讲“气发”，不讲“理发”。

愚潭认为，四端与七情从结构而言，二者兼备了理与气。因此，四端与七情均与气相关。只是四端并不与气相互夹杂，而七情却受其影响。而且在这一点上，七情几微有善恶。从此，主理和主气才相互得到区别。以此为基础，他推导出四端和七情由“所从来”处相异的结论。这里他所持的是退溪的观点。愚潭认为，四端与七情皆本于仁义礼智之性。可见，愚潭所说的“所从来”与高峰、栗谷所指的“源头发端处”或“本源”并不是同一种涵义。他虽然没有明确指定“所从来”的涵义，但是我们可以从他的语句中推断出此点。愚潭认为，人心虽无二源，但是其所发现于外者可以以主理、主气而互言。由此可知，其所指的“所从来”并非是“本”，他更侧重于由“本”所发用于外的过程。这种过程指代他所描述的所谓“就一心之中，方其萌动之开始”或“由中感通之初”的时刻。这一时刻肯定是“性”与“气质”相互发生关系的时刻。愚潭用所谓“所从来”的术语区分四端与七情原因即在于此。于是，与气质发生何种的关系成为了区分四端和七情的关键。与“气”相关但不杂于“气”的情为“四端”；与气相关，且在

[1]　《栗全》卷九，书一《答成浩原》。

[2]　《栗全》卷十，书二《答成浩原》。

[3]　《愚潭集》卷 7，杂著，《四七辨证》。

气的驱动下易流于恶的情则为“七情”。[1] 据此，愚潭对退溪之说进行了进一步的阐释。曰：

“退溪《四七辨》云：‘恻隐、羞恶、辞让、是非，何从而发乎？发于仁义礼智之性焉尔。喜怒哀惧爱恶欲，何从而发乎？外物触其形而动于中，缘境而出焉尔。’栗谷所谓‘退溪之意以四端为由中而发，七情为感外而发’者，似本于此。而第退溪之以四端为发于仁义礼智之性者，所指而言者，以其出于性之粹然在中，不杂乎形气者而为言。初不言无感而自发也。以七情为外物之触其形而动于中者所指而言者，以其出于性在气质，易感形气者而为言，亦非谓中无是理也。是以退溪旋以为因其所从来，各指其所主，且谓‘虽滉亦非谓七情不干于理，外物偶相凑着而感动’，且谓‘四端感物而动，固不异于七情’。其本意所在，若是明白；而今者推出退溪所未有之意，说出退溪所未说之言，或以为做出许多葛藤，或以为正见之一累，已极轻肆，而终以无父而孝发，无君而忠发，不见孺子之入井而自发恻隐为心病等语，铺张抑勒，至此之极。岂其未曾虚心翫绎于退溪之说。而略绰看过胡乱说道者耶。”[2]

这段话本是愚潭为退溪之说辩解而作。但是，从上下文及退溪与高峰辩论整个过程来看，退溪所言“四端感物而动，固不异于七情”一语似有不妥。若这句话代表退溪之真正立场，则他与高峰间的往复辩论便失去焦点。而愚潭引这一句等于是否定四端是“无感而自发”。这无疑是其向栗谷立场靠近，而承认四端与七情的同构型。[3] 愚潭本人可能未意识到他的这一作解与其初衷的自相矛盾处，学者于此则不可不察。

四端七情理气问题，其实质是性情问题。故顺四端七情之辩，自然会引出性情之辩。与愚潭同时代的明末清初著名学者王夫之（1619—1692，字而农，晚号船山）则在四端七情问题上提出了“四端非情”论。他认为，朱子犯了“以性为情”、“以情知性”的错误，而性、情分属天、人，这种混淆很可能导致“情”的僭越，“情”对“性”的侵蚀。他认为，如尽其性，则喜怒哀乐爱恶欲炽然充塞，其害甚大。[4] 他认为，四端不仅是道心，而且还是性。船山曰：

> 今以怵惕恻隐为情，则又误以为以性为情，知发皆中节之和而不知未发之中也（言中节则有节而中之，非一物事矣。性者节也，中之者情也，情中性也）。曰由性善故情善，此一本万殊之理，顺也。若曰以情之善知性之善，则情固有或不善者，亦将以知性之不善与？此孟子所以于恻隐羞恶辞让是非之见端于心者言性，而不于喜怒哀乐之中节者征性也。有中节者，则有不中节者；若恻隐之心，人皆有之，固全乎善而无有不善矣。[5]

---

[1] 参见金洛真《愚潭丁时翰的四端七情论》，载《四端七情论》，首尔：曙光社 1992 年，第 175—177 页。

[2] 《愚潭集》卷 7，《四七辨证 栗谷答成浩源书》。

[3] 李明辉：《朱子性理学与韩儒丁时翰的四端七情论》，载于《中国哲学与文化（第四辑）》，广西师范大学出版社 2008 年，第 239—240 页。

[4] 郭齐勇：《朱熹与王夫之的性情论之比较》，载《文史哲》2001 年 3 期，第 79 页。

[5] 转引自陈来：《诠释与重建——王船山的哲学精神》，北京大学出版社 2004 年版，第 226 页。

依他之见，应以性与情、道心与人心来分言四端与七情。从船山与愚潭的四七见解中，我们亦可窥出 17 世纪朱子心性说发展的多维路径。

“四端七情”论辩所要解决的是“情”的善恶以及如何使“情”从有善恶而变为“纯善无恶”的问题。这一心性论根本问题的解决，同时还涉及心性论其他领域的一些问题。栗谷从批评退溪的四端七情互发论立场出发，指出：若依退溪之说，便会在道心、人心、性情等理论问题上，会陷入自相矛盾的困境。他提出：道心人心本于一心，本然之性、气质之性源于一性，四端七情亦为一本，不可谓有二本、二源的思想，即四端七情“气发理乘一途”说。栗谷的“四端七情”说，不仅完善了朱学的心性理论，而且还丰富和发展了朱学的心性学说。

总之，愚潭四端七情理论的主要特色在于，其对退溪与栗谷四七理气说之异同的详尽论述。愚潭在批驳栗谷“气发理乘”说同时，对其部分见解亦有容受，表现出一定程度的妥协倾向。不过，尽管他在理气关系及四七理论的解释上有些折衷退溪与栗谷之痕迹，但是从其四七说以及对理气关系的主辅、上下位关系的规定中我们还是可以看出其作为主理论学者的为学性格。

三、愚潭的“人心道心”说

人心道心的问题是朝鲜朝朱子学的又一个重要论题，此说作为朱子学之精髓，与天地气质之性、天理人欲、公与私等问题相联系，在理学体系中占有十分重要的位置。

关于“心”，朱熹认为“惟心无对”[1]，其体是寂然不动的。他说：“某看来寂然不动，众人皆有是心；至感而遂通，惟圣人能之，众人却不然。”[2]“心”的主要功能在于其主宰性。“心是管摄主宰者，此心之所以为大也。”[3] 故心可以主于一身，且又可以统性情。他说：

> 仁义礼智，性也；恻隐羞恶辞让是非，情也；以仁爱，以义恶，以礼让，以智知者，心也。性者心之理也，情者心之用也。心者性情之主也。[4]

在心、性、情之间的关系问题上朱熹发挥张载的“心统性情”说认为，性是心之体、情是心之用，而且性情还可以互为体用。心则是赅括体的总体，性与情是心的不同方面。在人性论领域，朱熹还将天命、气质之性与道心、人心相对应起来，将之视为可以互为替代范畴。他说：

> 如有天命之性，便有气质。若以天命之性为根于心，则气质之性又安顿在何处？谓如‘人心惟危，道心惟微’都是心；不成只道心是心，人心不是心？[5]

朱熹认为，不仅天命之性安顿于心，气质之性亦安顿于心，道心、人心亦然。因此天命之性便是道心，气质之性便是人心。道心与人心的关系亦是犹如天地、气质之性之关系，两者既

[1]　《朱子语类》，中华书局 2004 年版，第 84 页。
[2]　《朱子语类》，中华书局 2004 年版，第 2415 页。
[3]　《朱子语类》，中华书局 2004 年版，第 97 页。
[4]　《朱文公文集》卷六十七，《元亨利贞说》。
[5]　《朱子语类》，中华书局 2004 年版，第 64 页。

相互对待，又相互关联。他说：“道心、人心，本只是一个物事”，[1]“譬如一物判作两片，便知得一个好，一个恶。”[2]

与“道心人心”之辨相关联的，还有“天理人欲”之辨。他说：“心之虚灵知觉，一而已矣。而以为有人心、道心之异者，则以其或生于形气之私，或原于性命之正，而所以为知觉者不同，是以或危殆而不安，或微妙而难见耳。”[3]

“道心”原于“天命之性”，“人心”生于“形气之私。”因“人心”生于气质，故易流为恶。但是，上智之人亦不能无人心，下愚之人亦非无道心。圣人与小人的差别在于：圣贤“必使道心常为一身之主，而人心每听命焉，则危者安，微者著，而动静云为自无不过及之差矣”。[4]如果人于性命之理不明，而专为形气所使，则容易流于人欲，流于“人欲”（“私欲”）便是恶。朱熹曾说：“人心如船，道心如柁，任船之所在无所向，若执定柁，则去往在我。”[5]船无舵，则无定向，故要“存天理、灭人欲。”

周知，朱子思想的总的倾向是贵理贱欲、重义轻利。其道心与人心之分（道心为主，人心听命）和以保存天理遏阻人欲来扩充道心的思想亦是其这一总倾向在其心性论上的反映。

在韩国性理学史上人心道心之辩是继四端七情之辩之后发生的，具有重要理论意义的又一学术争论。论辩是由栗谷和成牛溪（名浑，字浩原，1535—1598）之间展开。

起先，牛溪基于退溪互发之意，以为理发则为道心、而气发则为人心。他说：“顷日读朱子人心道心之说，有或生、或原之论，似与退溪之意合，故慨然以为在虞舜无许多议论时，已有此理气互发之说，则退翁之见不易论也。”[6]所谓“或生”与“或原”，盖指朱熹所说人心生于“形气之私”，道心原于“性命之正”而言。道心原于性命之正，纯善无恶；人心生于形气之私，故有善有恶。“四端之情，理发而气随之，自纯善无恶，必理发未遂而掩于气，然后流为不善。七者之情，气发而理乘之，亦无有不善，若气发不中，而灭其理，则放而为恶云。究此议论以理气之发，当初皆无不善，而气之不中乃流于恶云矣。人心道心之说，既如彼，其分理气之发，而从古圣贤皆宗之，则退翁之论，自不为过耶？”[7]

栗谷则以为朱子既曰“心之虚灵知觉一而已矣”，则何从而得此理气互发之说乎？他虽认为理气无先后离合，不可谓之互发，但亦认为人心道心可以从两边来说。其《人心道心图说》有云：“道心虽不离乎气，而其发也为道义，故属之性命；人心虽亦本乎理，而其发也为口体，故属之形气。方寸之中，初无二心，只于发处有此二端。”栗谷最后《答成浩原》一书又云：“朱子曰，心之虚灵知觉一而已矣，或原于性命之正，或生于形气之私。先下一心字在前，则心是

[1]　《朱子语类》，中华书局2004年版，第2010页。

[2]　《朱子语类》，中华书局2004年版，第2018页。

[3]　《四书章句集注》，《中庸章句序》。

[4]　《四书章句集注》，《中庸章句序》。

[5]　《朱子语类》，中华书局2004年版，第2009页。

[6]　《牛溪先生集》卷四，《与栗谷论理气第二书》。

[7]　《牛溪先生集》卷四，《与栗谷论理气第一书》。

气也，或原或生，而无非心之发，则岂非气发乎？”可见，栗谷对人心道心的说法，是继承朱子之意而为言，且时时不忘与他的“气发理乘一途”之说相联系。由此亦可见其思想的明晰性。

继而栗谷则发挥朱子的学说，亦提出了自己独特的“人心道心不能相兼而相为终始”的“人心道心终始”说。他说：

> 今人之心直出于性命之正，而或不能顺而遂之，间之以私意，则是始以道心而终以人心也。或出于形气，而不咈乎正理，则固不违于道心矣。或咈乎正理，而知非制伏，不从其欲，则是始以人心，而终以道心也。[1]

这是因“意”具商量计较义，道心可转化为人心，人心亦可转化为道心，故不能将人心与道心之间的区分加以固定化。但是，人心与道心却彼此无法兼有，因此与七情兼有四端有所不同。栗谷对人心道心与四端七情的差异指出：

> 心一也，而谓之道、谓之人者，性命形气之别也。情一也，而或曰四或曰七者，专言理、兼言气之不同也。是故人心道心不能相兼而相为终始焉，四端不能兼七情而七情兼四端。道心之微，人心之危，朱子之说尽矣。四端不如七情之全，七情不如四端之粹，是则愚见也。[2]

又指出：

> 七情则统言，人心之动有此七者，四端则就七情中择其善一边而言也，固不如人心道心之相对说下矣。且情是发出恁地不及计较，则又不如人心道心之相为终始矣，乌可强就而相准耶。[3]

因七情是“心”发动之时统而言之的情的七个种类，而此是按照发之原来，尚未达到比较而看的地步，故七情可包四端。又因四端是七情之善一边，故七情可兼四端。但道心、人心既已彼此比较，已有对比之意，所以彼此成为终始，不可彼此兼有。因此，栗谷认为道心与人心是基于“意”的计较商量义而存在的相对之物。他说：

> 盖人心道心相对立名，既曰道心则非人心，既曰人心则非道心，故可作两边说下矣。若七情则已包四端在其中，不可谓四端非七情，七情非四端也，乌可分两边乎？[4]

如前所述，栗谷的道心与人心是基于“意”之计较商量义而存在的相对之物。接着栗谷又由人心道心终始说，而提出人心道心相对说。这里他陷入了自己预设的理论困境。栗谷认为：“道心纯是天理故有善而无恶，人心也有天理也有人欲，故有善有恶。”[5]肯定了人心有善的

[1]　《栗全》卷十二，书四《答安应休》。

[2]　《栗全》卷九，书一《答成浩原》壬申。

[3]　同上。

[4]　《栗全》卷十，书二《答成浩原》壬申。

[5]　《栗全》卷十四，说《人心道心图说》。

方面。在这一点上，栗谷是有补于退溪的。退溪则从理贵气贱之思想出发将人心变之称为人欲，而且更将人欲归之为恶。既然人心也有善，那么人心之善与道心之善是否为同价值之善？栗谷在四十七岁，即宣祖十五年所制进的《人心道心图说》中指出："孟子就七情中别出善一边，目之以四端。四端即道心及人心之善者也……论者或以四端为道心，七情为人心，四端固可谓之道心矣，七情岂可谓之人心乎？七情之外无他情，若偏指人心则是举其半而遗其半矣。"[1]

他将此二善视为同价值之善。不过，这又同其强调的"人心道心不能相兼而相为终始"说相发生矛盾。但从天理人欲的角度来看，其人道说颇似"天理人欲相对"说。由此，我们可以看出，栗谷人道说较之朱子的人道说显得更为紧张和严峻。这也是二人"人心道心"说之重要区别。

"人心道心不能相兼而相为终始" 说是栗谷对人心道心问题的基本看法。对此，愚潭则评论道：

> 窃详栗谷之意，槩未见人心道心分言之脉络，以朱子或原或生之，为不得已之论而不之信，故每以人心道心滚合为一说。以为同出于本然之性，而以掩乎形气者，谓之人心；以不掩乎形气者，谓之道心。此非虞舜命名，朱子注释之本意也。夫上智不能无人心，则上智之人心，初不掩于形气，而以其从形气而生，故名之以人心。下愚不能无道心，则下愚之道心，虽发于气禀所拘之中，而以其本体之明有未尝息者，故名之以道心。初非以形气之掩与不掩，分言人心道心也。此是圣贤各指其所从来，使人审几用工之旨诀。而栗谷则舍而不取，既不欲相对说下。如朱子之言，而又不欲显言体用二字，以避宗主整庵之嫌。于是乎自作定论，辄以相为终始者言之。而其于道心上，言存养而不言审几。人心则直以为形气所掩而审其过不及云者，果有异于整庵体用之论乎？[2]

在愚潭看来，栗谷之说不过是祖述整庵学说而已，故认为其人道说亦无异于整庵之道心人心体用论。依愚潭之见，道心原于性命，而仁义礼智之性蔼然流行于形气之间；人心生于形气，而视听言动之勿论非礼者，乃所以听命于道心。指出："虽以浑沦者言之，只可言一心之中，从形气之人心，不离于性命，原性命之道心，不外于形气而已。若谓之人心道心相为终始云尔，则殊非人心道心之所以得名者也。"[3]

对于栗谷的"人心道心虽二名，而其源则只是一心"之说，愚潭则批驳道：

> 所谓"人心道心虽二名，而其源则只是一心；其发也，或为理义，或为食色，故随其发而异其名"云者，初不外于退溪之说矣。既谓之'随其发而异其名"，则岂不可谓理发、气发乎？退溪所谓理气互发者，槩以为理与气合而为心，理气混然一心之

[1]　《栗全》卷十四，说《人心道心图说》。

[2]　《愚潭集》卷 7，《四七辨证 栗谷答成浩源书》。

[3]　《愚潭集》卷 7，《四七辨证 栗谷答成浩源书》。

中，随所感而发，或有理发之时，或有气发之时，互相发现云尔。其言“互发”二字者，益明此心之无二本矣。今乃不察理到之言，而一向挥斥；至其何从得此之说，则又若初不知出于退溪之说者然，显有抑扬凌驾之意。此等气像，似非吾儒法门矣。[1]

文中愚潭指出，因理气浑然于一心之中，故心之发或有理发之时，或有气发之时。在此愚潭对“互发”说做了新的阐释，即以“互相发现”来解互发之义，并认为栗谷对退溪“理到”说未能真正理会，试图以此说来回应栗谷对退溪攻击。愚潭一本退溪“理气互发”之说不仅对栗谷“气发理乘一途”说进行了十分严厉的批评，而且还称其气象为“似非吾儒法门”。愚潭之时栗谷学派在学界、政界日益得势，退溪学派影响力则日益衰落，愚潭对此十分忧虑。于是，同李玄逸一道担当起了为退溪学辩护的责任。因此愚潭对栗谷的批评中，我们有时亦可见到其言语中往往带有一些党争的口气，这是两人间的党派、学派之殊异使然。

以上我们是从比较的角度，对愚潭的理气说、四端七情说、人心道心说进行了简要论述。可以看出，其不仅在理气关系上确有强调二者之“不离”性的一面，而且在四七论方面亦有容受栗谷说之部分。但是，通过比较我们还是可以发现其学说仍基于退溪的尊理贬气、理气互发之义上，而“理发”之义则显然不合于朱子“理不活动”之义。无疑，这亦是朝鲜朝性理学的特色之一。此外，亦可发现朝鲜朝儒学因所依傍之文本不同而造成的“多重文本交迭”的特色及诠释问题的复杂性一面。[2] 在人心道心说方面其特点在于，其对朱子所讲的实然之“心”的重视。

主要参考文献：

1. 李滉：《增补退溪全书》，韩国成均馆大学大东文化研究院，1991 年。
2. 李珥：《栗谷全书》，韩国成均馆大学大东文化研究院，1992 年。
3. 丁时翰：《愚潭集》，韩国文集丛刊本。
4. 奇大升：《高峰集》，韩国文集丛刊本。
5. 朱熹：《朱子语类》，中华书局 2004 年版。
6. 蒙培元：《理学的演变》，福建人民出版社 1984 年版。
7. 《理学范畴系统》，人民出版社 1989 年版。
8. 陈来：《朱熹哲学研究》，中国社会科学出版社 1993 年版。
9. 《宋明理学》，辽宁教育出版社 1995 年版。
10. 柳承国：《东洋哲学研究》，首尔：东方学术研究院 1988 年版。
11. 李甦平：《韩国儒学史》，人民出版社 2009 年版。

[1]　《愚潭集》卷 7，《四七辨证 栗谷答成浩源书》。

[2]　李明辉：《朱子性理学与韩儒丁时翰的四端七情论》，载《中国哲学与文化（第四辑）》，广西师范大学出版社 2008 年版，第 230、243 页。

12. 李东熙：《朝鲜朝朱子学的哲学思维与论争》，首尔：成均馆大学出版社 2006 年版。

13. 韩国哲学思想研究会编：《以“论争”看韩国哲学》，首尔：艺文书院 1995 年版。

14. 李东熙：《东亚朱子学比较研究》，大邱：启明大学校出版部 2005 版。

15. 蔡茂松：《韩国近世思想文化史》，东大图书公司 1995 年版。

16. 杨祖汉：《从当代儒学观点看韩国儒学的重要论争》，台湾大学出版中心 2005 年版。

17. 李明辉：《四端与七情：关于道德情感的比较哲学探讨》，华东师范大学出版社 2008 年版。

18. 尹丝淳：《朝鲜朝理气论的开展》，载《风流与和魂》，沈阳出版社 1997 年版。

19. 李明辉：《朱子性理学与韩儒丁时翰的四端七情论》，载《中国哲学与文化（第四辑）》，广西师范大学出版社 2008 年版。

20. 金洛真：《愚潭丁时翰的四端七情论》，载《四端七情论》，首尔：曙光社 1992 年版。

21. 原州学术丛书（第 12 卷）：《愚潭丁时翰研究》，原州：江原道民日报社 2009 年版。

韩国新村运动的文化解读

李锐锐 [1]

摘要：韩国新村运动自始至终强调“勤勉、自助、协同”精神，始终注意让农民自己办事、自己管事，发挥农民的主动性和积极性，注重精神引导、尊重农民意愿。韩国新村运动中政策的制定是基于韩国的传统农社和契的共同体意识，充分借助农村地域文化号召农民积极地、自发地参与，最终使新村运动取得理想的效果。

关键词：新村运动　农民　共同体思想　政策

一、研究动态

韩国学界研究韩国新村运动的学位论文、相关研究论丛和研究专著可谓汗牛充栋。韩国学者们的研究涉及经济学、经济史学、农村经济学、农村社会学、人类学、历史学、行政学等诸多领域。大部分韩国学者关注“勤勉、自助、协同”精神对新村运动的影响，并没有对新村运动中的共同体及共同体思想进行系统的研究与分析。中国学界有李水山追踪整理了十几年有关韩国新村运动的研究成果 [2]，认为新村运动的精神实质勤勉、自助、协同、奉献和实践在新村运动中起到积极推动作用，并结合自己的亲身体验，向人们展示新村运动给韩国农村带来的变化。他阐述了韩国新村运动中政府的职能和政府进行的新村教育，新村运动的内容与形式，提出韩国新时期农业的发展趋势、农业教育的发展方向等问题。他对韩国新村运动与中国当代的新农村建设进行比较研究，希望中国的新农村建设可以吸取韩国新村运动的经验与教训。除李氏的研究外，中国学界研究新村运动的论文成果丰硕。学者们多侧重于研究韩国政府制定的新村运动政策，强调政府支援、管理制度，进而关注新村政策实施所取得的效果及成绩，其中廖有几篇文章涉及韩国新村运动的精神实质问题。中国学者对朴正熙及其执政政策进行大量的研

[1]　作者简介：李锐锐，中央民族大学历史文化学院历史学博士后，中国朝鲜民族史学会副秘书长。

[2]　李水山的研究成果如下：李水山：《韩国新村运动及启示》，广西教育出版社2006年版；李水山、黄长春、李鹤：《韩国新村运动的核心——新村教育》，载《教育与职业》2006年第3期；李水山：《韩国新村运动的精神实质》，载《中国党政干部论坛》2006年第4期；李水山：《韩国的新村运动》，载《中国改革（农村版）》2004年第4期；李水山：《韩国新村运动对农村经济发展的影响》，载《当代韩国》，2001年夏季号；李水山：《韩国的新村运动》，载《中国农村经济》1996年第5期；李水山：《韩国新村运动又有新进展》，载《中国信息报》，2007年2月8日第005版。

究[1]，把新村运动看作是朴正熙执政期间经济建设的一部分。本人在韩国学习期间，花费将近四个月的时间在国会图书馆收集有关新村运动的官方资料及前人研究成果，亲身到韩国的农村去做调查掌握了一手口述史资料。本文旨在从文化角度剖析新村运动成功的原因，据本人了解目前国内从这个角度做研究的学者还不多见。

二、韩国新村运动回顾

1. 国内和国际环境

第二次世界大战结束后，南北划界而治；在 1950—1953 年又是连续三年的朝鲜战争，国家基础建设遭受到严重的破坏、经济凋敝。韩国政府自 1962—1971 年实施了第一、第二个经济发展五年计划，政策重点扶持工业发展和扩大出口，导致工农业发展严重失调。农民年均收入从 1962 年相当于城市人口的 71% 下降到 1970 年的 61%，[2] 这一时期鲜明的写照是：一年下来农民“干农活儿连肥料钱都挣不回来”、“到了春天连七十多岁的老大爷也要靠煮青草来填饱肚子”，以至于“鸟都饿得哭着飞走了”。[3]20 世纪 70 年代初，韩国全国 250 多万农户中 80% 的农民住茅草房，只有 20% 的农户能通电，连接乡村的道路大多没有建好，5 万个自然村只有 60% 能通汽车。[4] 部分农民被迫借高利贷并因此负债累累，为了解决生计问题涌向城市特别是首尔及周边地区，又产生了一系列社会问题。60 年代末到 70 年代初，朴正熙政权出现了统治危机，遭到了以城市知识分子层和非执政党为中心的强大的反对势力的抵抗。因而为了减弱抵抗势力使自身的长期掌权的独裁合法合理化并进一步确保其支持基础，政府需要转移矛盾焦点。

韩国进行新村运动有一个来自外部的刺激因素。丹麦、新西兰、以色列及日本等走在韩国前面的国家都是从开发农村入手进行经济建设而步入发达国家行列。新西兰从 1850 年开始，以色列从 1900 年开始进行农业和农村的开发计划，特别是新西兰是一个半山地半平原的国家，农业开发中大量的投入人工，1972 年以来人均国民生产总值维持在 7 000 元左右。菲律宾、印

---

[1] 金光熙：《朴正熙与韩国的现代化》，黑龙江朝鲜民族出版社 2007 年版。赵虎吉：《揭开韩国神秘的面纱——现代化与权威主义：韩国现代政治以展研究》，民族出版社 2003 年版。王加丰：《朴正熙“开发独裁体制”研究》，学苑出版社 1999 年版。尹保云：《韩国为什么成功——朴正熙政权与韩国现代化》，文津出版社 1993 年版。安虎森、赵国柱、金钟范等：《南朝鲜经济的腾飞》，延边大学出版社 1990 年版。金光锡、朴埈卿：《韩国经济高速度增长因素》，新华出版社 1981 年版。李庆臻、金吉龙：《韩国现代化研究》，济南出版社 1995 年。

[2] 田晓霞：《我们向韩国新村运动学习什么？》，载《现代乡镇》2006 年第 4 期，第 18 页。

[3] ［韩］经济企划院，经济白书，首尔：经济企化院，1972 年，第 321 页。

[4] ［韩］朴振焕：《韩国新村运动：20 世纪 70 年代韩国农村现代化之路》，潘伟光等译，中国农业出版社 2005 年版，第 1 页。

度尼西亚和泰国等在第二次世界大战之前的殖民地国家，在1950年代中期也具备了经济建设的条件，并以惊人的速度推进经济建设，这些都对韩国立生了极大的冲击。韩国相对于这些国家明显有些发展得落后，就连泰国在1970年前后也先于韩国进行了增加国民收入的经济建设事业。[1] 尤其是北部的朝鲜人民民主主义共和国也进行了轰轰烈烈的经济建设，在前苏联的扶植下经济发展得相当迅速。因此，朴正熙政权认为“反共”、“联美”、“统一”是大原则，为完成统一夙愿——统一国土而集中全力培养与共产主义者一决胜负的实力。[2] 而在朴正熙政权期间又与日本实现邦交正常化，朴政府还从日本的建设中吸收了一些经验，同时也不甘心输给日本这个宿敌。韩国的经济建设打着民主主义和民族主义的双重旗号。

2. 新村运动及其成果

中国学界一般认为新村运动从1971年到1984年，分为三个阶段，共历经14年，而韩国学界一般认为止于1981年。新村运动可以划分为精神、经济和社会三个层面：第一，精神革命的领域的最重要的象征是提出了“勤勉、自助、协同”的新村运动精神。以此确立了劳动的伦理观并在激发个人的责任感、义务感基础上开拓农民的思路，同时为了发展共同的社会积极地培养奉献精神和协作意识。第二，经济侧面中新村运动的目的是增加农民收入。整顿生产基础设施、改变长期以来的生产方式，普及新的农业技术和调整农民收入结构，达到增加农民收入的目的，以实现扩大工业产品的国内市场并促进农业产业化，最终实现国家经济发展的目标。第三，社会侧面中新村运动是以改造了村庄农民的社会构造为目的进行的社会运动。为了达成这样的社会目的，通过新村运动进行改良草屋顶、整修村路、改善水利灌溉设施和开设通信设施等。[3] 推进新村运动在各个不同的时期，政府的政策也相应做出调整以适应不同时期的不同发展需要。

“新村运动”最终实施的许多项目几乎涉及农村现代化的方方面面：村庄道路的改善，农民住房的翻新，自来水、农村电气化、改良新品种的引入，农户家庭节俭运动，村庄会堂的建设，农村妇女参与村庄事务以及培训村庄领导人。这样新村运动成为一项涉及农村发展方方面面的综合工程，缩短了农村由传统向现代化转变所需的时间。[4] 农民得到政府、学界和城市居民有组织的支持和呼应而发起的自助致富活动，也是切实达到城市与乡村、经济与社会均衡发展的首次尝试和具体实践。从1962年到1980年，国民生产总值平均年增长率为8.5%，人均产值由83美元增加到1 553美元（按1980年价格计算）。这一长时期的高速经济增长，使韩国

[1] [韩]新村运动研究会编：《新村运动10年史（Ⅱ）》，首尔：内务部，1980年，第56页。

[2] 尹保云：《韩国为什么会成功——朴正熙政权与韩国现代化》，潘伟光等译，中国农业出版社2005年版，第73页。

[3] [韩]金始英、郑圭灿、郑熙敦、金光秀、姜健仁：《新村运动的展开过程及其评价》，载岭南大学附属新村研究所《新村研究·2》，1980年，第25—26页。

[4] [韩]朴振焕：《韩国新村运动：20世纪70年代韩国农村现代化之路》，潘伟光等译，中国农业出版社2005年版，第2页。

的产业结构发生了根本变化，步入“新兴工业国家”的行列[1]，80 年代一跃成为“亚洲四小龙”之首。

在韩国实现现代化的过程中，新村运动所取得的成绩相当突出，韩国从落后的农业国变成新兴工业国，创造了震惊世界的“汉江奇迹”。甚至有许多学者认为如果没有朴正熙以及他所推行的新村运动，韩国经济就不会取得如此迅猛的发展。

三、新村运动精神的共同体思想基础

韩国的新村运动从其文化背景方面来考察，正符合兰德曼的说法：“我们不仅是文化的建设者，我们也为文化所建设；个体永远不可能仅仅通过他自己而被理解，相反，只有通过那支撑和影响着他的文化条件才能被理解。这一点具体地看来也是正确的。正如我们能够生产的不是一般文化而是某种历史上的特殊的文化一样，这种文化的反作用影响也始终从我们当中造出历史上特殊的人们。”[2] 即任何人都是生活在一定的文化背景中，并受其影响的。新村运动的指导思想实际上是在韩国传统的农社和契共同体意识为基础形成的。

李朝及之前的韩国农业主要水稻种植为主，村民在备耕整修稻田、修建灌溉水利系统、修筑田间小道等劳动中，通过互助、协作等协同劳动进行有效生产。因此共同体意识通过他们的协同惯行（农社、契）、信仰和各种仪式、共同规范和制裁（乡约）等体现出来。[3] 这种传统的村落共同体和共同体意识，在日本殖民统治时期受到压抑和扭曲。朝鲜半岛解放后受到西方文化传入的冲击以及朝鲜战争和 20 世纪 60 年代以后的工业化和城市化进程的影响，发生了很大的变化，但是这种协同精神——农社和契以及自助、自立的精神通过一代又一代人的言传身教传承下来，对影响着韩国人民的日常生活、生产、社交等诸多方面。腾尼期将共同体分为两大类，一是以家族和亲族为中心的血缘共同体，另一个是以村落或部落为中心的地域共同体。地域共同体传统的特性是居民以相互依存为依托，有着相互连带意识，相互之间保持着并非形式的平等的关系。[4] 农社和契属于后者，其组织范围一般以洞里为中心，虽然组织和运营形式不尽相同，但是在相扶相助、互助合作，为了共同的生活、生产目标而努力的精神实质方面仍比较接近，这些也就构成了韩国独特的农村文化或者说是农民文化。

新村运动目标之一是改造农民的意识结构，形成新的价观和进取信念，培养合理的生活态

---

[1] 尹保云：《韩国为什么会成功——朴正熙政权与韩国现代化》，文津出版社 1993 年版，导言，第 1 页。

[2] [德] 米夏埃尔 • 兰德曼：《哲学人类学》，张乐天译，上海译文出版社 1988 年版，第 274 页。

[3] 农社精神主要体现在共同防卫精神、共同劳动精神、共同娱乐精神、相扶相助的精神以及早期的民主精神的萌芽等方面。契是由相互间有着共同利害关系、两人以上，立足于相扶相助的自助、协同精神组成的为了谋求社会、经济、产业、教育及一般生活上的利益而组成的一种民间共同体。根据契的功能和目的大致分为：以公共事业为目的的契，以相扶相助为目的的契，以产业为目的的契，以金融为目的的契，以社交娱乐为目的的契等五种。

[4] [德] 斐迪南 • 腾尼斯：《共同体与社会》，林荣远译，商务印书馆 1999 年版，第 65 页。

度，创造农村现代化的人格。同时，强化农村自愿指导员组织，对他们的活动进行支援，为提高他们的素质而努力；强化冬季的农民学校的运营；普及扩大农民广播和农民杂志；指导培养4-H俱乐部等各种学术团体。[1] 新村运动的首要任务虽然是开发国民精神，但是较之开发个人精神却优先将政策转变为通过集体协同式劳动改善生存环境。这些政策既满足了农民们的迫切需求，又符合他们日常生活的伦理，所以上至韩国政府下至村庄百姓齐心协力，最终使韩国成功实现农村现代化，为韩国创造“汉江奇迹”、一跃成龙打下了坚实的基础。

朴正熙政府尊重韩国传统文化中的共同体思想，制定发展农村政策的基础是农村社会固有的农社和契等思想，激发农民的主动性和积极性，始终注意让农民自己办事、自己管事。其中，由村民选出独立于村长的新村指导员，这一思想在新村运动开始阶段是由朴总统向内务部提出来的。[2] 新村指导员是辅助里长进行工作的人，里长负责村庄日常行政事务的管理，而指导员则负责安排和组织与村庄的建设、生产劳动等有关的事务。指导员在新村运动中是一个很重要的角色，其选举产生的形式、领导工作的范围、劳动中的作用基本与农社和契的座首相似。新村运动推进过程中确立了村民选举指导员的指导体系，表现为政府一方面重视并尊重了他们的自身的文化传统，另一方面赋予农民们自主选举领导人的权利。能成为指导员的人必须是具有丰富的农耕经验、人品口碑俱佳、有胆识、有远见、有组织能力的人，在村民中是相当有威望的人。参与劳动的村民都必须无条件地遵守劳动纪律、服从指导员的领导与调遣。在新村运动发展过程充分地验证了韩国农村社会历史悠久的、广泛存在的契、农社、换工等民间共同体及其相扶相助、互助共济的思想在新时期农村建设中强大的凝聚力和创造力。

新村运动时期与村庄事务管理有关的组织是新村契（又叫大洞契），属于农村自治性质的社会团体，由一个村庄或邻近的几个村庄的村民组成。不仅负责选举产生新村指导员，还负责组织村庄的共同耕作劳动、筹集由契员们共同负担的村庄自治所需要经费、保护与管理村庄的共同的财产，进行有关村民们生活管理的议事和决定等。其组织结构、运营方式基本上继承了传统大洞契的特点，同时又融入了新村运动的时代特色。新村契拥有一些共同财产和共同设施、器具和备品等，这些共同财产和共同设施为地域共同体——新村契提供维持生存所必需的经费和服务，也是其顺利运营的重要催化剂。在新村运动中表现得好的村庄会获得政府的资助，一般会加入到新村契的契金中，这样契员们就没有了经济负担。新村契需要使用居民们的捐款、现金和劳动力来建设新村会馆、新村仓库、整理垡地等，村庄的公共财产、经费都是由契员们的共同所有财产。新村会馆由新村契长行使管理责任，新村仓库主要用来储蓄村庄的共同财产。实际上新村会馆基本都出租挪为他用，开会在其他的地方进行；村庄仓库也会出租给村民们使

[1] Hwang Yeon-su，Evaluation and Lessons of Saemaul Undong in Korea，In：Rural Development Administration，eds，Agricultural Modernization and Economic Development in East Asia，Suwon：Rural Development Administration，2006，p，605.

[2] ［韩］朴振焕：《韩国新村运动：20世纪70年代韩国农村现代化之路》，潘伟光等译，中国农业出版社2005年版，第53页．

用，会馆和仓库的租金加入到新村契的契金中作为村庄共同财产分配使用。[1] 新村契体现了协同合作精神和集体主义精神。倡导大家的事情大家想办法，团结一心，努力实践，共同奋斗，去实现自己的理想和目标，建设家乡，建设祖国。[2] 这种精神后来扩展到城市，发展为“民族自立、身土不二、事业报国”的国民精神。

“勤勉、自助、合作”精神是以韩国传统的共同体意识为基础形成的。勤勉，就是勤劳勤快，互相勉励，是要充分发挥全体农民和国民的智慧、力量，调动他们的积极性、主动性和创造性，创建新农村。政府为了促进新村运动的效果一方面最大化地动员行政力量，另一方面大批地培训新村运动指导员和扶植组建作目班、协同会、妇女会等各种农村协同组织。[3] 几十万新村指导员和成千上万参与者在平凡的工作岗位上做出了不平凡的业绩。自助就是自立、自强。国民是新村运动的主体，新村运动之所以成功，最重要的因素在于最大限度地调动了国民的自觉性，激发了国民自己相信自己，用自己的双手和力量，自觉改造贫穷落后的自家和家乡。韩国 70 年代的新村运动及 80 年代至现在的农村建设，被列在政府开发政策第一项的始终是新村运动民间自主化和国民精神的开发，这两点也铸就了韩国农业改革模式。

四、结 束 语

发展中国家的工业发展和经济起飞大多是以牺牲农业为代价的，表现为工业剥削农业、城市剥削农村、财政资金向工业倾斜以及由此造成的城乡经济的非均衡增长等。因此，在工业得到了一定发展，财政经济状况逐步好转之后，工业有必要反哺农业，中央财政有必要向农业倾斜，[4] 以缩小日益扩大的城乡差距。而且以政府现在的财力和行政能力，国家也完全能够做到这一点。而如果任由农村问题恶化下去，则有可能从根本上动摇社会稳定，葬送经济发展的大好局面。[5] 在农民经济收入不能大幅提高的背景下，如何通过制度和文化建设，创造一种与农村社区和农民需求相适应的社会文化制度和价值系统；如何提高农民们对乡村生活的长期期望值，使乡村社会成为农民们可以安身立命的地方和实现其人生价值的场所等问题已经提上日程。

中国自改革开放以来，随着农业生产组织形式和管理体制的变革，农村面貌有很大的改变。不过，从 1997 年开始农民收入增幅下降这一态势，已成为我国经济运行中值得关注的重要问题。20 世纪 90 年代以来，随着“三农”问题的日益突出，中国农业部、中国农学会在绿色认证书培训、

---

[1] 参看 [韩] 韩国农村经济研究院：《乡村社会集团组织和变迁》，第 94—110 页有关大洞契的调查内容。

[2] 李水山：《韩国新村运动及启示》，第 24 页。

[3] [韩 [韩国农村经济研究院 编：《韩国农政 50 年史（Ⅰ）》，第 55 页。

[4] 韩立民：《韩国的“新村运动”及其启示》，载《中国农村观察》1996 年第 4 期，第 64 页。

[5] 石磊：《寻求“另类”发展的范式——韩国新村运动与中国乡村建设》，载《社会学研究》2004 年第 4 期，第 42 页。

科教兴村运动、科教扶贫、农村综合开发等项目中，与韩国新村运动组织机构、全国大学教授新村研究会进行了广泛而深入的交流与合作。

中国从韩国新村运动中，不仅应该借鉴其政府的行政管理中的政策制定、政策执行等方面的经验和教训，更应该看到的是，在韩国新村运动中，政策的制定是基于韩国的传统共同体意识基础之上的。这样的政策制定充分地考虑到普通百姓想过好日子、想改变目前生活状况的心理，同时，也尊重了他们的地域文化特点，政策深入人心，韩国农村人民积极地参与，新村运动最终取得理想的效果。我们在解决“三农”问题时，也应该从文化对人的行为会产生极大的影响的角度去制定、执行政策，充分调动农村人民自己要富强、自己要改变命运的心理。中国农村中类似韩国传统社会中的农社和契思想，也是很广泛存在的。所以，要充分地开发这种潜在于农村人民生活中的共同体意识，加快改变农村现状的步伐。当然，我们在吸取韩国新村运动的经验时，也应该看到新村运动的不足之处。如：虽然努力开发农田，可是韩国的耕地面积仍呈减少趋势；城乡差距仍然存在，农村的医疗、教育水平仍相对落后，农村人口向城市集中，造成农村劳动力的流失；农民因高利贷和向国家贷款出现的债务危机等诸多问题，也是我们在借鉴韩国新村运动经验中需要认真对待的问题。

参考文献：

1. 李水山：《韩国新村运动及启示》，广西教育出版社 2006 年版。

2. [韩] 经济企划院，经济白书，首尔：经济企化院 1972 年版。

3. [韩] 朴振焕：《韩国新村运动：20 世纪 70 年代韩国农村现代化之路》，潘伟光等译，中国农业出版社 2005 年版。

4. [韩] 新村运动研究会编：《新村运动 10 年史（Ⅱ）》，首尔：内务部，1980 年版。

5. [韩] 金始英、郑圭灿、郑熙敦、金光秀、姜健仁：《新村运动的展开过程及其评价》，载岭南大学附属新村研究所《新村研究·2》1980 年版。

6. 尹保云：《韩国为什么会成功——朴正熙政权与韩国现代化》，文津出版社 1993 年版。

7. [德] 米夏埃尔·兰德曼：《哲学人类学》，张乐天译，上海译文出版社 1988 年版。

8. [德] 斐迪南·腾尼斯：《共同体与社会》，林荣远译，商务印书馆 1999 年版。

9. Hwang Yeon-su，Evaluation and Lessons of Saemaul Undong in Korea ，In：Rural Development Administration，eds，Agricultural Modernization and Economic Development in East Asia，Suwon： Rural Development Administration ，2006.

10. 田晓霞：《我们向韩国新村运动学习什么？》，载《现代乡镇》2006 年第 4 期。

11. 韩立民：《韩国的“新村运动”及其启示》，载《中国农村观察》1996 年第 4 期。

12. 石磊:《寻求“另类”发展的范式——韩国新村运动与中国乡村建设》,载《社会学研究》2004年第4期。

13. [韩] 정기환、민상기、최양부：《乡村社会集团组织和变迁》，首尔：韩国农村经济研究院，1987年版。